U0907801

中华人民共和国
第十四届全国人民代表大会
第一次会议文件汇编

全国人民代表大会常务委员会办公厅编

人民出版社

图书在版编目(CIP)数据

中华人民共和国第十四届全国人民代表大会第一次会议文件汇编/全国人民代表大会常务委员会办公厅编. —北京:人民出版社,2023.6
ISBN 978-7-01-025511-8

Ⅰ.①中… Ⅱ.①全… Ⅲ.①全国人民代表大会-文件-汇编
Ⅳ.①D622

中国国家版本馆 CIP 数据核字(2023)第 041783 号

中华人民共和国
第十四届全国人民代表大会
第一次会议文件汇编

ZHONGHUA RENMIN GONGHEGUO
DI-SHISIJIE QUANGUO RENMIN DAIBIAO DAHUI
DI-YICI HUIYI WENJIAN HUIBIAN

全国人民代表大会常务委员会办公厅编

人民出版社 出版发行
(100706 北京市东城区隆福寺街 99 号)

北京汇林印务有限公司印刷 新华书店经销

2023 年 6 月第 1 版 2023 年 6 月北京第 1 次印刷
开本:880 毫米×1230 毫米 1/32 印张:12.75
字数:265 千字

ISBN 978-7-01-025511-8 定价:27.50 元

邮购地址 100706 北京市东城区隆福寺街 99 号
人民东方图书销售中心 电话 (010)65250042 65289539

目　　录

在第十四届全国人民代表大会第一次会议上的讲话

（2023年3月13日）

中华人民共和国主席　习　近　平

各位代表：

这次大会选举我继续担任中华人民共和国主席，我对各位代表和全国各族人民的信任，表示衷心感谢！

这是我第三次担任国家主席这一崇高职务。人民的信任，是我前进的最大动力，也是我肩上沉甸甸的责任。我将忠实履行宪法赋予的职责，以国家需要为使命，以人民利益为准绳，恪尽职守，竭诚奉献，绝不辜负各位代表和全国各族人民的重托！

各位代表！

具有五千多年文明史的中华民族，在历史上创造了无数辉煌，也经历过许多磨难。近代以后，中国逐步成为半殖民地半封建社会，饱受列强欺凌、四分五裂、战乱频繁、生灵涂炭之苦。中国共产党成立之后，紧紧团结带领全国各族人民，经过百年奋斗，洗雪民族耻辱，中国人民成为自己命运的主人，中华民族迎来了从站起来、富起来到强起来的伟大飞跃，中华民族伟大复兴进入了不可逆转的历史进程。

从现在起到本世纪中叶，全面建成社会主义现代化强国、全面推进中华民族伟大复兴，是全党全国人民的中心任务。强国建设、民族复兴的接力棒，历史地落在我们这一代人身上。我们要按照党的二十大的战略部署，坚持统筹推进"五位一体"总体布局、协调推进"四个全面"战略布局，加快推进中国式现代化建设，团结奋斗，开拓创新，在新征程上作出无负时代、无负历史、无负人民的业绩，为推进强国建设、民族复兴作出我们这一代人的应有贡献！

各位代表！

在强国建设、民族复兴的新征程，我们要坚定不移推动高质量发展。要完整、准确、全面贯彻新发展理念，加快构建新发展格局，深入实施科教兴国战略、人才强国战略、创新驱动发展战略，着力提升科技自立自强能力，推动产业转型升级，推动城乡区域协调发展，推动经济社会发展绿色化、低碳化，推动经济实现质的有效提升和量的合理增长，不断壮大我国经济实力、科技实力、综合国力。

我们要始终坚持人民至上。全面建成社会主义现代化强国，人民是决定性力量。要积极发展全过程人民民主，坚持党的领导、人民当家作主、依法治国有机统一，健全人民当家作主制度体系，实现人民意志，保障人民权益，充分激发全体人民的积极性主动性创造性。要贯彻以人民为中心的发展思想，完善分配制度，健全社会保障体系，强化基本公共服务，兜牢民生底线，解决好人民群众急难愁盼问题，让现代化建设成果更多更公平惠及全体人民，在推进全体人民共同富裕上不断取得更为明显的实质性进展。要不断巩固发展全国各族人民大团结、海内外中华儿女大团结，充分调动一切积极因素，凝聚起强国建设、民族复兴的磅礴力量。

我们要更好统筹发展和安全。安全是发展的基础，稳定是强盛的前提。要贯彻总体国家安全观，健全国家安全体系，增强维护国家安全能力，提高公共安全治理水平，完善社会治理体系，以新安全格局保障新发展格局。要全面推进国防和军队现代化建设，把人民军队建设成为有效维护国家主权、安全、发展利益的钢铁长城。

我们要扎实推进"一国两制"实践和祖国统一大业。推进强国建设，离不开香港、澳门长期繁荣稳定。要全面准确、坚定不移贯彻"一国两制"、"港人治港"、"澳人治澳"、高度自治的方针，坚持依法治港治澳，支持香港、澳门特别行政区发展经济、改善民生，更好融入国家发展大局。实现祖国完全统一是全体中华儿女的共同愿望，是民族复兴的题中之义。要贯彻新时代党解决台湾问题的总体方略，坚持一个中国原则和"九二共识"，积极促进两岸关系和平发展，坚决反对外部势力干涉和"台独"分裂活动，坚定不移推进祖国统一进程。

我们要努力推动构建人类命运共同体。中国的发展惠及世界，中国的发展离不开世界。我们要扎实推进高水平对外开放，既用好全球市场和资源发展自己，又推动世界共同发展。我们要高举和平、发展、合作、共赢旗帜，始终站在历史正确一边，践行真正的多边主义，践行全人类共同价值，积极参与全球治理体系改革和建设，推动建设开放型世界经济，推动落实全球发展倡议、全球安全倡议，为世界和平发展增加更多稳定性和正能量，为我国发展营造良好国际环境。

各位代表！

治国必先治党，党兴才能国强。推进强国建设，必须坚持中国共产党领导和党中央集中统一领导，切实加强党的建设。要时刻保持解决大党独有难题的清醒和坚定，勇于自我革命，一刻不停全面从严治党，坚定不移反对腐败，始终保持党的团结统一，确保党永远不变质、不变色、不变味，为强国建设、民族复兴提供坚强保证。

各位代表！

强国建设、民族复兴的宏伟目标令人鼓舞，催人奋进。我们要只争朝夕，坚定历史自信，增强历史主动，坚持守正创新，保持战略定力，发扬斗争精神，勇于攻坚克难，不断为强国建设、民族复兴伟业添砖加瓦、增光添彩！

在第十四届全国人民代表大会第一次会议上的讲话

（2023 年 3 月 13 日）

全国人大常委会委员长　赵　乐　际

各位代表：

我完全赞成和拥护习近平主席的重要讲话。讲话坚守人民立场、坚定历史自信、彰显使命担当、指引前进方向，必将激励全国各族人民在强国建设、民族复兴新征程踔厉奋发、勇毅前行。我们要认真学习领会、全面贯彻落实。

在这次大会上，习近平同志再次全票当选为中华人民共和国主席、中华人民共和国中央军事委员会主席，反映了全体全国人大代表的共同意志和全国各族人民的共同心愿。党确立习近平同志党中央的核心、全党的核心地位，确立习近平新时代中国特色社会主义思想的指导地位，对新时代党和国家事业发展、对推进中华民族伟大复兴历史进程具有决定性意义。我们要坚决拥护“两个确立”，自觉增强“四个意识”、坚定“四个自信”、做到“两个维护”。

大会全面贯彻党的二十大和二十届一中、二中全会精神，审议通过了各项报告和议案，依法选举和决定任命了新一届国家机构组成人员，圆满完成了各项议程，是一次民主、团结、求实、奋进的大会。会议期间，全体代表忠实代表人民的利益和意志，依法参加行使国家权力，反映民意、共商国是，充分体现了我国全过程人民民主的优势，充分体现了人民代表大会制度的强大生命力和显著优越性。

过去五年，在以习近平同志为核心的党中央坚强领导下，在栗战书同志主持下，十三届全国人大及其常委会坚持以习近平新时代中国特色社会主义思想为指导，全面贯彻中央人大工作会议精神，围绕党和国家工作大局履职尽责、担当作为，各方面工作都取得新的重大进展，为党和国家事业发展作出了重要贡献。在这里，我谨代表十四届全国人大及其常委会，向十三届全国人大代表，向十三届全国人大常委会组成人员，向栗战书同志，致以崇高的敬意！

大会选举产生了十四届全国人大常委会，并选举我担任委员长。我们衷心感谢各位代表的信任，深感使命崇高、责任重大。我们将始终坚持党的全面领导，紧紧依靠人大代表和人民群众，尊崇宪法，恪尽职守，廉洁奉公，接受人民监督，为党和国家事业竭诚奉献，绝不辜负各位代表和全国各族人民的重托。

各位代表！

党的二十大擘画了全面建成社会主义现代化强国、以中国式现代化全面推进中华民族伟大复兴的宏伟蓝图。十四届全国人大及其常委会要全面贯彻党的二十大精神，认真履行宪法法律赋予的职责，坚持党的领导、人民当家作主、依法治国有机统一，把人民代表大会制度坚持好、完善好、运行好，推动党的二十大确定的目标任务落实见效，为全面建设社会主义现代化国家贡献力量。

我们要发展全过程人民民主，保证人民通过人民代表大会行使国家权力，保证人民依法实行民主选举、民主协商、民主决策、民主管理、民主监督。要健全保证宪法全面实施的制度体系，不断提高宪法实施和监督水平，谱写新时代中国宪法实践新篇章。要深入推进科学立法、民主立法、依法立法，使中国特色社会主义法律体系更加科学完备、统一权威，以良法促进发展、保障善治。要实行正确监督、有效监督、依法监督，保证宪法法律全面有效实施，保证国家机关及其工作人员的权力受到监督和制约。要支持和保障代表依法履职，充分发挥代表来自人民、扎根人民的特点优势，当好党和国家联系人民群众的桥梁。要全面加强人大及其常委会自身建设，努力打造政治坚定、服务人民、尊崇法治、发扬民主、勤勉尽责的人大工作队伍，切实担当起新时代新征程赋予的使命责任。

各位代表！

团结就是力量，奋斗创造伟业。让我们更加紧密地团结在以习近平同志为核心的党中央周围，高举中国特色社会主义伟大旗帜，坚持以习近平新时代中国特色社会主义思想为指导，全面贯彻党的二十大精神，自信自强、守正创新，凝心聚力、埋头苦干，为全面建设社会主义现代化国家、全面推进中华民族伟大复兴而团结奋斗！

第十四届全国人民代表大会第一次会议关于政府工作报告的决议

（2023 年 3 月 13 日第十四届全国人民代表大会第一次会议通过）

第十四届全国人民代表大会第一次会议听取和审议了国务院总理李克强所作的政府工作报告。会议高度评价新时代十年我国经济社会发展取得的历史性成就、发生的历史性变革，充分肯定国务院过去一年和五年的工作，同意报告提出的 2023 年经济社会发展的总体要求、主要目标、政策取向和重点工作，决定批准这个报告。

会议号召，全国各族人民更加紧密地团结在以习近平同志为核心的党中央周围，高举中国特色社会主义伟大旗帜，以习近平新时代中国特色社会主义思想为指导，全面贯彻党的二十大和二十届一中、二中全会精神，深刻领悟“两个确立”的决定性意义，增强“四个意识”、坚定“四个自信”、做到“两个维护”，扎实推进中国式现代化，坚持稳中求进工作总基调，完整、准确、全面贯彻新发展理念，加快构建新发展格局，着力推动高质量发展，更好统筹国内国际两个大局，更好统筹疫情防控和经济社会发展，更好统筹发展和安全，全面深化改革开放，大力提振市场信心，把实施扩大内需战略同深化供给侧结构性改革有机结合起来，突出做好稳增长、稳就业、稳物价工作，有效防范化解重大风险，推动经济运行整体好转，实现质的有效提升和量的合理增长，持续改善民生，保持社会大局稳定，同心同德、苦干实干，为全面建设社会主义现代化国家、全面推进中华民族伟大复兴而团结奋斗！

政 府 工 作 报 告

——2023 年 3 月 5 日在第十四届全国
人民代表大会第一次会议上

国务院总理　李 克 强

各位代表：

本届政府任期即将结束。现在，我代表国务院，向大会报告工作，请予审议，并请全国政协委员提出意见。

一、过去一年和五年工作回顾

2022 年是党和国家历史上极为重要的一年。党的二十大胜利召开，描绘了全面建设社会主义现代化国家的宏伟蓝图。面对风高浪急的国际环境和艰巨繁重的国内改革发展稳定任务，以习近平同志为核心的党中央团结带领全国各族人民迎难而上，全面落实疫情要防住、经济要稳住、发展要安全的要求，加大宏观调控力度，实现了经济平稳运行、发展质量稳步提升、社会大局保持稳定，我国发展取得来之极为不易的新成就。

过去一年，我国经济发展遇到疫情等国内外多重超预期因素冲击。在党中央坚强领导下，我们高效统筹疫情防控和经济社会发展，根据病毒变化和防疫形势，优化调整疫情防控措施。面对经济新的下行压力，果断应对、及时调控，动用近年储备的政策工具，靠前实施既定政策举措，坚定不移推进供给侧结构性改革，出台实施稳经济一揽子政策和接续措施，部署稳住经济大盘工作，加强对地方落实政策的督导服务，支持各地挖掘政策潜力，支持经济大省勇挑大梁，突出稳增长稳就业稳物价，推动经济企稳回升。全年国内生产总值增长 3%，城镇新增就业 1206 万人，年末城镇调查失业率降到 5.5%，居民消费价格上涨 2%。货物进出口总额增长 7.7%。财政赤字率控制在 2.8%，中央财政收支符合预算、支出略有结余。国际收支保持平衡，人民币汇率在全球主要货币中表现相对稳健。粮食产量 1.37 万亿斤，增产 74 亿斤。生态环境质量持续改善。在攻坚克难中稳住了经济大盘，在复杂多变的环境中基本完成全年发展主要目标任务，我国经济展现出坚强韧性。

针对企业生产经营困难加剧，加大纾困支持力度。受疫情等因素冲击，不少企业和个体工商户遇到特殊困难。全年增值税留抵退税超过 2.4 万亿元，新增减税降费超过 1 万亿元，缓税缓费 7500 多亿元。为有力支持减税降费政策落实，中央对地方转移支付大幅增加。引导金融机构增加信贷投放，降低融资成本，新发放企业贷款平均利率降至有统计以来最低水平，对受疫情影响严重的中小微企业、个体工商户和餐饮、旅游、货运等实施阶段性贷款延期还本付息，对普惠小微贷款阶段性减息。用改革办法激发市场活力。量大面广的中小微企业和个体工商户普遍受益。

针对有效需求不足的突出矛盾,多措并举扩投资促消费稳外贸。去年终端消费直接受到冲击,投资也受到影响。提前实施部分“十四五”规划重大工程项目,加快地方政府专项债券发行使用,依法盘活用好专项债务结存限额,分两期投放政策性开发性金融工具7400亿元,为重大项目建设补充资本金。运用专项再贷款、财政贴息等政策,支持重点领域设备更新改造。采取联合办公、地方承诺等办法,提高项目审批效率。全年基础设施、制造业投资分别增长9.4%、9.1%,带动固定资产投资增长5.1%,一定程度弥补了消费收缩缺口。发展消费新业态新模式,采取减免车辆购置税等措施促进汽车消费,新能源汽车销量增长93.4%,开展绿色智能家电、绿色建材下乡,社会消费品零售总额保持基本稳定。出台金融支持措施,支持刚性和改善性住房需求,扎实推进保交楼稳民生工作。帮助外贸企业解决原材料、用工、物流等难题,提升港口集疏运效率,及时回应和解决外资企业关切,货物进出口好于预期,实际使用外资稳定增长。

针对就业压力凸显,强化稳岗扩就业政策支持。去年城镇调查失业率一度明显攀升。财税、金融、投资等政策更加注重稳就业。对困难行业企业社保费实施缓缴,大幅提高失业保险基金稳岗返还比例,增加稳岗扩岗补助。落实担保贷款、租金减免等创业支持政策。突出做好高校毕业生就业工作,开展就业困难人员专项帮扶。在重点工程建设中推广以工代赈。脱贫人口务工规模超过3200万人、实现稳中有增。就业形势总体保持稳定。

针对全球通胀高企带来的影响，以粮食和能源为重点做好保供稳价。去年全球通胀达到40多年来新高，国内价格稳定面临较大压力。有效应对洪涝、干旱等严重自然灾害，不误农时抢抓粮食播种和收获，督促和协调农机通行，保障农事活动有序开展，分三批向种粮农民发放农资补贴，保障粮食丰收和重要农产品稳定供给。发挥煤炭主体能源作用，增加煤炭先进产能，加大对发电供热企业支持力度，保障能源正常供应。在全球高通胀的背景下，我国物价保持较低水平，尤为难得。

针对部分群众生活困难增多，强化基本民生保障。阶段性扩大低保等社会保障政策覆盖面，将更多困难群体纳入保障范围。延续实施失业保险保障扩围政策，共向1000多万失业人员发放失业保险待遇。向更多低收入群众发放价格补贴，约6700万人受益。免除经济困难高校毕业生2022年国家助学贷款利息并允许延期还本。做好因疫因灾遇困群众临时救助工作，切实兜住民生底线。

与此同时，我们全面落实中央经济工作会议部署，按照十三届全国人大五次会议批准的政府工作报告安排，统筹推进经济社会各领域工作。经过艰苦努力，当前消费需求、市场流通、工业生产、企业预期等明显向好，经济增长正在企稳向上，我国经济有巨大潜力和发展动力。

各位代表！

过去五年极不寻常、极不平凡。在以习近平同志为核心的党中央坚强领导下，我们经受了世界变局加快演变、新冠疫情冲击、国内经济下行等多重考验，如期打赢脱贫攻坚战，如期全面建成小康社会，实现第一个百年奋斗目标，开启向第二个百年奋斗目标进军新征程。各地区各部门坚持以习近平新时代中国特色社会主义思想为指导，深刻领悟“两个确立”的决定性意义，增强“四个意识”、坚定“四个自信”、做到“两个维护”，全面贯彻党的十九大和十九届历次全会精神，深入贯彻党的二十大精神，坚持稳中求进工作总基调，完整、准确、全面贯彻新发展理念，构建新发展格局，推动高质量发展，统筹发展和安全，我国经济社会发展取得举世瞩目的重大成就。

——经济发展再上新台阶。国内生产总值增加到121万亿元，五年年均增长5.2%，十年增加近70万亿元、年均增长6.2%，在高基数基础上实现了中高速增长、迈向高质量发展。财政收入增加到20.4万亿元。粮食产量连年稳定在1.3万亿斤以上。工业增加值突破40万亿元。城镇新增就业年均1270多万人。外汇储备稳定在3万亿美元以上。我国经济实力明显提升。

——脱贫攻坚任务胜利完成。经过八年持续努力，近1亿农村贫困人口实现脱贫，全国832个贫困县全部摘帽，960多万贫困人口实现易地搬迁，历史性地解决了绝对贫困问题。

——科技创新成果丰硕。构建新型举国体制，组建国家实验室，分批推进全国重点实验室重组。一些关键核心技术攻关取得新突破，载人航天、探月探火、深海深地探测、超级计算机、卫星导航、量子信息、核电技术、大飞机制造、人工智能、生物医药等领域创新成果不断涌现。全社会研发经费投入强度从2.1%提高到2.5%以上，科技进步贡献率提高到60%以上，创新支撑发展能力不断增强。

——经济结构进一步优化。高技术制造业、装备制造业增加值年均分别增长10.6%、7.9%，数字经济不断壮大，新产业新业态新模式增加值占国内生产总值的比重达到17%以上。区域协调发展战略、区域重大战略深入实施。常住人口城镇化率从60.2%提高到65.2%，乡村振兴战略全面实施。经济发展新动能加快成长。

——基础设施更加完善。一批防汛抗旱、引水调水等重大水利工程开工建设。高速铁路运营里程从2.5万公里增加到4.2万公里，高速公路里程从13.6万公里增加到17.7万公里。新建改建农村公路125万公里。新增机场容量4亿人次。发电装机容量增长40%以上。所有地级市实现千兆光网覆盖，所有行政村实现通宽带。

——改革开放持续深化。全面深化改革开放推动构建新发展格局，供给侧结构性改革深入实施，简政放权、放管结合、优化服务改革不断深化，营商环境明显改善。共建"一带一路"扎实推进。推动区域全面经济伙伴关系协定（RCEP）生效实施，建成全球最大自由贸易区。货物进出口总额年均增长8.6%，突破40万亿元并连续多年居世界首位，吸引外资和对外投资居世界前列。

——生态环境明显改善。单位国内生产总值能耗下降8.1%、二氧化碳排放下降14.1%。地级及以上城市细颗粒物（$PM_{2.5}$）平均浓度下降27.5%，重污染天数下降超过五成，全国地表水优良水体比例由67.9%上升到87.9%。设立首批5个国家公园，建立各级各类自然保护地9000多处。美丽中国建设迈出重大步伐。

——人民生活水平不断提高。居民收入增长与经济增长基本同步，全国居民人均可支配收入年均增长 5.1%。居民消费价格年均上涨 2.1%。新增劳动力平均受教育年限从 13.5 年提高到 14 年。基本养老保险参保人数增加 1.4 亿、覆盖 10.5 亿人，基本医保水平稳步提高。多年累计改造棚户区住房 4200 多万套，上亿人出棚进楼、实现安居。

经过多年精心筹办，成功举办了简约、安全、精彩的北京冬奥会、冬残奥会，为促进群众性冰雪运动、促进奥林匹克运动发展、促进世界人民团结友谊作出重要贡献。

新冠疫情发生三年多来，以习近平同志为核心的党中央始终坚持人民至上、生命至上，强化医疗资源和物资保障，全力救治新冠患者，有效保护人民群众生命安全和身体健康，因时因势优化调整防控政策措施，全国人民坚忍不拔，取得重大决定性胜利。在极不平凡的抗疫历程中，各地区各部门各单位做了大量工作，各行各业共克时艰，广大医务人员不畏艰辛，特别是亿万人民克服多重困难，付出和奉献，都十分不易，大家共同抵御疫情重大挑战，面对尚未结束的疫情，仍在不断巩固统筹疫情防控和经济社会发展成果。

各位代表！

五年来，我们深入贯彻以习近平同志为核心的党中央决策部署，主要做了以下工作。

（一）创新宏观调控，保持经济运行在合理区间。面对贸易保护主义抬头、疫情冲击等接踵而来的严峻挑战，创新宏观调控方式，不过度依赖投资，统筹运用财政货币等政策，增强针对性有效性，直面市场变化，重点支持市场主体纾困发展，进而稳就业保民生。把年度主要预期目标作为一个有机整体来把握，加强区间调控、定向调控、相机调控、精准调控，既果断加大力度，又不搞“大水漫灌”、透支未来，持续做好“六稳”、“六保”工作，强化保居民就业、保基本民生、保市场主体、保粮食能源安全、保产业链供应链稳定、保基层运转，以改革开放办法推动经济爬坡过坎、持续前行。

坚持实施积极的财政政策。合理把握赤字规模，五年总体赤字率控制在3%以内，政府负债率控制在50%左右。不断优化支出结构，教育科技、生态环保、基本民生等重点领域得到有力保障。实施大规模减税降费政策，制度性安排与阶段性措施相结合，疫情发生后减税降费力度进一步加大，成为应对冲击的关键举措。彻底完成营改增任务、取消营业税，将增值税收入占比最高、涉及行业广泛的税率从17%降至13%，阶段性将小规模纳税人增值税起征点从月销售额3万元提高到15万元、小微企业所得税实际最低税负率从10%降至2.5%。减税降费公平普惠、高效直达，五年累计减税5.4万亿元、降费2.8万亿元，既帮助企业渡过难关、留得青山，也放水养鱼、涵养税源，年均新增涉税企业和个体工商户等超过1100万户，各年度中央财政收入预算都顺利完成，考虑留抵退税因素，全国财政收入十年接近翻一番。推动财力下沉，中央一般公共预算支出中对地方转移支付占比提高到70%左右，建立并常态化实施中央财政资金直达机制。各级政府坚持过紧日子，严控一般性支出，中央部门带头压减支出，盘活存量资金和闲置资产，腾出的资金千方百计惠企裕民，全国财政支出 70%以上用于民生。

坚持实施稳健的货币政策。根据形势变化灵活把握政策力度，保持流动性合理充裕，用好降准、再贷款等政策工具，加大对实体经济的有效支持，缓解中小微企业融资难融资贵等问题。制造业贷款余额从 16.3 万亿元增加到 27.4 万亿元。普惠小微贷款余额从 8.2 万亿元增加到 23.8 万亿元、年均增长 24%，贷款平均利率较五年前下降 1.5 个百分点。加大清理拖欠中小企业账款力度。人民币汇率在合理均衡水平上弹性增强、保持基本稳定。完全化解了历史上承担的国有商业银行和农村信用社等 14486 亿元金融改革成本。运用市场化法治化方式，精准处置一批大型企业集团风险，平稳化解高风险中小金融机构风险，大型金融机构健康发展，金融体系稳健运行，守住了不发生系统性风险的底线。

强化就业优先政策导向。把稳就业作为经济运行在合理区间的关键指标。着力促进市场化社会化就业，加大对企业稳岗扩岗支持力度。将养老保险单位缴费比例从 20%降至 16%，同时充实全国社保基金，储备规模从 1.8 万亿元增加到 2.5 万亿元以上。实施失业保险基金稳岗返还、留工培训补助等政策。持续推进大众创业万众创新，连续举办 8 届全国双创活动周、超过 5.2 亿人次参与，鼓励以创业带动就业，加强劳动者权益保护，新就业形态和灵活就业成为就业增收的重要渠道。做好高校毕业生、退役军人、农民工等群体就业工作。使用失业保险基金等资金支持技能培训。实施高职扩招和职业技能提升三年行动，累计扩招 413 万人、培训 8300 多万人次。就业是民生之基、财富之源。14 亿多人口大国保持就业稳定，难能可贵，蕴含着巨大创造力。

保持物价总体平稳。在应对冲击中没有持续大幅增加赤字规模，也没有超发货币，为物价稳定创造了宏观条件。下大气力抓农业生产，强化产销衔接和储备调节，确保粮食和生猪、蔬菜等稳定供应，及时解决煤炭电力供应紧张问题，满足民生和生产用能需求，保障交通物流畅通。加强市场监管，维护正常价格秩序。十年来我国居民消费价格涨幅稳定在2%左右的较低水平，成如容易却艰辛，既维护了市场经济秩序、为宏观政策实施提供了空间，又有利于更好保障基本民生。

（二）如期打赢脱贫攻坚战，巩固拓展脱贫攻坚成果。全面建成小康社会最艰巨最繁重的任务在农村特别是在贫困地区。坚持精准扶贫，聚焦“三区三州”等深度贫困地区，强化政策倾斜支持，优先保障脱贫攻坚资金投入，对脱贫难度大的县和村挂牌督战。深入实施产业、就业、生态、教育、健康、社会保障等帮扶，加强易地搬迁后续扶持，重点解决“两不愁三保障”问题，脱贫群众不愁吃、不愁穿，义务教育、基本医疗、住房安全有保障，饮水安全也有了保障。贫困地区农村居民收入明显增加，生产生活条件显著改善。

推动巩固拓展脱贫攻坚成果同乡村振兴有效衔接。保持过渡期内主要帮扶政策总体稳定，严格落实“四个不摘”要求，建立健全防止返贫动态监测和帮扶机制，有力应对疫情、灾情等不利影响，确保不发生规模性返贫。确定并集中支持160个国家乡村振兴重点帮扶县，加大对易地搬迁集中安置区等重点区域支持力度，坚持并完善东西部协作、对口支援、定点帮扶等机制，选派用好医疗、教育“组团式”帮扶干部人才和科技特派员，推动脱贫地区加快发展和群众稳定增收。

（三）聚焦重点领域和关键环节深化改革，更大激发市场活力和社会创造力。坚持社会主义市场经济改革方向，处理好政府和市场的关系，使市场在资源配置中起决定性作用，更好发挥政府作用，推动有效市场和有为政府更好结合。

持续推进政府职能转变。完成国务院及地方政府机构改革。加快建设全国统一大市场，建设高标准市场体系，营造市场化法治化国际化营商环境。大道至简，政简易行。持之以恒推进触动政府自身利益的改革。进一步简政放权，放宽市场准入，全面实施市场准入负面清单制度，清单管理措施比制度建立之初压减 64%，将行政许可事项全部纳入清单管理。多年来取消和下放行政许可事项 1000 多项，中央政府层面核准投资项目压减 90%以上，工业产品生产许可证从 60 类减少到 10 类，工程建设项目全流程审批时间压缩到不超过 120 个工作日。改革商事制度，推行"证照分离"改革，企业开办时间从一个月以上压缩到目前的平均 4 个工作日以内，实行中小微企业简易注销制度。坚持放管结合，加强事中事后监管，严格落实监管责任，防止监管缺位、重放轻管，强化食品药品等重点领域质量和安全监管，推行"双随机、一公开"等方式加强公正监管，规范行使行政裁量权。加强反垄断和反不正当竞争，全面落实公平竞争审查制度，改革反垄断执法体制。依法规范和引导资本健康发展，依法坚决管控资本无序扩张。不断优化服务，推进政务服务集成办理，压减各类证明事项，加快数字政府建设，90%以上的政务服务实现网上可办，户籍证明、社保转接等 200 多项群众经常办理事项实现跨省通办。

取消所有省界高速公路收费站。制定实施优化营商环境、市场主体登记管理、促进个体工商户发展、保障中小企业款项支付等条例。改革给人们经商办企业更多便利和空间，去年底企业数量超过5200万户、个体工商户超过1.1亿户，市场主体总量超过1.6亿户、是十年前的3倍，发展内生动力明显增强。

促进多种所有制经济共同发展。坚持和完善社会主义基本经济制度，坚持“两个毫不动摇”。完成国企改革三年行动任务，健全现代企业制度，推动国企聚焦主责主业优化重组、提质增效。促进民营企业健康发展，破除各种隐性壁垒，一视同仁给予政策支持，提振民间投资信心。完善产权保护制度，保护企业家合法权益，弘扬企业家精神。

推进财税金融体制改革。深化预算管理体制改革，加大预算公开力度，推进中央与地方财政事权和支出责任划分改革，完善地方政府债务管理体系，构建综合与分类相结合的个人所得税制，进一步深化税收征管改革。推动金融监管体制改革，统筹推进中小银行补充资本和改革化险，推进股票发行注册制改革，完善资本市场基础制度，加强金融稳定法治建设。

（四）深入实施创新驱动发展战略，推动产业结构优化升级。深化供给侧结构性改革，完善国家和地方创新体系，推进科技自立自强，紧紧依靠创新提升实体经济发展水平，不断培育壮大发展新动能，有效应对外部打压遏制。

增强科技创新引领作用。强化国家战略科技力量，实施一批科技创新重大项目，加强关键核心技术攻关。发挥好高校、科研院所作用，支持新型研发机构发展。推进国际和区域科技创新中心建设，布局建设综合性国家科学中心。支持基础研究和应用基础研究，全国基础研究经费五年增长1倍。改革科研项目和经费管理制度，赋予科研单位和科研人员更大自主权，努力将广大科技人员从繁杂的行政事务中解脱出来。加强知识产权保护，激发创新动力。促进国际科技交流合作。通过市场化机制激励企业创新，不断提高企业研发费用加计扣除比例，将制造业企业、科技型中小企业分别从50%、75%提高至100%，并阶段性扩大到所有适用行业，对企业投入基础研究、购置设备给予政策支持，各类支持创新的税收优惠政策年度规模已超过万亿元。创设支持创新的金融政策工具，引导创业投资等发展。企业研发投入保持两位数增长，一大批创新企业脱颖而出。

推动产业向中高端迈进。把制造业作为发展实体经济的重点，促进工业经济平稳运行，保持制造业比重基本稳定。严格执行环保、质量、安全等法规标准，淘汰落后产能。开展重点产业强链补链行动。启动一批产业基础再造工程。鼓励企业加快设备更新和技术改造，将固定资产加速折旧优惠政策扩大至全部制造业。推动高端装备、生物医药、光电子信息、新能源汽车、光伏、风电等新兴产业加快发展。促进数字经济和实体经济深度融合。持续推进网络提速降费，发展“互联网+”。移动互联网用户数增加到14.5亿户。支持工业互联网发展，有力促进了制造业数字化智能化。专精特新中小企业达7万多家。促进平台经济健康持续发展，发挥其带动就业创业、拓展消费市场、创新生产模式等作用。发展研发设计、现代物流、检验检测认证等生产性服务业。加强全面质量管理和质量基础设施建设。中国制造的品质和竞争力不断提升。

（五）扩大国内有效需求，推进区域协调发展和新型城镇化。围绕构建新发展格局，立足超大规模市场优势，坚持实施扩大内需战略，培育更多经济增长动力源。

着力扩大消费和有效投资。疫情发生前，消费已经成为我国经济增长的主要拉动力。面对需求不足甚至出现收缩，推动消费尽快恢复。多渠道促进居民增收，提高中低收入群体收入。支持汽车、家电等大宗消费，汽车保有量突破 3 亿辆、增长 46.7%。推动线上线下消费深度融合，实物商品网上零售额占社会消费品零售总额的比重从 15.8% 提高到 27.2%。发展城市社区便民商业，完善农村快递物流配送体系。帮扶旅游业发展。围绕补短板、调结构、增后劲扩大有效投资。创新投融资体制机制，预算内投资引导和撬动社会投资成倍增加，增加地方政府专项债券额度，重点支持交通、水利、能源、信息等基础设施和民生工程建设，鼓励社会资本参与建设运营，调动民间投资积极性。

增强区域发展平衡性协调性。统筹推进西部大开发、东北全面振兴、中部地区崛起、东部率先发展，中西部地区经济增速总体高于东部地区。加大对革命老区、民族地区、边疆地区的支持力度，中央财政对相关地区转移支付资金比五年前增长 66.8%。推进京津冀协同发展、长江经济带发展、长三角一体化发展，推动黄河流域生态保护和高质量发展。高标准高质量建设雄安新区。发展海洋经济。支持经济困难地区发展，促进资源型地区转型发展，鼓励有条件地区更大发挥带动作用，推动形成更多新的增长极增长带。

持续推进以人为核心的新型城镇化。我国仍处于城镇化进程中，每年有上千万农村人口转移到城镇。完善城市特别是县城功能，增强综合承载能力。分类放宽或取消城镇落户限制，十年1.4亿农村人口在城镇落户。有序发展城市群和都市圈，促进大中小城市协调发展。推动成渝地区双城经济圈建设。坚持房子是用来住的、不是用来炒的定位，建立实施房地产长效机制，扩大保障性住房供给，推进长租房市场建设，稳地价、稳房价、稳预期，因城施策促进房地产市场健康发展。加强城市基础设施建设，轨道交通运营里程从4500多公里增加到近1万公里，排水管道从63万公里增加到89万公里。改造城镇老旧小区16.7万个，惠及2900多万家庭。

（六）保障国家粮食安全，大力实施乡村振兴战略。完善强农惠农政策，持续抓紧抓好农业生产，加快推进农业农村现代化。

提升农业综合生产能力。稳定和扩大粮食播种面积，扩种大豆油料，优化生产结构布局，提高单产和品质。完善粮食生产支持政策，稳定种粮农民补贴，合理确定稻谷、小麦最低收购价，加大对产粮大县奖励力度，健全政策性农业保险制度。加强耕地保护，实施黑土地保护工程，完善水利设施，新建高标准农田4.56亿亩。推进国家粮食安全产业带建设。加快种业、农机等科技创新和推广应用，农作物耕种收综合机械化率从67%提高到73%。全面落实粮食安全党政同责，强化粮食和重要农产品稳产保供，始终不懈地把14亿多中国人的饭碗牢牢端在自己手中。

扎实推进农村改革发展。巩固和完善农村基本经营制度,完成承包地确权登记颁证和农村集体产权制度改革阶段性任务,稳步推进多种形式适度规模经营,抓好家庭农场和农民合作社发展,加快发展农业社会化服务。启动乡村建设行动,持续整治提升农村人居环境,加强水电路气信邮等基础设施建设,实现符合条件的乡镇和建制村通硬化路、通客车,农村自来水普及率从80%提高到87%,多年累计改造农村危房2400多万户。深化供销合作社、集体林权、农垦等改革。立足特色资源发展乡村产业,促进农民就业创业增收。为保障农民工及时拿到应得报酬,持续强化农民工工资拖欠治理,出台实施保障农民工工资支付条例,严厉打击恶意拖欠行为。

(七)坚定扩大对外开放,深化互利共赢的国际经贸合作。面对外部环境变化,实行更加积极主动的开放战略,以高水平开放更有力促改革促发展。

推动进出口稳中提质。加大出口退税、信保、信贷等政策支持力度,企业出口退税办理时间压缩至6个工作日以内。优化外汇服务。发展外贸新业态,新设152个跨境电商综试区,支持建设一批海外仓。发挥进博会、广交会、服贸会、消博会等重大展会作用。推进通关便利化,进口、出口通关时间分别压减67%和92%,进出口环节合规成本明显下降。关税总水平从9.8%降至7.4%。全面深化服务贸易创新发展试点,推出跨境服务贸易负面清单。进出口稳定增长有力支撑了经济发展。

积极有效利用外资。出台外商投资法实施条例,不断优化外商投资环境。持续放宽外资市场准入，全国和自由贸易试验区负面清单条数分别压减51%、72%，制造业领域基本全面放开，金融等服务业开放水平不断提升。已设21个自由贸易试验区，海南自由贸易港建设稳步推进。各地创新方式加强外资促进服务，加大招商引资和项目对接力度。一批外资大项目落地，我国持续成为外商投资兴业的热土。

推动高质量共建“一带一路”。坚持共商共建共享，遵循市场原则和国际通行规则，实施一批互联互通和产能合作项目，对沿线国家货物进出口额年均增长13.4%，各领域交流合作不断深化。推进西部陆海新通道建设。引导对外投资健康有序发展，加强境外风险防控。新签和升级6个自贸协定，与自贸伙伴货物进出口额占比从26%提升至35%左右。坚定维护多边贸易体制，反对贸易保护主义，稳妥应对经贸摩擦，促进贸易和投资自由化便利化。

（八）加强生态环境保护，促进绿色低碳发展。坚持绿水青山就是金山银山的理念，健全生态文明制度体系，处理好发展和保护的关系，不断提升可持续发展能力。

加强污染治理和生态建设。坚持精准治污、科学治污、依法治污，深入推进污染防治攻坚。注重多污染物协同治理和区域联防联控，地级及以上城市空气质量优良天数比例达86.5%、上升4个百分点。基本消除地级及以上城市黑臭水体，推进重要河湖、近岸海域污染防治。加大土壤污染风险防控和修复力度，强化固体废物和新污染物治理。全面划定耕地和永久基本农田保护红线、生态保护红线和城镇开发边界。坚持山水林田湖草沙一体化保护和系统治理，实施一批重大生态工程，全面推行河湖长制、林长制。推动共抓长江大保护，深入实施长江流域重点水域十年禁渔。加强生物多样性保护。完善生态保护补偿制度。森林覆盖率达到24%，草原综合植被盖度和湿地保护率均达50%以上，水土流失、荒漠化、沙化土地面积分别净减少10.6万、3.8万、3.3万平方公里。人民群众越来越多享受到蓝天白云、绿水青山。

稳步推进节能降碳。统筹能源安全稳定供应和绿色低碳发展，科学有序推进碳达峰碳中和。优化能源结构，实现超低排放的煤电机组超过10.5亿千瓦，可再生能源装机规模由6.5亿千瓦增至12亿千瓦以上，清洁能源消费占比由20.8%上升到25%以上。全面加强资源节约工作，发展绿色产业和循环经济，促进节能环保技术和产品研发应用。提升生态系统碳汇能力。加强绿色发展金融支持。完善能耗考核方式。积极参与应对气候变化国际合作，为推动全球气候治理作出了中国贡献。

（九）切实保障和改善民生，加快社会事业发展。贯彻以人民为中心的发展思想，持续增加民生投入，着力保基本、兜底线、促公平，提升公共服务水平，推进基本公共服务均等化，在发展中不断增进民生福祉。

促进教育公平和质量提升。百年大计，教育为本。财政性教育经费占国内生产总值比例每年都保持在4%以上，学生人均经费投入大幅增加。持续加强农村义务教育薄弱环节建设，基本消除城镇大班额，推动解决进城务工人员子女入学问题，义务教育巩固率由93.8%提高到95.5%。坚持义务教育由国家统一实施，引导规范民办教育发展。减轻义务教育阶段学生负担。提升青少年健康水平。持续实施营养改善计划，每年惠及3700多万学生。保障教师特别是乡村教师工资待遇。多渠道增加幼儿园供给。高中阶段教育毛入学率提高到90%以上。职业教育适应性增强，职业院校办学条件持续改善。积极稳妥推进高考综合改革，高等教育毛入学率从45.7%提高到59.6%，高校招生持续加大对中西部地区和农村地区倾斜力度。大幅提高经济困难高校学生国家助学贷款额度。深入实施"强基计划"和基础学科拔尖人才培养计划，建设288个基础学科拔尖学生培养基地，接续推进世界一流大学和一流学科建设，不断夯实发展的人才基础。

提升医疗卫生服务能力。深入推进和努力普及健康中国行动，深化医药卫生体制改革，把基本医疗卫生制度作为公共产品向全民提供，进一步缓解群众看病难、看病贵问题。持续提高基本医保和大病保险水平，城乡居民医保人均财政补助标准从450元提高到610元。将更多群众急需药品纳入医保报销范围。住院和门诊费用实现跨省直接结算，惠及5700多万人次。推行药品和医用耗材集中带量采购，降低费用负担超过4000亿元。设置13个国家医学中心，布局建设76个国家区域医疗中心。全面推开公立医院综合改革，持续提升县域医疗卫生服务能力，完善分级诊疗体系。优化老年人等群体就医服务。促进中医药传承创新发展、惠及民生。基本公共卫生服务经费人均财政补助标准从50元提高到84元。坚持预防为主，加强重大慢性病健康管理。改革完善疾病预防控制体系，组建国家疾病预防控制局，健全重大疫情防控救治和应急物资保障体系，努力保障人民健康。

加强社会保障和服务。建立基本养老保险基金中央调剂制度，连续上调退休人员基本养老金，提高城乡居民基础养老金最低标准，稳步提升城乡低保、优待抚恤、失业和工伤保障等标准。积极应对人口老龄化，推动老龄事业和养老产业发展。发展社区和居家养老服务，加强配套设施和无障碍设施建设，在税费、用房、水电气价格等方面给予政策支持。推进医养结合，稳步推进长期护理保险制度试点。实施三孩生育政策及配套支持措施。完善退役军人管理保障制度，提高保障水平。加强妇女、儿童权益保障。完善未成年人保护制度。健全残疾人保障和关爱服务体系。健全社会救助体系，加强低收入人口动态监测，对遇困人员及时给予帮扶，年均临时救助 1100 万人次，坚决兜住了困难群众基本生活保障网。

丰富人民群众精神文化生活。培育和践行社会主义核心价值观。深化群众性精神文明创建。发展新闻出版、广播影视、文学艺术、哲学社会科学和档案等事业，加强智库建设。扎实推进媒体深度融合。提升国际传播效能。加强和创新互联网内容建设。弘扬中华优秀传统文化，加强文物和文化遗产保护传承。实施文化惠民工程，公共图书馆、博物馆、美术馆、文化馆站向社会免费开放。深入推进全民阅读。支持文化产业发展。加强国家科普能力建设。体育健儿勇创佳绩，全民健身广泛开展。

（十）推进政府依法履职和社会治理创新，保持社会大局稳定。加强法治政府建设，使经济社会活动更好在法治轨道上运行。坚持依法行政、大道为公，严格规范公正文明执法，政府的权力来自人民，有权不可任性，用权必受监督。推动完善法律法规和规章制度，提请全国人大常委会审议法律议案50件，制定修订行政法规180件次。依法接受同级人大及其常委会的监督，自觉接受人民政协的民主监督，主动接受社会和舆论监督。认真办理人大代表建议和政协委员提案。加强审计、统计监督。持续深化政务公开。开展国务院大督查。支持工会、共青团、妇联等群团组织更好发挥作用。

加强和创新社会治理。推动市域社会治理现代化，完善基层治理，优化社区服务。支持社会组织、人道救助、社会工作、志愿服务、公益慈善等健康发展。深入推进信访积案化解。推进社会信用体系建设。完善公共法律服务体系。严格食品、药品尤其是疫苗监管。开展安全生产专项整治。改革和加强应急管理，提高防灾减灾救灾能力，做好洪涝干旱、森林草原火灾、地质灾害、地震等防御和气象服务。深入推进国家安全体系和能力建设。加强网络、数据安全和个人信息保护。持续加强社会治安综合治理，严厉打击各类违法犯罪，开展扫黑除恶专项斗争，依法严惩黑恶势力及其“保护伞”，平安中国、法治中国建设取得新进展。

各位代表！

五年来，各级政府认真贯彻落实党中央全面从严治党战略部署，扎实开展“不忘初心、牢记使命”主题教育和党史学习教育，弘扬伟大建党精神，严格落实中央八项规定精神，持之以恒纠治“四风”，重点纠治形式主义、官僚主义，“三公”经费大幅压减。严厉惩处违规建设楼堂馆所和偷税逃税等行为。加强廉洁政府建设。政府工作人员自觉接受法律监督、监察监督和人民监督。

做好经济社会发展工作，没有捷径，实干为要。五年来，坚持以习近平新时代中国特色社会主义思想为指导，全面贯彻党的基本理论、基本路线、基本方略。坚持以经济建设为中心，着力推动高质量发展，事不畏难、行不避艰，要求以实干践行承诺，凝心聚力抓发展；以民之所望为施政所向，始终把人民放在心中最高位置，一切以人民利益为重，仔细倾听群众呼声，深入了解群众冷暖，着力解决人民群众急难愁盼问题；坚持实事求是，尊重客观规律，坚决反对空谈浮夸、做表面文章、搞形象工程甚至盲目蛮干；以改革的办法、锲而不舍的精神解难题、激活力，激励敢于担当，对庸政懒政者问责。尊重人民群众首创精神，充分调动各方面积极性，进而汇聚起推动发展的强大力量。

各位代表！

过去五年，民族、宗教、侨务等工作创新完善。巩固和发展平等团结互助和谐的社会主义民族关系，民族团结进步呈现新气象。贯彻党的宗教工作基本方针，推进我国宗教中国化逐步深入。持续做好侨务工作，充分发挥海外侨胞在参与祖国现代化建设中的独特优势和重要作用。

坚持党对人民军队的绝对领导，国防和军队建设取得一系列新的重大成就、发生一系列重大变革。人民军队深入推进政治建军、改革强军、科技强军、人才强军、依法治军，深入推进练兵备战，现代化水平和实战能力显著提升。坚定灵活开展军事斗争，有效遂行边防斗争、海上维权、反恐维稳、抢险救灾、抗击疫情、维和护航等重大任务，提升国防动员能力，有力维护了国家主权、安全、发展利益。

港澳台工作取得新进展。依照宪法和基本法有效实施对特别行政区的全面管治权，制定实施香港特别行政区维护国家安全法，落实“爱国者治港”、“爱国者治澳”原则，推动香港进入由乱到治走向由治及兴的新阶段。深入推进粤港澳大湾区建设，支持港澳发展经济、改善民生、防控疫情、保持稳定。贯彻新时代党解决台湾问题的总体方略，坚决开展反分裂、反干涉重大斗争，持续推动两岸关系和平发展。

中国特色大国外交全面推进。习近平主席等党和国家领导人出访多国，通过线上和线下方式出席二十国集团领导人峰会、亚太经合组织领导人非正式会议、联合国成立75周年系列高级别会议、东亚合作领导人系列会议、中欧领导人会晤等一系列重大外交活动。成功举办上合组织青岛峰会、金砖国家领导人会晤、全球发展高层对话会、“一带一路”国际合作高峰论坛、中非合作论坛北京峰会等多场重大主场外交活动。坚持敢于斗争、善于斗争，坚决维护我国主权、安全、发展利益。积极拓展全球伙伴关系，致力于建设开放型世界经济，维护多边主义，推动构建人类命运共同体。中国作为负责任大国，在推进国际抗疫合作、解决全球性挑战和地区热点问题上发挥了重要建设性作用，为促进世界和平与发展作出重要贡献。

各位代表！

这些年我国发展取得的成就，是以习近平同志为核心的党中央坚强领导的结果，是习近平新时代中国特色社会主义思想科学指引的结果，是全党全军全国各族人民团结奋斗的结果。我代表国务院，向全国各族人民，向各民主党派、各人民团体和各界人士，表示诚挚感谢！向香港特别行政区同胞、澳门特别行政区同胞、台湾同胞和海外侨胞，表示诚挚感谢！向关心和支持中国现代化建设的各国政府、国际组织和各国朋友，表示诚挚感谢！

在看到发展成就的同时，我们也清醒认识到，我国是一个发展中大国，仍处于社会主义初级阶段，发展不平衡不充分问题仍然突出。当前发展面临诸多困难挑战。外部环境不确定性加大，全球通胀仍处于高位，世界经济和贸易增长动能减弱，外部打压遏制不断上升。国内经济增长企稳向上基础尚需巩固，需求不足仍是突出矛盾，民间投资和民营企业预期不稳，不少中小微企业和个体工商户困难较大，稳就业任务艰巨，一些基层财政收支矛盾较大。房地产市场风险隐患较多，一些中小金融机构风险暴露。发展仍有不少体制机制障碍。科技创新能力还不强。生态环境保护任重道远。防灾减灾等城乡基础设施仍有明显薄弱环节。一些民生领域存在不少短板。形式主义、官僚主义现象仍较突出，有的地方政策执行"一刀切"、层层加码，有的干部不作为、乱作为、简单化，存在脱离实际、违背群众意愿、漠视群众合法权益等问题。一些领域、行业、地方腐败现象时有发生。人民群众对政府工作还有一些意见和建议应予重视。要直面问题挑战，尽心竭力改进政府工作，不负人民重托。

二、对今年政府工作的建议

今年是全面贯彻党的二十大精神的开局之年。做好政府工作,要在以习近平同志为核心的党中央坚强领导下,以习近平新时代中国特色社会主义思想为指导,全面贯彻落实党的二十大精神,按照中央经济工作会议部署,扎实推进中国式现代化,坚持稳中求进工作总基调,完整、准确、全面贯彻新发展理念,加快构建新发展格局,着力推动高质量发展,更好统筹国内国际两个大局,更好统筹疫情防控和经济社会发展,更好统筹发展和安全,全面深化改革开放,大力提振市场信心,把实施扩大内需战略同深化供给侧结构性改革有机结合起来,突出做好稳增长、稳就业、稳物价工作,有效防范化解重大风险,推动经济运行整体好转,实现质的有效提升和量的合理增长,持续改善民生,保持社会大局稳定,为全面建设社会主义现代化国家开好局起好步。

今年发展主要预期目标是:国内生产总值增长5%左右;城镇新增就业1200万人左右,城镇调查失业率5.5%左右;居民消费价格涨幅3%左右;居民收入增长与经济增长基本同步;进出口促稳提质,国际收支基本平衡;粮食产量保持在1.3万亿斤以上;单位国内生产总值能耗和主要污染物排放量继续下降,重点控制化石能源消费,生态环境质量稳定改善。

要坚持稳字当头、稳中求进,面对战略机遇和风险挑战并存、不确定难预料因素增多,保持政策连续性稳定性针对性,加强各类政策协调配合,形成共促高质量发展合力。积极的财政政策要加力提效。赤字率拟按3%安排。完善税费优惠政策,对现行减税降费、退税缓税等措施,该延续的延续,该优化的优化。做好基层"三保"工作。稳健的货币政策要精准有力。保持广义货币供应量和社会融资规模增速同名义经济增速基本匹配,支持实体经济发展。保持人民币汇率在合理均衡水平上的基本稳定。产业政策要发展和安全并举。促进传统产业改造升级,培育壮大战略性新兴产业,着力补强产业链薄弱环节。科技政策要聚焦自立自强,也要坚持国际合作。完善新型举国体制,发挥好政府在关键核心技术攻关中的组织作用,支持和突出企业科技创新主体地位,加大科技人才及团队培养支持力度。社会政策要兜牢民生底线。落实落细就业优先政策,把促进青年特别是高校毕业生就业工作摆在更加突出的位置,切实保障好基本民生。

当前我国新冠疫情防控已进入"乙类乙管"常态化防控阶段,要在对疫情防控工作进行全面科学总结的基础上,更加科学、精准、高效做好防控工作,围绕保健康、防重症,重点做好老年人、儿童、患基础性疾病群体的疫情防控和医疗救治,提升疫情监测水平,推进疫苗迭代升级和新药研制,切实保障群众就医用药需求,守护好人民生命安全和身体健康。

今年是政府换届之年,前面报告的经济社会发展多领域、各方面工作,今后还需不懈努力,下面简述几项重点。

(一)着力扩大国内需求。把恢复和扩大消费摆在优先位置。多渠道增加城乡居民收入。稳定汽车等大宗消费,推动餐饮、文化、旅游、体育等生活服务消费恢复。政府投资和政策激励要有效带动全社会投资,今年拟安排地方政府专项债券 3.8 万亿元,加快实施"十四五"重大工程,实施城市更新行动,促进区域优势互补、各展其长,继续加大对受疫情冲击较严重地区经济社会发展的支持力度,鼓励和吸引更多民间资本参与国家重大工程和补短板项目建设，激发民间投资活力。

（二）加快建设现代化产业体系。强化科技创新对产业发展的支撑。持续开展产业强链补链行动，围绕制造业重点产业链，集中优质资源合力推进关键核心技术攻关，充分激发创新活力。加强重要能源、矿产资源国内勘探开发和增储上产。加快传统产业和中小企业数字化转型，着力提升高端化、智能化、绿色化水平。加快前沿技术研发和应用推广，促进科技成果转化。建设高效顺畅的物流体系。大力发展数字经济，提升常态化监管水平，支持平台经济发展。

（三）切实落实“两个毫不动摇”。深化国资国企改革，提高国企核心竞争力。坚持分类改革方向，处理好国企经济责任和社会责任关系，完善中国特色国有企业现代公司治理。依法保护民营企业产权和企业家权益，完善相关政策，鼓励支持民营经济和民营企业发展壮大，支持中小微企业和个体工商户发展，构建亲清政商关系，为各类所有制企业创造公平竞争、竞相发展的环境，用真招实策稳定市场预期和提振市场信心。

（四）更大力度吸引和利用外资。扩大市场准入，加大现代服务业领域开放力度。落实好外资企业国民待遇。积极推动加入全面与进步跨太平洋伙伴关系协定（CPTPP）等高标准经贸协议，主动对照相关规则、规制、管理、标准，稳步扩大制度型开放。优化区域开放布局，实施自由贸易试验区提升战略，发挥好海南自由贸易港、各类开发区等开放平台的先行先试作用。继续发挥进出口对经济的支撑作用。做好外资企业服务工作，推动外资标志性项目落地建设。开放的中国大市场，一定能为各国企业在华发展提供更多机遇。

（五）有效防范化解重大经济金融风险。深化金融体制改革，完善金融监管，压实各方责任，防止形成区域性、系统性金融风险。有效防范化解优质头部房企风险，改善资产负债状况，防止无序扩张，促进房地产业平稳发展。防范化解地方政府债务风险，优化债务期限结构，降低利息负担，遏制增量、化解存量。

（六）稳定粮食生产和推进乡村振兴。一体推进农业现代化和农村现代化。稳定粮食播种面积，抓好油料生产，实施新一轮千亿斤粮食产能提升行动。完善农资保供稳价应对机制。加强耕地保护，加强农田水利和高标准农田等基础设施建设。深入实施种业振兴行动。强化农业科技和装备支撑。健全种粮农民收益保障机制和主产区利益补偿机制。树立大食物观，构建多元化食物供给体系。发展乡村特色产业，拓宽农民增收致富渠道。巩固拓展脱贫攻坚成果，坚决防止出现规模性返贫。推进乡村建设行动。国家关于土地承包期再延长 30 年的政策，务必通过细致工作扎实落实到位。

（七）推动发展方式绿色转型。深入推进环境污染防治。加强流域综合治理，加强城乡环境基础设施建设，持续实施重要生态系统保护和修复重大工程。推进能源清洁高效利用和技术研发，加快建设新型能源体系，提升可再生能源占比。完善支持绿色发展的政策和金融工具，发展循环经济，推进资源节约集约利用，推动重点领域节能降碳减污，持续打好蓝天、碧水、净土保卫战。

（八）保障基本民生和发展社会事业。加强住房保障体系建设，支持刚性和改善性住房需求，解决好新市民、青年人等住房问题，加快推进老旧小区和危旧房改造。加快建设高质量教育体系，推进义务教育优质均衡发展和城乡一体化，推进学前教育、特殊教育普惠发展，大力发展职业教育，推进高等教育创新，支持中西部地区高校发展，深化体教融合。深化医药卫生体制改革，促进医保、医疗、医药协同发展和治理。推动优质医疗资源扩容下沉和区域均衡布局。实施中医药振兴发展重大工程。重视心理健康和精神卫生。实施积极应对人口老龄化国家战略，加强养老服务保障，完善生育支持政策体系。保障妇女、儿童、老年人、残疾人合法权益。做好军人军属、退役军人和其他优抚对象优待抚恤工作。繁荣发展文化事业和产业。提升社会治理效能。强化安全生产监管和防灾减灾救灾。全面贯彻总体国家安全观，建设更高水平的平安中国。

进一步加强政府自身建设，持续转变政府职能，搞好机构改革，扎实推进法治政府、创新政府、廉洁政府和服务型政府建设，发扬实干精神，大兴调查研究之风，提高行政效率和公信力。

各位代表！

我们要以铸牢中华民族共同体意识为主线，坚持和完善民族区域自治制度，促进各民族共同团结奋斗、共同繁荣发展。坚持党的宗教工作基本方针，坚持我国宗教中国化方向，积极引导宗教与社会主义社会相适应。加强和改进侨务工作，汇聚起海内外中华儿女同心奋斗、共创辉煌的强大力量。

我们要深入贯彻习近平强军思想，贯彻新时代军事战略方针，围绕实现建军一百年奋斗目标，边斗争、边备战、边建设，完成好党和人民赋予的各项任务。全面加强练兵备战，创新军事战略指导，大抓实战化军事训练，统筹抓好各方向各领域军事斗争。全面加强军事治理，巩固拓展国防和军队改革成果，加强重大任务战建备统筹，加快实施国防发展重大工程。巩固提高一体化国家战略体系和能力，加强国防科技工业能力建设。深化全民国防教育。各级政府要大力支持国防和军队建设，深入开展“双拥”活动，合力谱写军政军民团结新篇章。

我们要全面准确、坚定不移贯彻“一国两制”、“港人治港”、“澳人治澳”、高度自治的方针，坚持依法治港治澳，维护宪法和基本法确定的特别行政区宪制秩序，落实“爱国者治港”、“爱国者治澳”原则。支持港澳发展经济、改善民生，保持香港、澳门长期繁荣稳定。

我们要坚持贯彻新时代党解决台湾问题的总体方略，坚持一个中国原则和“九二共识”，坚定反“独”促统，推动两岸关系和平发展，推进祖国和平统一进程。两岸同胞血脉相连，要促进两岸经济文化交流合作，完善增进台湾同胞福祉的制度和政策，推动两岸共同弘扬中华文化，同心共创复兴伟业。

我们要坚定奉行独立自主的和平外交政策，坚定不移走和平发展道路，坚持在和平共处五项原则基础上同各国发展友好合作，坚定奉行互利共赢的开放战略，始终做世界和平的建设者、全球发展的贡献者、国际秩序的维护者。中国愿同国际社会一道落实全球发展倡议、全球安全倡议，弘扬全人类共同价值,携手推动构建人类命运共同体,维护世界和平和地区稳定。

各位代表!

奋斗铸就辉煌,实干赢得未来。我们要更加紧密地团结在以习近平同志为核心的党中央周围,高举中国特色社会主义伟大旗帜,以习近平新时代中国特色社会主义思想为指导,全面贯彻党的二十大精神,砥砺前行,推动经济社会持续健康发展,为全面建设社会主义现代化国家、全面推进中华民族伟大复兴,为把我国建设成为富强民主文明和谐美丽的社会主义现代化强国不懈奋斗!

第十四届全国人民代表大会第一次会议关于2022年国民经济和社会发展计划执行情况与2023年国民经济和社会发展计划的决议

（2023年3月13日第十四届全国人民代表大会第一次会议通过）

第十四届全国人民代表大会第一次会议审查了国务院提出的《关于2022年国民经济和社会发展计划执行情况与2023年国民经济和社会发展计划草案的报告》及2023年国民经济和社会发展计划草案，同意全国人民代表大会财政经济委员会的审查结果报告。会议决定，批准《关于2022年国民经济和社会发展计划执行情况与2023年国民经济和社会发展计划草案的报告》，批准2023年国民经济和社会发展计划。

关于2022年国民经济和社会发展计划执行情况与2023年国民经济和社会发展计划草案的报告

——2023年3月5日在第十四届全国人民代表大会第一次会议上

国家发展和改革委员会

各位代表：

受国务院委托，现将2022年国民经济和社会发展计划执行情况与2023年国民经济和社会发展计划草案提请十四届全国人大一次会议审查，并请全国政协各位委员提出意见。

一、2022年国民经济和社会发展计划执行情况

2022年是党和国家历史上极为重要的一年。党的二十大胜利召开，描绘了全面建设社会主义现代化国家的宏伟蓝图，为新时代新征程党和国家事业发展、实现第二个百年奋斗目标指明了前进方向、确立了行动指南。一年来，面对风高浪

急的国际环境和艰巨繁重的国内改革发展稳定任务，在以习近平同志为核心的党中央坚强领导下，各地区各部门坚持以习近平新时代中国特色社会主义思想为指导，深入贯彻落实党的十九大和十九届历次全会精神，认真学习贯彻党的二十大精神，按照党中央、国务院决策部署，认真执行十三届全国人大五次会议审议批准的《政府工作报告》和审查批准的2022年国民经济和社会发展计划，落实全国人大财政经济委员会审查意见，坚持稳中求进工作总基调，落实疫情要防住、经济要稳住、发展要安全的要求，完整、准确、全面贯彻新发展理念，主动构建新发展格局，着力推动高质量发展，深化供给侧结构性改革，统筹国内国际两个大局，统筹疫情防控和经济社会发展，统筹发展和安全，持续做好“六稳”“六保”工作，加大宏观调控力度，应对超预期因素冲击，经济实现平稳运行，发展质量稳步提升，科技创新成果丰硕，改革开放全面深化，美丽中国建设扎实推进，就业物价基本平稳，粮食安全、能源安全和人民生活得到有效保障，保持了经济社会大局稳定，成功举办北京冬奥会、冬残奥会，全面建设社会主义现代化国家新征程迈出坚实步伐。

（一）始终坚持人民至上、生命至上，取得疫情防控重大决定性胜利。坚持科学精准防控，因时因势优化调整防控政策措施，制定实施第九版防控方案和第九版诊疗方案，严格落实疫情防控“九不准”要求，打赢大上海保卫战，经受住了武汉保卫战以来最为严峻的考验，迅速果断处置有关地区发生的局部聚集性疫情，成功避免了致病力较强、致死率较高的病毒株的广泛流行，为打赢疫情防控阻击战赢得了宝贵时间。

常态化疫情防控和应急处置更加精准有效，强化学校、养老院、儿童福利机构等重点场所及重大活动、节日期间防控措施，加强陆路边境口岸地区疫情防控救治能力建设，开展“平急两用”隔离收治设施试点建设，着力做好生活物资保障。全力推进疫苗、药物等研发推广和生产保障，国产新冠疫苗药物研发取得新进展，抗疫国际合作持续深化。实施重点产业链供应链企业“白名单”管理，切实抓好交通物流保通保畅，确保重点产业链不被阻断。11 月以来，围绕“保健康、防重症”，不断优化调整防控措施，出台进一步优化疫情防控二十条措施和新十条措施，加强老年人、孕产妇、儿童等重点人群健康服务和管理，加快推进老年人疫苗接种，加强重点抗疫物资生产、调度和供应，有效遏制涉疫产品价格违法行为，加强基层医疗服务保障，完善疫情防控救治体系建设，提升应急处置能力，2 亿多人得到诊治，近 80 万重症患者得到有效救治，为将新冠病毒感染调整为“乙类乙管”和较短时间实现疫情防控平稳转段打下了基础、创造了条件。三年多我国抗疫防疫历程极不平凡，我们高效统筹疫情防控和经济社会发展，有效保护了人民群众生命安全和身体健康，最大限度减少了疫情对经济社会发展的影响，创造了人类文明史上人口大国成功走出疫情大流行的奇迹。实践证明，党中央对疫情形势的重大判断、对防控工作的重大决策、对防控策略的重大调整是完全正确的，措施是有力的，群众是认可的，成效是巨大的。

（二）实施稳健有效的宏观政策，保持了经济社会大局稳定。针对疫情反复延宕、乌克兰危机爆发等超预期因素冲击，果断加大宏观政策实施力度，突出稳增长稳就业稳物价，推动经济企稳回升。2022 年国内生产总值达到 121 万亿元，增长 3. 0%；全国城镇新增就业 1206 万人，年末全国城镇调查失业率为 5. 5%；物价总水平持续平稳运行，居民消费价格指数（CPI）单月同比涨幅始终运行在 3%以下，全年上涨 2. 0%，与全球通胀水平达到 40 多年新高形成鲜明对比；国际收支状况较好，年末外汇储备规模为 31277 亿美元。

一是宏观调控持续创新完善。及时出台实施稳经济一揽子政策和接续措施，加强对地方落实政策的督导服务，有效应对超预期冲击。积极的财政政策提升效能，更加注重精准、可持续。安排财政赤字 3. 37 万亿元，保证财政支出强度，保持了对经济恢复的必要支持力度。安排新增地方政府专项债券 3. 65 万亿元，依法盘活用好专项债务结存限额 5029 亿元，加快专项债券发行使用，有效发挥专项债券在稳投资稳增长中的积极作用。用好直达机制，提高财政资金精准性有效性。切实兜牢基层“三保”底线，中央对地方转移支付规模 9. 71 万亿元，增长 17. 1%，有效缓解市县财政减收增支压力。稳健的货币政策灵活适度，保持流动性合理充裕。两次下调存款准备金率，释放长期流动性。落实好普惠小微贷款支持工具、碳减排支持工具、支持煤炭清洁高效利用专项再贷款，新出台科技创新再贷款、交通物流专项再贷款、普惠养老专项再贷款等结构性货币政策工具，加大对经济社会发展重点领域和薄弱环节的支持力度。2022 年末，广义货币供应量（M_2）余额和社会融资规模存量分别增长 11. 8%和 9. 6%。全年新增人民币贷款比上年多增 1. 36 万亿元，制造业中长期贷款比年初增加 2. 56 万亿元。稳步推进汇率市场化改革，保持人民币汇率在合理均衡水平上基本稳定。强化宏观政策统筹协调，高效开展新出台政策文件与宏观政策取向一致性评估，充分发挥宏观政策协调机制作用，政策协同效应明显增强。

二是减负纾困力度明显加大。全年新增减税降费和退税缓税缓费超过 4.2 万亿元，其中增值税留抵退税超过 2.4 万亿元，新增减税降费超过 1 万亿元，缓税缓费超过 7500 亿元。延续实施制造业中小微企业和个体工商户缓缴部分税费、阶段性缓缴部分行政事业性收费和保证金等支持政策，出台针对餐饮、零售、旅游、交通运输等服务业特殊困难行业和养老托育行业的纾困扶持措施等。对困难行业企业社保费实施缓缴。做好普惠小微企业贷款延期支持工具和普惠小微企业信用贷款支持计划接续转换，将普惠小微贷款支持工具激励资金支持比例由 1%提高至 2%，对普惠小微贷款在第四季度的利息减 1 个百分点。加大困难群众基本生活保障力度，阶段性扩大低保等社会保障政策覆盖面，调整社会救助和保障标准与物价上涨挂钩联动机制，适当降低启动条件，将更多低收入人群纳入补贴范围。

三是重要商品保供稳价进一步加强。推进重要民生商品价格调控机制落地见效，加强产运销衔接和进出口、储备吞吐调节，强化预期引导，促进价格平稳运行。坚持粮食最低收购价政策托底定位，适当提高稻谷、小麦最低收购价，稳定口粮生产。压实“菜篮子”市长负责制，加强生猪市场调控，缓解生猪猪肉价格大幅波动。规范价格指数行为，期货现货市场联动监管明显加强。创新构建煤炭价格调控监管长效机制，引导煤炭价格在合理区间运行，积极应对国际油气价格大幅上涨，保障居民用电用气需求和价格稳定。

专栏1：重要商品保供稳价主要工作及成效	
粮　食	◇适当提高稻谷、小麦最低收购价，2022年早籼稻、中晚籼稻、粳稻、小麦最低收购价分别比上年每斤提高2分、1分、1分、2分，有力促进了口粮生产稳定。
生　猪	◇全年收储13批次52万吨、投放7批次14万吨中央猪肉储备，指导地方同步开展储备吞吐工作，强化预期引导和市场监管，缓解生猪价格周期性波动。
蔬　菜	◇持续压实"菜篮子"市长负责制，稳定生产供应、促进产销衔接、加强储备调节、开展平价销售、降低流通成本，价格基本平稳。
煤　炭	◇创新实施煤炭价格区间调控，并与煤电上网电价机制充分衔接，实现煤价、上网电价、用户电价通过市场化方式"三价联动"，有效缓解煤电矛盾，在国际能源价格剧烈波动背景下，切实稳住了国内煤价、电价，稳定了企业用能成本。
油　气	◇明确国际油价突破调控上限后，国内成品油价格暂不上调，保持居民用气价格基本稳定，国内油气价格涨幅明显低于国际。

（三）坚定实施扩大内需战略，内需潜力持续释放。扎实推动构建新发展格局"1+N"政策体系落实落细，制定实施扩大内需战略规划纲要（2022—2035年）和"十四五"扩大内需战略实施方案，聚焦重点领域扩投资稳消费，进一步激发国内需求潜力，促进国内大循环加快畅通。

一是投资关键作用充分发挥。建立并高效运转推进有效投资重要项目协调机制，强化用地、环评、用能等要素保障和重大问题协调，做到"资金、要素跟着项目走"，加快推进重点任务落实和重大项目建设，努力形成更多实物工作量。创新设立政策性开发性金融工具，分两批投放基金7400亿元，为重大项目建设补充资本金，支持的2700多个重大项目已全部开工。通过专项再贷款与财政贴息配套支持重点领域设备更新改造,推动扩大制造业中长期贷款投放。适度超前开展基础设施投资,推进“十四五”规划 102 项重大工程实施,新型基础设施加快布局,川藏铁路全面建设取得良好开局,装机规模全球第二大的白鹤滩水电站全面投产,白鹤滩至江苏、浙江特高压直流输电工程运行,小洋山北侧集装箱码头(陆域部分)、平陆运河工程、南水北调中线引江补汉工程等开工建设。发挥中央预算内投资撬动作用。加快地方政府专项债券发行使用并进一步扩大支持范围。鼓励引导社会资本盘活老项目、投入新项目,促进存量资产和新增投资良性循环,已累计发行上市基础设施领域不动产投资信托基金(REITs)试点项目 24 个,总发行规模超过 780 亿元。全面推进城镇老旧小区改造,全国实际新开工老旧小区改造 5.25 万个。城市基础设施建设短板加快补齐,城市燃气管道等老化更新改造积极推进。全国固定资产投资(不含农户)57.21 万亿元,增长 5.1%;其中,基础设施、制造业投资分别增长 9.4%、9.1%,一定程度弥补了消费收缩缺口。

专栏 2:推进有效投资重要项目协调机制	
政策设计	◊ 协调机制及其统筹实施的政策工具,做到了宏观政策和微观项目相结合,实体经济和金融市场相衔接,储蓄和投资相贯通,发展和安全相统筹,对稳经济大盘和长期实现高质量发展发挥了关键作用。 ◊ 协调机制工作是优化宏观调控的综合举措,有力支撑了投资和经济稳定增长,充分发挥了长期优化供给结构的重要作用,防范了金融和财政等重大风险。 ◊ 协调机制工作是支持重点项目的重要手段,及时解决了项目资本金和要素保障问题,有效支持了一大批有利于高质量发展的项目开工建设。

（续表）

主要做法	◊ 坚持中央和地方高效联动，构建强有力的统筹协调机制。 ◊ 坚持投资、财政和金融政策深度融合，发挥优势互补的综合效用。 ◊ 坚持有效市场和有为政府有机结合，科学合理确定高质量项目。 ◊ 坚持要素保障和配套资金及时到位，实现项目双闭环支撑。 ◊ 坚持事前科学安排和事中事后监管，提升开工建设效率。 ◊ 坚持扩大投资和防范风险同步推进，提高工作安全性和规范性。
实际成效	◊ 两批政策性开发性金融工具项目全部开工建设，并形成一定实物工作量。 ◊ 专项再贷款和财政贴息配套支持设备更新改造等基本达到预期工作目标。推送三批备选项目清单，包括 1.09 万个项目。 ◊ 组织做好扩大制造业中长期贷款投放相关工作。通过推送重点领域项目，由 21 家全国性银行按照市场化法治化原则自由选择项目对接，推进引导扩大制造业中长期贷款投放。

专栏 3：重大交通基础设施项目建设进展情况	
铁　路	◊ 建成和田至若羌铁路、中卫至兰州铁路、郑州至万州铁路等项目，重庆至昆明、福州至厦门、贵阳至南宁等高铁加快建设，沿江高铁上海至南京至合肥段、北京至雄安新区至商丘高铁雄安新区至商丘段等开工建设。
公　路	◊ 推进国家高速公路和普通国道主线拥挤路段扩容改造，完善国家高速路网。沪陕高速安徽合肥至大顾店段、兰海高速广西钦州至北海段等项目改扩建完成。新疆依吞布拉克至若羌公路、二广高速内蒙古二连浩特至赛汉塔拉段、沈海高速海口段建成通车。京雄高速北京大兴机场北线支线正式开通。
水　运	◊ 长江干线航道、北部湾港、宁波舟山港、深圳港等水运项目稳步推进，广州港南沙港区 4 期建成运营，深圳港盐田港区东作业区开工。
机　场	◊ 枢纽机场保障能力和服务水平大幅提升，厦门新机场开工建设，广州、福州、重庆、武汉、昆明等机场改扩建工程抓紧实施。机场布局进一步完善，鄂州、隆子、定日等机场建成投运。
水　利	◊ 引江济淮工程实现试通水试通航，湖南涔天河水库扩建工程灌区、河南赵口引黄灌区二期、四川武引二期灌区工程、吉林松原灌区等 10 项灌区工程完工发挥效益，广西西江大藤峡水利枢纽实现工程全线挡水。

（续表）

水　利	◇南水北调中线引江补汉工程，环北部湾广东水资源配置工程，江西大坳、广西龙云、海南牛路岭、安徽怀洪新河等大型灌区建设工程，淮河入海水道二期、长江芜湖段、黄河下游等大江大河治理工程，四川青峪口、重庆藻渡、湖南大兴寨等防洪控制性枢纽，洞庭湖区重点垸堤防加固工程、宁晋泊大陆泽等蓄滞洪区防洪工程与安全建设工程开工建设。
西部陆海新通道	◇西部陆海新通道骨干工程平陆运河开工建设，钦州港自动化集装箱码头7号8号泊位、钦州港30万吨级油码头和东航道扩建工程、钦州港支线铁路扩能改造工程建成。 ◇呼和浩特至北海、银川至百色等国家高速待贯通路段建设进展顺利，兰州至海口高速钦州至北海段改扩建工程、重庆万州新田长江大桥等建成通车。

二是促进居民消费逐步恢复。完善促进消费的政策体系，制定出台进一步释放消费潜力促进消费持续恢复的意见，综合施策释放消费潜力。阶段性对符合条件的乘用车减半征收车辆购置税，延续实施免征新能源汽车购置税政策。大力发展绿色消费，印发促进绿色消费实施方案，系统设计促进绿色消费的制度政策体系，推进新能源汽车、绿色智能家电、绿色建材下乡活动。汽车、家电等大宗消费潜力有效释放，全年新能源汽车销售688.7万辆，比上年增长93.4%，市场渗透率达25.6%，产销量连续8年保持全球第一。推进线上线下消费有机融合，促进网络消费，推动餐饮住宿、交通运输、文化旅游等接触性行业逐步回暖。支持县域商业体系、农产品供应链体系建设。全年社会消费品零售总额43.97万亿元，其中网上零售额达13.79万亿元。

三是经济循环进一步畅通。制定实施“十四五”现代物流发展规划，统筹推动国家物流枢纽、国家骨干冷链物流基地、国家级示范物流园区建设，促进物流业与制造业深度融合，加快打造“支点城市+骨干走廊”现代流通网络，深入实施国家综合货运枢纽补链强链，加快建设一批综合货运枢纽及集疏运体系重点项目，优化商贸流通基础设施布局，推进市场设施高标准联通，成立国务院物流保通保畅工作领导小组，打通“大动脉”，畅通“微循环”，保障生产生活物资供应和产业链供应链循环畅通。

（四）把发展经济的着力点放在实体经济上，供给体系质量稳步提升。高水平科技自立自强成效明显，我国全球创新指数排名上升至第 11 位，产业链供应链安全稳定韧性持续增强。

一是创新引领作用显著增强。全社会研究与试验发展（R&D）经费投入首次突破 3 万亿元大关，与国内生产总值之比达到 2.55%。社会主义市场经济条件下关键核心技术攻关新型举国体制进一步健全，国家战略科技力量加快壮大，国家实验室体系建设扎实推进，国际科技创新中心、综合性国家科学中心、国家制造业创新中心、区域科技创新中心加快建设，“卡脖子”关键核心技术攻关实现新突破。扎实推进创新创业创造，将科技型中小企业研发费用加计扣除比例提高至 100%并阶段性扩大到所有适用行业，对企业基础研究、购置设备实施税收优惠，企业创新主体地位不断巩固。一批重大科技成果持续涌现，C919 大型客机获得型号合格证并交付首架飞机，ARJ21 支线客机实现百架飞机交付，中国空间站全面建成，神舟十四号和十五号载人飞船、“夸父一号”太阳探测卫星成功发射，国产 10 万吨级大型渔业养殖工船成功交付，首艘自主研发的电磁弹射航母福建舰下水。

二是实体经济根基巩固壮大。深入实施促进工业经济平稳增长的系列政策措施,出台加力振作工业经济的政策举措,扎实推进产业基础再造工程、重大技术装备攻关工程、国家战略性新兴产业集群发展工程,多措并举促进制造业投资不断增长,制造业增加值占国内生产总值比重稳步提升。加快推动重点行业转型升级,深入实施智能制造、绿色制造,持续巩固化解钢铁过剩产能成果,化工产业转移更为规范有序,乙烯等关键化工品自主供应保障能力显著增强,钢铁、石化等重点行业节能降碳改造稳步推进。深入推进先进制造业和现代服务业融合发展试点,加快提升制造服务业专业化服务能力,服务业高质量发展迈上新台阶。高质量推进品牌建设,开展中国品牌创建行动。大力培育专精特新中小企业,推动大中小企业融通发展。

三是数字经济持续健康发展。制定实施构建数据基础制度更好发挥数据要素作用的政策文件,加快完善数据基础制度体系,统筹推进数据确权、流通交易、收益分配、安全治理。数字经济和实体经济深度融合发展,"东数西算"工程全面实施,国家算力网络加快构建,加强对枢纽节点算力基础设施适度超前建设的政策支持,深入推进传统产业、中小企业数字化转型,"上云用数赋智"水平不断提升。信息通信设施加快发展,第五代移动通信(5G)建设全球领先,全年新建5G基站88.7万个,累计建成231.2万个,占全球总数的60%以上。宽带光纤网络加速布局,千兆城市已超过110个。实现平台经济常态化监管,平台经济规范健康持续发展的基础进一步夯实。

专栏 4：数字经济持续健康发展情况	
数字经济顶层设计	◇中共中央、国务院发布关于构建数据基础制度更好发挥数据要素作用的意见，初步构建了数据基础制度体系的“四梁八柱”。数字经济发展部际联席会议制度建立，加强数字经济统筹协调。
数字基础设施建设	◇建成全球最大的光纤和移动宽带网络，信息基础设施加速迈向“双千兆”时代，千兆光网具备覆盖超过 5 亿户家庭的能力。全国一体化大数据中心体系基本建成。
数字产业创新发展	◇量子计算、量子通信等基础前沿领域取得原创性突破，人工智能、区块链、物联网等新兴领域形成一批自主底层软硬件平台和开源社区。关键数字技术中人工智能、物联网、量子信息领域发明专利授权量居世界首位。
产业数字化转型	◇全国具备行业、区域影响力的工业互联网平台达到 248 家，重点平台工业设备连接数超过 8000 万台套，服务工业企业超过 160 万家。电子商务、移动支付规模全球领先。智能灌溉、智能温室、精准施肥等智慧农业新模式得到广泛推广。智能制造应用规模和水平进入全球领先行列，累计建成近 2000 家高水平数字化车间和智能工厂，智能制造装备产业规模达 3 万亿元。
数字化公共服务	◇“一网通办”、“异地可办”、“跨省通办”广泛实践。新型智慧城市建设取得积极进展，智慧交通、应急、广电等建设成效显著，数字乡村建设促进乡村宜居宜业、农民富裕富足。
数字经济国际合作	◇已与 16 个国家签署数字丝绸之路建设合作谅解备忘录，与 28 个国家建立“丝路电商”双边合作机制。推进二十国集团(G20)、亚太经合组织(APEC)、金砖国家等机制下数字经济合作，推动构建开放、公平的数字营商环境。

（五）持续深化改革扩大开放，发展活力和内生动力不断激发。坚持社会主义市场经济改革方向，重点领域和关键环节改革全面推进，加快打造更高水平开放型经济新体制，对外开放的范围、领域和层次持续拓展。

一是市场体系建设更加完善。加快建设全国统一大市场的意见出台实施，公平竞争审查制度有效实施，破除行政垄断和市场垄断成效显著。市场准入负面清单制度改革持续深化，市场准入效能评估试点稳步扩大，扎实开展违背市场准入负面清单案例归集通报，破除了一批典型市场准入壁垒。要素市场化配置综合改革试点取得积极进展，不同类型要素改革举措协同配合机制逐步完善，实现全国产权交易市场联通。公共资源交易平台整合共享持续深化，积极破除公共资源交易领域的区域壁垒。纵深推进招标采购全流程电子化，招标投标市场和政府采购市场环境不断优化。

二是重点领域改革向纵深推进。国企改革三年行动任务顺利完成，国有经济布局和结构不断优化；持续为民营企业改革发展营造良好环境，梳理推广民营经济联系点城市和促进民营经济发展壮大的典型做法；大力弘扬企业家精神，加快建设世界一流企业的指导意见出台实施。深化电力、煤炭、水资源等价格改革，建立大型风光基地支撑调节煤电机组容量补偿机制，全面实施电网企业代理购电制度，完成第三监管周期省级和区域电网输配电、抽水蓄能电站定价成本监审；水利工程供水价格管理办法和成本监审办法修订出台，农业水价综合改革稳步推进。电力体制改革向纵深推进，全面推动电力现货市场建设和绿电绿证进市场，深化电网企业设计、施工改革。“X+1+X”油气市场体系改革加快推进，油气管网管理体制和运营机制改革不断深化，油品管理体制机制进一步完善。深圳综合改革试点首批40条授权事项加快落地。

三是营商环境不断改善。落实落细优化营商环境条例、促进个体工商户发展条例等，推动各地区加快清理与条例不相符的有关规定。推进社会信用体系建设高质量发展促进形成新发展格局的意见出台实施。深入开展“互联网+政务服务”，基本建成全国一体化政务服务平台，推进政务服务“跨省通办”扩面增效，政务服务“一网通办”能力显著提升。统筹推进市场监管、质量监管、安全监管、金融监管，提高监管效能。扎实开展涉企违规收费专项整治行动，坚决查处涉企乱收费、乱罚款、乱摊派行为。扎实推进营商环境创新试点，推动长三角、粤港澳大湾区、福建等重点区域优化营商环境一体化发展，着力营造市场化、法治化、国际化一流营商环境。

四是稳外贸稳外资成效明显。外贸新业态新模式加快发展，贸易投资自由化便利化持续提升。增设一批跨境电商综合试验区，支持跨境电商海外仓发展政策措施出台实施。阶段性减免港口收费，持续做好清理规范海运口岸收费工作，进一步提升货物通关效率。以制造业为重点促进外资扩增量稳存量提质量，修订发布新版鼓励外商投资产业目录。推进海南全面深化改革开放取得扎实成效，海南自由贸易港全岛封关运作配套设施、环热带雨林国家公园旅游公路、洋浦区域国际集装箱枢纽港扩建工程开工。中国国际进口博览会、中国进出口商品交易会、中国国际服务贸易交易会、中国国际投资贸易洽谈会、中国国际消费品博览会和中国—东盟博览会等重要展会成功举办。多双边经贸合作务实开展，高质量实施《区域全面经济伙伴关系协定》（RCEP），中国—海合会等自贸协定谈判有序推进，中国—东盟自贸区 3.0 版谈判正式启动。全年货物进出口总额 42.1 万亿元，增长 7.7%；服务进出口总额 5.98 万亿元，增长 12.9%；实际利用外资 1891 亿美元，按可比口径比上年增长 8%。

五是高质量共建"一带一路"取得新进展。稳步推进商签共建"一带一路"合作文件,截至 2022 年末,已与 150 个国家、32 个国际组织签署 200 多份合作文件。国际产能合作和第三方市场合作继续深化,境外投资成果丰硕。中巴经济走廊实现高质量运行。积极推进中蒙俄三国合作,黑河公路大桥、同江铁路大桥开通运营。加强与哈萨克斯坦在交通运输等领域合作。中老铁路运营平稳,中泰铁路、匈塞铁路和雅万高铁项目建设取得新成果。健康、绿色、数字、创新丝绸之路建设加快推进,已与 16 个国家签署数字丝绸之路建设合作谅解备忘录,与 15 个国家签署数字经济、绿色发展领域投资合作备忘录,共建一批"一带一路"联合实验室。保障中欧班列安全高效畅通运行,已累计开行超过 6.5 万列,运送货物超过 600 万标箱,通达欧洲 25 个国家的 200 多个城市。西部陆海新通道一批重点铁路、港航设施项目加快推进。统筹做好重大境外项目建设和风险防范,指导企业防范化解境外投资风险,境外项目风险监测评估预警综合服务平台加快建设。

(六)全面实施乡村振兴战略,农业农村现代化水平稳步提升。巩固拓展脱贫攻坚成果同乡村振兴有效衔接,乡村振兴战略规划(2018—2022 年)顺利收官,乡村建设加快推进,农业农村经济发展总体平稳向好。

一是切实抓好农业生产。粮食生产再获丰收,总产量达到 13731 亿斤,连续 8 年稳定在 1.3 万亿斤以上。大豆油料扩种成效明显,夏收油菜籽实现面积、单产、总产"三增"。第三次全国土壤普查试点任务总体完成。加强高标准农田建设,支持新增高标准农田建设 1 亿亩,累计建成 10 亿亩高标准农田。国家黑土地保护工程扎实推进，完成东北黑土地保护性耕作8300多万亩。加强酸化、盐碱化等退化耕地治理，推进盐碱地综合利用试点。深入实施种业振兴行动，统筹支持现代种业提升、动植物保护等项目建设，着力夯实农业生产基础。加快发展新型农业经营主体，农业适度规模经营有序推进。积极推进生产托管、代耕代种、生产服务外包等农业社会化服务。绿色、有机、地理标志和达标合格农产品加快发展。深入推进农村产业融合发展，新建一批优势特色产业集群、国家现代农业产业园、农业产业强镇，国家农村产业融合发展示范园、农业绿色发展先行区建设扎实推进。

二是脱贫攻坚成果持续拓展。细化实化帮扶政策，接续推进脱贫地区发展。健全防止返贫动态监测和帮扶工作机制，推动落实对160个国家乡村振兴重点帮扶县帮扶政策，持续实施农村低收入群体危房改造和抗震改造。加大易地扶贫搬迁后续扶持工作力度，推动各类政策、资金、资源向安置点和搬迁群众倾斜，开展搬迁安置点乡村治理专项行动。在重点工程项目中大力实施以工代赈，用好帮扶车间和乡村公益岗位等，带动脱贫人口和返乡农民工等重点群体就地就近就业。培育壮大脱贫地区乡村特色产业，推动每个脱贫县都培育2—3个特色主导产业。加大脱贫人口就业帮扶、技能培训力度，脱贫人口务工规模达3278万人，比上年增加133万人。继续大力实施消费帮扶，助推脱贫地区产品销售和特色产业发展。

三是乡村建设稳步推进。乡村建设行动和农村人居环境整治提升五年行动深入开展。畜禽粪污资源化利用扎实推进。从农民实际需求出发稳步实施农村改厕，全国农村卫生厕所普及率超过73%。生活污水和垃圾治理力度加大，生活垃圾进行收运处理的自然村比例达到90%。强化水电路等农村基础设施短板领域和薄弱环节建设，推动农村公共基础设施管护重点任务落实，开展数字乡村试点，现有行政村全面实现村村通宽带，快递服务覆盖率达95%，农村自来水普及率达87%。组织实施"四好农村路"重点工程，加快完善便捷高效、普惠公平的农村公路网络。开展第六批中国传统村落调查推荐。

（七）扎实推动重大战略部署落地，区域经济布局进一步优化。着力促进区域协调发展，扎实推进新型城镇化建设，优势互补、高质量发展的区域经济布局和国土空间体系加快构建。

一是区域重大战略扎实推进。京津冀协同发展水平不断提升，一批央企、医院、高校等疏解项目在雄安新区落地，津冀港口群基础设施不断完善，"轨道上的京津冀"更加便捷。长江经济带绿色高质量发展有力推进，长江保护法深入贯彻实施，生态环境突出问题整改、污染治理"4+1"工程成效明显，入河排污口整治等专项行动深入实施，长江流域重点水域十年禁渔进展良好。大湾区综合性国家科学中心先行启动区加快建设，设施联通和规则衔接不断深化，横琴、前海、南沙、河套等重大合作平台建设深入推进。积极推动长三角科创与产业融合发展，G60科创走廊、沿沪宁产业创新带协同发力的创新空间布局不断优化，基础设施、生态环境、公共服务等重点领域一体化水平明显提升。黄河流域生态环境保护、水安全保障、文化保护传承弘扬等专项规划出台实施，黄河流域生态保护和高质量发展先行区加快建设，黄河生态保护治理五大攻坚行动稳步推进。

专栏5：区域重大战略实施情况	
京津冀协同发展	◊ 北京非首都功能疏解稳妥有序推进，首批标志性项目陆续在雄安新区落地，中国星网、中国中化、中国华能等3家央企总部启动建设，中国矿产资源集团注册落地，首批疏解的高校、医院基本确定选址；出台医保、薪酬等政策，持续完善疏解激励约束政策体系。 ◊ 雄安新区高标准高质量建设，累计完成投资近5000亿元，对外骨干交通路网基本建成，启动区市政设施网络、起步区骨干市政道路逐步完善，新区森林覆盖率达到34%，生态环境质量持续改善。 ◊ 北京城市副中心加快高质量发展，副中心站综合交通枢纽、东六环入地改造等重大基础设施建设积极推进。 ◊ 北京市通州区与河北省三河、大厂、香河三县市一体化高质量发展持续推进，交通、产业等一体化项目加速建设。 ◊ 公共服务共建共享水平稳步提升，产业链创新链加速融合。 ◊ 京津冀生态环境联建联防联治机制不断健全，钢铁企业超低排放改造持续推进，顺利完成北京冬奥会和冬残奥会等重大活动空气质量保障，区域生态环境持续改善，北京市细颗粒物（PM2.5）浓度实现"十连降"。 ◊ 京唐城际铁路、京滨城际铁路开通运营，新北京丰台站投入使用；津石高速全线贯通、京雄高速河北段和北京段六环至市界段建成通车；潮白河大桥开工建设；天津港北疆港区东突堤自动化集装箱码头完成升级改造，北京燃气天津南港LNG码头工程竣工验收。
长江经济带发展	◊ 长江经济带生态环境保护成效明显，长江经济带生态环境警示片披露的623个问题已完成整改571个，污染治理"4+1"工程深入实施，赤水河、嘉陵江、乌江等支流保护修复深入推进，水生态系统质量和稳定性逐步提高。 ◊ 长江入河排污口整治深入推进，印发实施长江入河排污口整治行动方案，基本完成排污口排查监测和溯源，各地解决2万余个长江入河排污口污水直排、乱排问题。 ◊ 长江禁捕工作成果持续巩固，退捕渔民安置保障工作稳步推进，长江水生生物多样性保护不断强化。 ◊ "锰三角"污染治理扎实推进，85座锰渣库污染治理已完成45座，锰矿开采企业和电解锰企业加快整合。 ◊ 综合交通运输体系加快构建，沿江落后化工产能逐步退出，战略性新兴产业集群和先进制造业集群加快发展，绿色发展示范和生态产品价值实现机制试点深入推进。

（续表）

粤港澳大湾区建设	◇大湾区综合性国家科学中心先行启动区建设全面提速，科技创新推动现代产业体系不断完善。 ◇基础设施“硬联通”和规则机制“软联通”持续深化，大湾区市场一体化水平进一步提升。 ◇港澳居民在内地就学、就业创业、参加社保更加便利，宜居宜业宜游优质生活圈加快构建。 ◇横琴、前海开发开放深入推进，国务院印发实施广州南沙深化面向世界的粤港澳全面合作总体方案，重大合作平台建设迈上新台阶。 ◇国家超级计算机深圳中心（二期）、狮子洋通道项目开工；深圳机场三跑道扩建、珠海机场改扩建、深中通道、黄茅海跨海通道工程加快建设；南沙港铁路、未来网络试验设施、香港机场三跑道主体工程完工。
长三角一体化发展	◇长三角科技创新与产业融合不断深化，长三角科技创新共同体联合攻关合作机制建立，G60 科创走廊、沿沪宁产业创新带协同发力。 ◇长三角生态绿色一体化发展示范区新推出 39 项一体化制度创新成果，三年累计达到 112 项。 ◇上海自贸试验区临港新片区引领更高水平协同开放能力稳步提升，虹桥国际开放枢纽“一核两带”发展格局日益完善。 ◇重点领域一体化水平持续提升，基础设施互联互通、生态环境共保联治、公共服务便利共享取得新突破。 ◇通苏嘉甬高铁、沪渝蓉高铁合肥至上海段、长三角数字创新港、长三角社会救助援助公共服务平台项目开工；合肥综合性国家科学中心、沪苏湖铁路、太湖流域水环境综合治理工程加快建设；白鹤滩至浙江±800 千伏特高压直流输电工程、黄山至千岛湖高速安徽段主体工程完工。
黄河流域生态保护和高质量发展	◇深入推动黄河流域生态保护和高质量发展规划纲要落实，“1+N+X”规划政策体系基本形成，黄河保护法颁布。 ◇落实以水定城、以水定地、以水定人、以水定产“四水四定”原则，强化水资源刚性约束，流域用水效率不断提升。 ◇实施一批环境污染治理、水资源节约集约利用、生态保护修复重点工程，黄河口等国家公园加快创建，大力开展生态环境突出问题整治整改，黄河沿线生态环境质量持续向好。 ◇上中游产煤大省落实煤炭稳产增产要求，为全国能源安全保障作出重要贡献。 ◇黄河下游“十四五”防洪工程开工；内蒙古河套、宁夏青铜峡等大中型灌区现代化改造，禹门口至潼关河段治理工程，黄河上游沙漠、戈壁、荒漠地区大型风电光伏基地和河南、陕西黄河流域推进生态保护和修复世行贷款项目加快推进；全国首个百万吨级碳捕集利用与封存示范项目在山东东营投产运营。

二是区域协调发展战略深入实施。西部地区发展协调性持续提升,400 毫米降水线西侧区域保护发展稳步推进。支持东北地区振兴发展系列专项实施方案出台实施,东北地区维护国家粮食安全"压舱石"地位持续巩固。中部地区高质量发展重大工程加快建设,电子信息、新能源等战略性新兴产业集群快速发展。东部地区创新示范带动作用持续发挥。加大特殊类型地区振兴发展支持力度,革命老区振兴发展、资源型地区和老工业城市转型发展取得新进展,边境地区基础设施和城镇建设步伐加快。民族地区经济稳步发展。坚持陆海统筹,加强重点海域综合治理,海洋强国建设加快推进。

三是主体功能区战略深入完善。主体功能区战略和制度全面融入国土空间规划体系,"多规合一"的国土空间规划体系总体形成。全国国土空间规划纲要(2021—2035 年)印发实施,全国"三区三线"划定工作完成,各级各类国土空间规划编制有序开展。

四是新型城镇化建设积极推进。国家新型城镇化规划(2021—2035 年)、"十四五"新型城镇化实施方案制定实施。成渝地区双城经济圈"1+N"规划体系全面实施,长江中游、北部湾、关中平原等城市群加快一体化发展步伐,一批都市圈有序培育。出台实施关于推进以县城为重要载体的城镇化建设的意见,城乡融合发展体制机制和政策体系进一步健全,城镇基础设施和公共服务持续向乡村延伸覆盖。

专栏6：区域协调发展战略实施情况	
西部开发	◇西部大开发"十四五"目标任务稳步推进，生态安全屏障更加牢固，能源资源安全保障能力不断增强，水安全综合保障体系初步构建，内陆开放型经济发展提档升级，现代产业体系加快构建。支持贵州在新时代西部大开发上闯新路开局良好，云南加快建设我国面向南亚东南亚辐射中心，建设新时代壮美广西加快推进，成渝地区双城经济圈建设推进有力，宁夏黄河流域生态保护和高质量发展先行区建设进展顺利。 ◇乌鲁木齐、西安、重庆机场改扩建工程加快建设。拉林铁路、酒泉至额济纳铁路酒泉至东风段、西藏湘河水利枢纽、拉洛水利枢纽及配套灌区工程，昭苏、阿拉尔、塔什库尔干机场主体工程完工。
东北振兴	◇出台支持东北地区振兴发展系列专项实施方案，支持吉林省疫后经济社会加快恢复发展，扎实推进辽宁沿海经济带建设。 ◇东北三省全年粮食总产量达2866亿斤，占全国21%，粮食安全"压舱石"地位不断巩固。北方生态安全屏障更加稳固，制造业创新发展加快推进，重点领域改革持续深化，重大项目建设持续推进，振兴发展基础不断夯实。 ◇哈尔滨至铁力高铁、辽宁徐大堡核电4号机组、大伙房输水二期二步、吉林石化转型升级等项目启动实施，沈阳至白河高铁、哈尔滨机场二期扩建等项目加快建设，佳木斯至鹤岗铁路扩能改造、辽宁红沿河核电、吉林敦化和黑龙江荒沟抽水蓄能电站等项目建成投运。
中部崛起	◇中部地区经济增速持续领先，经济结构不断优化，长江中游城市群、中原城市群和长株潭、武汉等都市圈加快建设，美丽中部加快形成。 ◇山西太原武宿机场三期改扩建工程、沿江高铁武汉至宜昌段开工建设，平顶山经漯河至周口高铁、长赣高铁、昌景黄铁路江西段、湖南岳阳地区100万吨/年乙烯炼化一体化项目、鄂北地区水资源配置二期工程加快建设，引江济淮工程一期实现试通水通航。
东部率先	◇东部地区经济大省勇挑大梁，主要经济指标增速大多高于全国平均水平，高技术产业展现强劲活力，新业态新产品持续涌现，外贸增速逆势上扬，为推动经济恢复增长作出重要贡献。浦东新区打造社会主义现代化建设引领区实现良好开局，深圳建设中国特色社会主义先行示范区取得积极成效，浙江高质量建设共同富裕示范区有序推进，福建深化闽台融合发展，山东深化新旧动能转换。

（八）加强生态文明建设，绿色循环低碳发展扎实推进。持续深化污染防治攻坚战，积极稳妥推进碳达峰碳中和工作，大力推动资源节约，绿色制造体系加快建设，绿色生产生活方式加快形成，生态环境治理成果巩固拓展。

一是生态环境质量不断改善。深入打好蓝天、碧水、净土保卫战。全国累计 2.07 亿吨粗钢产能完成全流程超低排放改造，挥发性有机物综合治理深入推进，移动源污染防治持续加强。加大重点流域水生态环境保护力度，实施重点海域入海河流水质改善行动，污水资源化利用扎实推进。严格建设用地土壤污染风险管控和修复名录内地块的准入管理，组织实施土壤污染源头管控项目，受污染耕地安全利用水平得到巩固提升。开展固体废物和新污染物治理，加强塑料污染全链条治理，开展商品过度包装治理，“无废城市”建设加快推进。加快构建国家生态安全屏障体系，启动实施一批重要生态系统保护和修复重大工程，中国山水工程入选联合国首批十大生态恢复旗舰项目，生态综合补偿试点取得显著成效。持续推动排污许可制改革。全面完成第二轮中央生态环境保护督察。全国地级及以上城市平均空气质量优良天数比率为 86.5%，细颗粒物（$PM_{2.5}$）平均浓度为 29 微克/立方米，比上年下降 3.3%；地表水水质优良（Ⅰ—Ⅲ类）断面比例提高到 87.9%，劣Ⅴ类水质断面比例降至 0.7%。

二是碳达峰碳中和积极稳妥推进。碳达峰碳中和“1+N”政策体系构建完成，重点领域碳达峰实施方案和配套保障措施制定出台，“碳达峰十大行动”扎实推进。全国碳排放权交易市场平稳运行。坚持“先立后改”，加快建设先进清洁支撑性煤电，推动煤电机组节能降碳改造、灵活性改造、供热改造“三改联动”，积极发展新能源和清洁能源，第一批以沙漠、戈壁、荒漠地区为重点的大型风电光伏基地加快建设，我国可再生能源总装机突破12亿千瓦。重点行业节能降碳大力推进，提高新建建筑节能水平，积极发展绿色建筑，大力推广新能源汽车，持续推动充电基础设施建设，加快推进大宗货物和中长距离货物运输“公转铁”、“公转水”。单位国内生产总值二氧化碳排放下降0.8%。积极参与联合国气候变化沙姆沙伊赫大会各项谈判磋商，推动大会取得积极成果。

专栏7：积极稳妥推进碳达峰碳中和主要工作与成效	
构建政策体系	◇制定能源、工业、城乡建设、交通运输、农业农村等重点领域和钢铁、有色金属、建材、石化化工等重点行业碳达峰实施方案以及科技支撑、财政支持、生态碳汇、统计核算、标准计量等支撑保障政策，碳达峰碳中和“1+N”政策体系已经建立。各省（区、市）均制定了本地区碳达峰实施方案。
推进能源低碳转型	◇大力推动煤炭清洁高效利用。积极发展新能源和清洁能源，在沙漠、戈壁、荒漠地区规划建设4.5亿千瓦大型风电光伏基地。2022年，我国可再生能源装机规模突破12亿千瓦，水电、风电、太阳能发电、生物质发电装机均居世界首位。
推进产业优化升级	◇大力发展战略性新兴产业，2022年，高技术产业投资比上年增长18.9%，高技术制造业增加值增长7.4%，快于全部规模以上工业增加值3.8个百分点。加快传统产业节能降碳改造，引导产品设备更新升级。
推动重点领域低碳发展	◇结合城市更新、老旧小区改造，推进既有建筑节能改造，2022年全国城镇新建绿色建筑面积占当年城镇新建建筑面积比例提升至90%。大力推广新能源汽车，新能源汽车产销量连续8年位居全球第一。
巩固提升碳汇能力	◇坚持山水林田湖草沙一体化保护和系统治理，科学推进大规模国土绿化行动。2022年，我国超额完成国土绿化1亿亩的既定目标。

（续表）

加强绿色低碳科技创新	◊在“十四五”国家重点研发计划中，部署碳达峰碳中和关键技术研究有关项目。完善绿色技术创新体系，建设国家绿色技术交易中心，加快推动创新成果转化。强化“双碳”专业人才培养，增设储能科学与工程、氢能科学与工程等相关专业。
完善绿色低碳政策机制	◊设立碳减排支持工具、煤炭清洁高效利用专项再贷款工具。完善全国碳排放权市场交易机制，到 2022 年底累计交易量 2.3 亿吨，成交额超过 100 亿元。

三是节能工作持续推进。优化节能目标考核，新增可再生能源和原料用能不纳入能源消费总量控制的实施方案出台，国家重大项目能耗单列有序实施，重大项目合理用能需求得到切实保障。设置重点行业能效标杆水平、基准水平，明确重点用能产品设备能效先进水平、节能水平、准入水平，节能标准更新升级和应用实施进一步加强。加快重点领域、行业和产品设备节能降碳更新改造，坚决遏制高耗能、高排放、低水平项目盲目发展。全国万元国内生产总值能耗比上年下降 0.1%。

四是绿色产业体系快速发展。研究修订绿色产业指导目录，推动绿色产业示范基地建设。完善市场导向的绿色技术创新体系，推动绿色技术创新推广。国家节水行动持续实施，开展 2022 年度用水产品水效领跑者遴选，推动沿海缺水城市建设大型海水淡化工程，推进公共供水管网漏损治理重点城市（县城）建设。加强环境基础设施建设，城镇污水垃圾处理设施建设和运营水平逐步提高。循环经济加快发展，大宗固废综合利用深入推进，废旧物资循环利用体系加快建设，再生资源已成为工业生产的重要原材料。印发实施《生态产品总值核算规范(试行)》,推动建立生态产品价值实现机制。

(九)统筹发展和安全,安全发展基础进一步夯实。全面贯彻总体国家安全观,把维护国家安全贯穿经济社会发展各方面全过程,粮食、能源资源、产业链供应链安全得到切实保障。

一是粮食安全保障能力巩固提升。落实粮食安全党政同责,深入推进粮食储备和购销领域体制机制改革,更高层次、更高质量、更有效率、更可持续的国家粮食安全保障体系加快构建。扎实做好粮食调控工作,加强粮食进出口调节,合理安排政策性粮食库存销售,粮食市场平稳运行。充分发挥化肥保供稳价工作机制作用,积极稳妥做好化肥特别是钾肥供应保障。粮食进口供应链体系建设持续加强,粮食进口来源多元化取得新进展。

二是能源资源安全得到切实保障。加强能源产供储销体系建设,积极有效应对极端高温干旱等严峻挑战,迎峰度夏、迎峰度冬等重点时段能源供应总体平稳。煤炭兜底保障能力不断提升,电煤中长期合同实现全覆盖,电煤供应稳定保障。强化煤电非计划停运和出力受阻管理,发挥大电网优势组织开展跨区跨省互济支援,华东、华中、西南等地区供电紧张形势得到大幅缓解。大力推进石油、天然气增储上产,国内油气勘探开发力度加大,探明储量规模提升,投产达产进度加快,石油天然气稳定供应基础不断夯实。组织各地和上游供气企业完成全年及供暖季天然气合同签订,民生用气需求得到保障。推动宁波舟山大宗商品储运基地开工建设。

三是产业链供应链安全稳定运行。建立健全重要产业链供应链风险识别、预警、处置机制,形成多层次监测体系,提升风险及时识别发现、精准有效处置能力。统筹推进重点领域产业链供应链自主可控,风险应对能力持续提升。大力开展国际产业链供应链合作,构筑安全稳定、互利共赢的产业链供应链合作体系。

四是经济金融领域风险有效防范化解。稳妥处置房地产、地方中小银行、地方政府债务等重点领域风险,打击非法集资和非法跨境金融活动,坚决守住不发生系统性风险底线。推出3500亿元保交楼专项借款,设立2000亿元保交楼贷款支持计划,实施改善优质房企资产负债表计划,积极做好受困房企风险处置。全国一体化融资信用服务平台网络不断完善,"信易贷"模式深入推广,助力金融机构在防范风险前提下扩大中小微企业信用贷款规模。推动建立防范化解地方政府隐性债务风险长效机制,坚决遏制隐性债务增量。

(十)强化民生兜底保障,切实办好民生实事。落实以人民为中心的发展思想,在幼有所育、学有所教、劳有所得、病有所医、老有所养、住有所居、弱有所扶上持续用力,人民生活持续改善。

一是稳就业促增收取得扎实成效。实施系列减负稳岗扩就业政策措施,大幅提高失业保险稳岗返还比例,增加稳岗扩岗补助,全年为企业减负4961亿元。举办全国双创活动周,深入开展创业带动就业示范行动,支持地方加强返乡入乡创业园、创业孵化基地等创业载体建设,落实担保贷款、租金减免等创业支持政策。促进高校毕业生、退役军人、农民工等重点群体就业创业,实施离校未就业高校毕业生服务攻坚行动,进一步支持农民工就业创业。推动就业公共服务优化升级，支持地方建设一批公共实训基地。有序推进浙江高质量发展建设共同富裕示范区。收入分配制度改革持续深化，城乡居民收入稳步增长，全国居民人均可支配收入实际增长2.9%。

二是促进教育公平和质量提升取得新进展。深入实施教育强国推进工程，促进县域内义务教育优质均衡发展，实施学前和普通高中教育发展提升行动计划，学前教育短板不断补齐，九年义务教育巩固率、高中阶段教育毛入学率分别达到95.5%、91.6%，普通高等教育本专科招生和研究生招生超过1130万人。加强校外教育培训监管，全面加强和改进学校体育、美育、劳动教育。深化产教融合，职业教育类型定位不断优化，办学质量持续提升。启动第二轮“双一流”建设，基础学科人才培养不断加强。

三是医疗卫生服务保障得到加强。健康中国建设持续推进，促进优质医疗资源扩容下沉和区域均衡布局，国家医学中心建设平稳起步，国家区域医疗中心全国规划布局基本完成，省级区域医疗中心建设全面铺开。公共卫生防控救治能力建设深入推进，疾控体系建设向纵深发展。促进中医药传承创新。全国药品和高值医用耗材集中带量采购范围继续扩大。疫情防控救治体系建设不断加强，推动超大特大城市、省会城市等重点地区建设一批大型应急救治设施。

四是社会保障体系进一步完善。社会保险覆盖面持续扩大，年末全国基本养老、失业、工伤保险参保人数分别达到10.53亿人、2.38亿人、2.91亿人。发展多层次、多支柱养老保险体系，推动个人养老金发展的意见出台实施，对个人养老金实行个人所得税优惠政策。提高企业和机关事业单位退休人员基本养老金水平。实施企业职工基本养老保险全国统筹，推进失业保险、工伤保险省级统筹。深入开展新就业形态人员职业伤害保障试点。延续执行失业保险保障扩围政策。落实医保待遇清单制度，促进医保基本公共服务均等化，完善异地就医直接结算服务。加快建立多主体供给、多渠道保障、租购并举的住房制度，因城施策优化完善房地产调控政策，支持刚性和改善性住房需求。推动扩大保障性租赁住房有效供给，着力解决新市民、青年人等群体住房困难问题，全国开工建设和筹集保障性租赁住房265万套（间）。

五是公共服务水平稳步提高。推进国家基本公共服务标准动态调整。长城、大运河、长征、黄河、长江国家文化公园建设有序推进。加强重点文物保护和考古发掘，中华文明探源等重大工程积极推进。国民旅游休闲发展纲要印发实施，推动露营旅游休闲健康有序发展，乡村旅游产品供给不断丰富。支持全民健身中心、健身步道、公共营地等全民健身场地设施项目建设。深化家政服务业提质扩容“领跑者”行动，推动家政进社区。积极应对人口老龄化国家战略深入实施，完善和落实积极生育支持措施，启动建设第一批国家儿童友好城市，支持社会力量发展普惠托育服务，推进基本养老服务体系建设，扩大普惠性养老服务供给。完善老年人健康支撑体系，深入推进医养结合。康复辅助器具产业加快发展。社会福利、残疾人服务、退役军人褒扬优抚服务设施建设得到加强。扎实做好防灾减灾救灾和安全生产工作，平安中国建设迈向更高水平。

总的看，我们主动作为、应变克难，2022年在复杂多变的环境中基本完成全年主要目标任务，物价总水平保持稳定，就业形势总体稳定，科技创新能力稳步提升，生态环境质量持续改善，主要污染物排放量继续下降，民生保障进一步加强，粮食能源生产稳步增长，我国经济展现出坚强韧性。但伴随新冠病毒变异和全球疫情变化，国内疫情反复延宕，导致消费收缩、经济循环不畅；世界经济增长放缓，乌克兰危机使外部环境更趋复杂，全球粮食和能源供需失衡、通货膨胀高企、保护主义加剧等交织叠加，主要经济体宏观政策调整外溢效应显现，持续冲击影响我国发展。在这样异常复杂严峻的形势下，经济实际增长以及与经济增速相关的部分指标，与预期目标有一定差距；由于能耗水平较低的服务业增速大幅放缓，对完成能耗强度下降和二氧化碳排放强度下降目标带来较大影响。

过去5年极不寻常、极不平凡。在以习近平同志为核心的党中央坚强领导下，我们全力推进全面建成小康社会进程，完整、准确、全面贯彻新发展理念，主动构建新发展格局，着力推动高质量发展，经受住了世界百年变局加速演进、新冠疫情冲击、国内经济下行等多重考验，有力有效应对各种困难和风险挑战，创新和加强宏观调控，“十三五”规划胜利完成，“十四五”规划顺利实施，攻克了许多长期没有解决的难题，办成了许多事关长远的大事要事，推动经济社会发展取得举世瞩目的重大成就，我国作为世界第二大经济体、第二大消费市场、制造业第一大国、货物贸易第一大国、服务贸易第二大国、外汇储备第一大国等的地位进一步巩固提升。**经济总量跃上**

新台阶。5 年来，我国经济年均增长 5.2%，明显高于同期世界 2.3%左右的平均增速；国内生产总值从 2017 年的 12 万亿美元增加到 18 万亿美元；人均国内生产总值从 2017 年的 8800 多美元增加到 1.27 万美元，已超过全球平均水平，与高收入国家门槛的距离进一步缩小。特别是疫情暴发三年来，我们采取有力有效应对举措，在“六稳”基础上明确提出并强化“六保”，顶住了经济下行压力，三年经济年均增长 4.5%，在世界主要经济体中处于领先水平。**如期打赢脱贫攻坚战**。坚持精准扶贫，组织实施人类历史上规模最大、力度最强的脱贫攻坚战，近 1 亿农村贫困人口实现脱贫，832 个贫困县全部摘帽，历史性地解决了绝对贫困问题，如期全面建成小康社会。**创新型国家建设成果丰硕**。研发经费投入稳居世界第二，在载人航天、探月工程、深海探测、超级计算、卫星导航等诸多领域取得突破性进展，以新一代信息技术、生物技术、高端装备、绿色环保、新能源汽车为代表的战略性新兴产业发展迅速，成为引领高质量发展的重要引擎，新产业新业态新模式增加值占国内生产总值的比重达到 17%以上。**经济结构明显优化**。粮食安全根基进一步夯实，谷物基本自给、口粮绝对安全，主要农副产品保持稳产高产；高技术制造业、装备制造业增加值年均增长 10.6%、7.9%，质量水平稳步提升。消费成为经济增长的主要拉动力。区域重大战略扎实推进，乡村振兴战略稳步实施，新型城镇化水平和质量不断提升，城乡区域协调发展的潜力不断释放。**基础设施网络持续完善**。北京大兴国际机场、白鹤滩水电站等一批重大基础设施建成运行。建成世界上最现代化的铁路网和最发达的高铁网、全球规模最大的高速公路网络。万吨级以上泊位数、内河航道通航里程位居世界第一。5G 网络、人工智能、大数据等新型基础设施建设加快推进。**改革开放持续深化**。聚焦重点领域和关键环节，牢牢把握全面深化改革总目标，毫不动摇巩固和发展公有制经济，毫不动摇鼓励、支持、引导非公有制经济发展，高标准市场体系建设稳步推进，宏观经济治理效能日益提升，更大激发市场活力和社会创造力。坚持扩大对外开放，共建"一带一路"成果丰硕，互利共赢的国际经贸合作持续深化，更高水平开放型经济新体制加快形成，贸易和投资自由化便利化程度不断提升。**生态文明建设成效明显**。持续加强生态环境保护，促进绿色低碳发展，"绿水青山就是金山银山"理念深入人心，生态文明建设发生历史性、转折性、全局性变化，细颗粒物（$PM_{2.5}$）平均浓度下降 27.5%，单位国内生产总值能耗下降 8.1%，二氧化碳排放强度下降 14.1%，全国地表水优良水体比例由 67.9%上升到 87.9%，生态系统质量和稳定性不断提升。**人民生活显著改善**。城镇新增就业年均 1275 万人，全国城镇调查失业率总体保持在较低水平。加强社会事业发展，建成世界上规模最大的教育体系、社会保障体系、医疗卫生体系，住房保障力度持续加大，困难群众住房条件明显改善，人民群众获得感幸福感安全感显著提升。

在外部环境复杂严峻、国内发展面临超预期冲击的背景下，我国经济社会发展取得上述成绩，殊为不易，值得倍加珍惜。**这根本在于以习近平同志为核心的党中央的坚强领导，在于习近平新时代中国特色社会主义思想的科学指引，在于中国特色社会主义制度显著优势的充分彰显，全党全国各族**

人民团结奋斗、勇毅前行，各地区各部门积极作为、攻坚克难，有效防范化解了面临的风险挑战，有力激发释放了发展的潜力动力，实现了我国经济社会大局稳定。

与此同时，我们也要看到，当前世界之变、时代之变、历史之变正以前所未有的方式展开，世界处在新的动荡变革期，我国发展进入战略机遇和风险挑战并存、不确定性难预料因素增多的时期。从国际看，百年变局加速演进，大国博弈和地缘冲突加剧全球政治经济风险，粮食、能源安全问题突出，全球产业链供应链遭遇严重冲击，发达经济体紧缩政策累积效应不断显现，世界经济增长动能减弱，全球金融市场风险加大，外部环境不稳定、不确定、难预料成为常态。从国内看，我国经济恢复的基础尚不牢固，发展不平衡不充分问题依然突出，总量性、结构性、周期性矛盾问题进一步暴露，需求收缩、供给冲击、预期转弱三重压力仍然较大。**一是总需求不足问题仍较突出**。制约消费恢复和增长的因素仍然较多，制造业投资增长支撑不强，房地产投资恢复增长面临挑战，民间投资意愿和能力仍然偏弱。一些地方由于项目要素保障不到位等，对基础设施投资也形成较大制约。世界经济下行叠加保护主义影响，全球贸易增长放缓，国际市场竞争更加激烈，保持出口稳定增长难度加大。**二是供给面临的结构性约束较强**。科技创新能力仍待提升，部分基础原材料、关键设备和零部件等"卡脖子"问题突出，产业链供应链卡点堵点仍然较多。粮食稳产仍有不确定性，部分农产品和农资供求处于紧平衡态势，国际粮价仍高位运行，向国内传导的风险依然存在。煤炭供求形势仍然偏紧，天然气保供压力较大，极端天气下的能源安全保障能力还需提升。全社会用能刚性增长压力较大，能耗强度降低还面临不少挑战。**三是重点领域风险可能交织放大**。金融风险处于易发期，国际金融市场波动加大，跨国境、跨市场、跨领域风险关联性明显增强。一些地方经济恢复困难较多，财政收支矛盾突出。地方政府融资平台债务风险亟待规范管理。社会治理仍需进一步加强，安全生产形势仍较严峻，极端天气及洪涝、干旱等自然灾害风险犹存。**四是民生领域存在不少短板**。就业总量压力和结构性矛盾并存，高校毕业生再创历史新高，重点群体就业形势严峻。居民收入增速放缓，持续促进居民增收难度较大。教育、医疗、托育、养老、住房等方面供给短板仍存，基本公共服务均等化水平还需提升。大气、水体、土壤等环境持续改善基础尚不稳固，环境基础设施建设仍待加强。**五是市场预期还不稳固**。企业特别是中小微企业生产经营面临困难，居民消费意愿谨慎，企业发展信心不足与市场需求不振可能形成循环弱化。**此外**，工作中多目标多政策统筹协调仍不到位，在短期波动中把握长期趋势、在发展中解决两难多难问题、在复杂局面中及时化解重大矛盾风险的能力仍待加强，形式主义、官僚主义现象仍较突出，“一刀切”、脱离实际的现象仍有发生，应对疫情冲击过程中有些方面工作还存在一些不足。

在直面困难挑战的同时，更应该看到，我国经济韧性强、潜力大、活力足，生存力、竞争力、发展力、持续力不断提升，经济长期向好的基本面没有变，支撑高质量发展的生产要素条件没有变，推进中国式现代化的制度保证更为完善、物质基础更为坚实、精神力量更为主动，经济社会发展前景广阔、前途光明。在新时代新征程上,有习近平总书记作为党中央的核心、全党的核心掌舵领航,有习近平新时代中国特色社会主义思想的科学指引,有全国各族人民众志成城、团结奋斗,我们完全有条件、有信心、有能力战胜前进道路上的一切艰难险阻,在以中国式现代化推进强国建设、民族复兴的道路上阔步前行。

二、2023 年经济社会发展总体要求、主要目标和政策取向

2023 年是全面贯彻党的二十大精神的开局之年,做好经济工作意义重大。

(一)总体要求。

做好 2023 年经济工作,要在以习近平同志为核心的党中央坚强领导下,以习近平新时代中国特色社会主义思想为指导,全面贯彻落实党的二十大精神,按照中央经济工作会议部署,扎实推进中国式现代化,坚持稳中求进工作总基调,完整、准确、全面贯彻新发展理念,加快构建新发展格局,着力推动高质量发展,更好统筹国内国际两个大局,更好统筹疫情防控和经济社会发展,更好统筹发展和安全,全面深化改革开放,大力提振市场信心,把实施扩大内需战略同深化供给侧结构性改革有机结合起来,突出做好稳增长、稳就业、稳物价工作,有效防范化解重大风险,推动经济运行整体好转,实现质的有效提升和量的合理增长,持续改善民生,保持社会大局稳定,为全面建设社会主义现代化国家开好局起好步。

在具体工作中，要坚持系统观念、守正创新，推动经济实现整体好转、风险得到有效管控、社会大局保持稳定。重点把握好“六个统筹”：**一是更好统筹疫情防控和经济社会发展**。倍加珍惜三年抗疫斗争的重要成果，深入总结经验做法，完善相关机制和举措，抓实抓细新阶段疫情防控各项工作，建强卫生健康服务体系，抓好重点群体防控和救治，着力保健康、防重症，坚决巩固住来之不易的重大成果。**二是更好统筹经济质的有效提升和量的合理增长**。坚持以质取胜，以质开拓市场空间，在提高质量效益的基础上保持合理的经济增长，以量变的积累实现质变。**三是更好统筹供给侧结构性改革和扩大内需**。坚持把深化供给侧结构性改革贯穿经济工作全过程，通过高质量供给创造有效需求，支持以多种方式和渠道扩大内需，充分释放消费和投资潜力，实现更高水平的供需良性循环和动态平衡。**四是更好统筹经济政策和其他政策**。坚持系统观念和实践标准，增强全局观，加强与宏观政策取向一致性评估，及时发现和纠正政策执行偏差，清理和废止有悖高质量发展的政策规定。**五是更好统筹国内循环和国际循环**。围绕构建新发展格局，更有针对性地加快补上我国产业链供应链短板弱项，坚持以我为主实施宏观政策，增强国内大循环内生动力和可靠性，提升国际循环质量和水平，保持经济平稳健康运行。**六是更好统筹当前和长远**。既要做好当前工作，努力取得好的成绩，又要前瞻性思考，把握战略主动，为今后发展做好衔接。

（二）主要预期目标。

按照上述总体要求，充分把握发展机遇和有利条件，充分估计内外部环境的严峻性和不确定性，统筹兼顾需要与可能，提出 2023 年经济社会发展主要预期目标：

——**国内生产总值增长 5% 左右**。主要考虑：一是全面贯彻党的二十大精神开好局起好步的要求，党的二十大明确到 2035 年要达到中等发达国家水平，必须在提高质量效益基础上长期保持合理经济增长，续写经济快速发展和社会长期稳定两大奇迹新篇章。二是体现了稳增长、稳就业、稳物价的要求，有利于向市场传递积极信号，提振信心，引导预期，扩大就业，改善民生，在发展中防范和化解风险隐患。三是同现阶段我国经济增长潜力相适应，资源要素条件可支撑，虽然超预期影响仍在、外部不确定性较多，但只要政策聚焦发力、工作加倍努力、各方齐心协力，这一目标经过奋斗是可以实现的。

——**城镇新增就业 1200 万人左右，城镇调查失业率 5.5%左右**。关于城镇新增就业：主要考虑是 2023 年需在城镇就业的新成长劳动力规模仍然较大，其中高校毕业生将达到 1158 万人，实现 1200 万人左右的城镇新增就业，是稳就业的基本要求。关于城镇调查失业率：主要考虑是 2023 年就业压力仍然较大，5.5%左右的预期目标体现了就业优先的政策导向，有利于稳定社会预期，考虑到 2023 年经济持续恢复，稳就业政策落实落细，这一目标是可以实现的。

——**居民消费价格涨幅 3% 左右**。主要考虑：综合输入性通胀、翘尾等因素，预计 2023 年居民消费价格上涨压力仍然存在，但当前我国工农业产品供应总体充裕，保供稳价体系进一步健全，物价保持平稳运行具有坚实基础，将居民消费价格涨幅设为 3%左右，有利于保持政策目标的连续性，稳定市场预期,同时也留有适当余地。

——**居民收入增长与经济增长基本同步**。主要考虑:这是坚持以人民为中心的发展思想的必然要求,是夯实消费基础、扩内需稳增长的重要支撑。随着完善收入分配制度、扩大中等收入群体、增加低收入群体收入等政策措施持续推进,2023年居民收入增长有望继续与经济增长基本同步。

——**进出口促稳提质,国际收支基本平衡**。主要考虑:今年世界经济贸易增速放缓,国际贸易和利用外资的竞争将更趋激烈,保持国际收支基本平衡、稳定外贸外资是经济增长的重要支撑,需要在外贸稳规模优结构、更大力度吸引和利用外资上下更大力气。随着我国超大规模市场和全产业链优势继续显现、区域经贸合作持续深化、外商投资环境不断改善、外贸新业态新模式蓬勃发展等,经过努力,稳外贸稳外资、保持国际收支基本平衡是可以实现的。

——**粮食产量保持在1.3万亿斤以上**。主要考虑:统筹考虑国内粮食消费需求、综合生产能力、全球粮食市场变化等因素,为全方位夯实粮食安全根基、保障市场供应和价格稳定,需要粮食产量保持在1.3万亿斤以上。

——**单位国内生产总值能耗和主要污染物排放量继续下降,重点控制化石能源消费,生态环境质量稳定改善**。主要考虑:随着经济社会持续发展,工业和居民用能将保持刚性增长,为体现对节能工作的引导约束,并考虑到“十四五”统筹考核的要求,将单位国内生产总值能耗目标设定为降低2%左右,在实际工作中争取更好结果,并强调主要污染物排放量继续下降,重点控制化石能源消费,生态环境质量稳定改善。

（三）主要宏观政策取向。

为实现上述目标，要坚持稳字当头、稳中求进，继续实施积极的财政政策和稳健的货币政策，加大宏观政策调控力度，加强各类政策协调配合，形成共促高质量发展合力。

积极的财政政策要加力提效。保持必要的财政支出强度，优化组合赤字、专项债、贴息等工具，在有效支持高质量发展中保障财政可持续和地方政府债务风险可控。2023 年赤字率拟按 3%安排，比 2022 年提高 0.2 个百分点；赤字规模 3.88 万亿元，比 2022 年增加 5100 亿元。完善税费优惠政策，对现行减税降费、退税缓税等措施，该延续的延续，该优化的优化，突出对制造业、中小微企业、个体工商户以及特殊困难行业的支持。拟安排新增地方政府专项债券 3.8 万亿元，比 2022 年增加 1500 亿元，适当扩大投向领域和用作项目资本金范围，注重加强中央预算内投资、地方政府专项债券、政策性开发性金融工具等有效衔接。加强对经济社会发展薄弱环节和关键领域的投入，积极支持科技攻关、乡村振兴、区域重大战略、教育、基本民生、绿色发展等重点领域。继续完善财政转移支付体系，加大中央对地方的转移支付力度，推动财力下沉，优化省以下财力分配，更多向困难地区和欠发达地区倾斜。进一步完善财政资金直达机制，做好基层“三保”工作。严肃财经纪律，坚持党政机关过紧日子，从严控制一般性支出，切实防范地方政府债务风险。

稳健的货币政策要精准有力。保持流动性合理充裕，发挥货币政策工具总量和结构双重功能，满足宏观经济运行实际需要，稳定市场预期，防控金融风险。2023 年保持广义货币供应量（M_2）和社会融资规模增速与国内生产总值名义增速基本匹配，支持实体经济发展。支持金融机构按照市场化法治化原则满足实体经济有效融资需求，引导金融机构加大制造业中长期贷款投放力度，推动普惠小微贷款增量、扩面，进一步加大对科技型、专精特新中小企业信贷支持力度，推动企业综合融资成本和个人消费信贷成本稳中有降。加大结构性货币政策工具使用力度，将碳减排支持工具、支持煤炭清洁高效利用专项再贷款、交通物流专项再贷款执行期限延长。稳步深化汇率市场化改革，完善跨境资金流动宏观审慎管理，保持人民币汇率在合理均衡水平上的基本稳定。强化金融稳定保障体系，提高重大风险应对和处置能力。

产业政策要发展和安全并举。围绕构建新发展格局，优化产业政策实施方式，加快建设现代化产业体系，狠抓传统产业改造升级和战略性新兴产业培育壮大，着力补强产业链薄弱环节，在落实碳达峰碳中和目标任务过程中锻造新的产业竞争优势。推动产业链和创新链融合对接，推动“科技—产业—金融”良性循环。坚守实体经济特别是制造业，筑牢安全基石。

科技政策要聚焦自立自强。遵循科学、技术发展规律，深化科技管理体制改革，深入实施科教兴国战略、人才强国战略、创新驱动发展战略，有力统筹教育、科技、人才工作。着眼国家战略需求和国际竞争前沿，布局实施一批国家重大科技项目，完善新型举国体制，发挥好政府在关键核心技术攻关中的组织作用，加强基础研究，强化战略科技力量。突出企业科技创新主体地位，引领产学研深度融合，利用市场优势培育自主创新能力。提升财政科技经费投入效能。推进人才引进、培育、使用制度改革,加强基础学科和紧缺类学科建设,用好用活各类人才,提高人才自主培养质量和能力。

社会政策要兜牢民生底线。深入实施就业优先战略,落实落细就业优先政策,支持发展吸纳就业能力强的产业和企业,把促进青年特别是高校毕业生就业工作摆在更加突出的位置,促进脱贫人口就业,加强劳动者权益保护。及时有效缓解结构性物价上涨给部分困难群众基本生活带来的影响。完善社会保障体系,扎牢社会保障网,稳妥推进养老保险全国统筹。推动优质医疗资源扩容下沉和区域均衡布局,增加农村和欠发达地区的医疗资源。完善生育支持政策体系,发展养老事业和养老产业,积极应对人口老龄化和少子化。

2023 年经济发展面临的困难挑战不少,实施宏观政策需统筹兼顾、综合平衡,注重围绕经营主体需求施策,完善政策实施方式,增强时效性和精准性,与 2022 年宏观政策有效衔接,并靠前安排,力争尽早出台实施。强化规划政策协同配合,做好“十四五”规划中期评估,促进财政、货币、就业、产业、投资、消费、价格、环保、区域等政策形成系统集成效应,汇聚集中力量办大事、难事、急事的合力。强化经济监测预测预警和政策预研储备,丰富政策工具箱,做好应对更为复杂困难局面的各项工作准备。强化煤电油气运调节,压实地方政府、部门、企业责任,确保能源安全供应。强化社会预期引导和管理,做好政策解读,密切关注舆情走势,及时回应社会关切,着力提振市场信心。

三、2023年国民经济和社会发展计划的主要任务

2023年，要全面学习、全面把握、全面落实党的二十大精神，认真贯彻落实中央经济工作会议精神和《政府工作报告》部署，着力做好十方面重点工作。

（一）更好统筹疫情防控和经济社会发展，巩固拓展抗疫成果。坚持人民至上、生命至上，压实“四方责任”，盯紧关键环节，抓实抓细新阶段疫情防控各项工作，建强卫生健康服务体系。

一是扎实做好“乙类乙管”常态化防控。强化疫情监测和常态化预警能力建设，健全疫情监测体系和信息报告制度，加强对夏季、秋冬季等重点时段疫情走势的分析研判，及时准确作出预警并采取必要的紧急防控措施。科学谋划疫苗接种工作，促进老年人接种率持续提升。着力做好老年人、儿童等重点人群防护和救治工作。推动城市医疗资源下沉农村，畅通市县两级转诊机制，补齐农村疫情防控短板。提升公共卫生防控救治能力，推动重症救治资源扩容和改造。推动超大特大城市、大城市在辖区内的山区县（区），按照“平急两用”的思路，改造建设一批民宿、乡村旅游酒店等设施。

二是加强医疗物资生产储备保供。持续抓好重点医疗物资的生产、调度和供应。完善储备制度和目录，巩固完善人员、物资统筹调配机制，切实解决好基层一线能力、药品、设备等方面的短板弱项。加强精准投放，强化供需衔接，按照轻重

缓急合理确定保供顺序，切实保障医疗机构用药，优先满足养老院、福利院等重点场所，支持社区和高校、企业等备足需求，强化对空巢家庭、失独家庭、低收入家庭等兜底保障。充分发挥大型连锁药店和互联网平台作用，提高药品投送分配效率。开展价格和市场秩序检查，保障抗疫药品“不断供、不涨价”。加大药品生产、储存、运输、使用全链条质量监管力度，牢牢守住药品质量安全底线。统筹推进卫生健康领域科技攻关，积聚各方力量提升生命健康科技水平。

三是加快提升城乡医疗卫生和环境保护水平。充分发挥爱国卫生运动的组织优势和群众优势，加强防控知识宣传普及，引导广大人民群众主动学习健康卫生知识，掌握健康技能，养成良好的个人卫生习惯，践行文明健康的生活方式，自觉加强个人防护，做自己健康的第一责任人。加强城乡环境卫生整治，推进重点区域、重点场所环境卫生治理，深化村庄清洁行动，常态化开展清脏治乱大扫除，常态化开展病媒孳生地清理，有效防控传染病传播。加快完善医疗卫生和环境基础设施，抓紧补短板、强弱项，不断筑牢重大疫情防控医疗卫生和环境基础。

四是扎实推进健康中国建设。加强常态化分级分层分流医疗卫生体系建设，建强以公立医疗机构为主体的三级医疗卫生服务网络。深化医药卫生体制改革，深入推进国家医学中心建设，全面完成国家区域医疗中心全国范围内的规划布局，有序推进省级区域医疗中心建设。通过组建县域医共体等多种方式，提高基层医疗卫生服务能力，加强基层医疗服务保障。加强国家中医药传承创新中心、国家中医疫病防治基地、中西医协同“旗舰”医院、中医特色重点医院等中医药传承创新重大项目建设。加强心理健康和精神卫生能力建设。

（二）着力扩大国内需求，充分发挥消费的基础作用和投资的关键作用。坚定实施扩大内需战略，深化供给侧结构性改革，通过高质量供给创造有效需求，增强内需对经济增长的拉动作用，促进形成强大国内市场。

一是综合施策释放消费潜力。把恢复和扩大消费摆在优先位置，增强消费能力，改善消费条件，创新消费场景。顺应居民消费升级趋势，打造内容丰富、品质精良、结构合理的高质量消费供给体系，持续提升传统消费，加快培育新型消费，不断壮大消费热点。稳定汽车等大宗消费，强化停车设施建设改造，优化停车设施供给结构，加快推进公路沿线、交通枢纽场站、居住区等充电设施设备建设，推动公共领域车辆全面电动化。鼓励有条件的地方对购买绿色智能家电、绿色建材等予以支持，持续开展家电生产企业回收目标责任制行动。采取有效措施推动生活服务消费恢复，规范旅游市场秩序，大力发展城市微旅游、乡村旅游和短途周边游。落实带薪休假制度。推进即时零售、直播电商、云展会等新模式健康发展，拓展沉浸式交互式购物体验。支持刚性和改善性住房、新能源汽车、养老服务、教育医疗文化体育服务等消费。引导培育信息消费。开展智慧商圈、智慧商店、智慧景区、旅游城市和绿色商场示范创建，扩大绿色产品供给和消费。促进老字号创新发展。高水平办好2023年中国品牌日系列活动，不断提升中国品牌知名度和影响力，推动国潮品牌消费繁荣发展。营造安心放心的消费环境，加大消费品质量安全监管力度，强化消费者权益保护。

专栏8：千方百计促消费的政策举措	
增强消费能力	◇多渠道增加城乡居民收入，特别是提高消费倾向高、但受疫情影响大的中低收入居民的消费能力，多措并举促进居民想消费、敢消费、能消费。落实重要民生商品价格调控机制，加大保供稳价工作力度。聚焦重点领域，持续推进城乡区域联动、线上线下结合的系列促消费活动，营造良好的消费氛围，不断提振消费信心。
改善消费条件	◇加快推进国际消费中心城市培育建设，积极建设一批区域消费中心，稳妥有序推进现有步行街设施改造和业态升级，打造便民生活圈，改善基础设施和服务环境，提升流通循环效率和消费承载力。建立完善县域统筹，以县城为中心、乡镇为重点、村为基础的县域商业体系。支持住房改善、新能源汽车、养老服务等消费，推动重点领域和大宗商品消费持续改善。
创新消费场景	◇培育壮大新型消费，鼓励发展消费新业态新模式新场景，推动线上线下消费深度融合。引导电商企业培育新消费品牌，支持传统商业企业加快数字化、智能化改造和跨界融合。鼓励有条件地方积极发展首店经济、首发经济。培育文化和旅游消费新业态新场景，发展夜间文化和旅游经济，支持各地举办文化和旅游消费惠民活动。

二是积极扩大有效投资。2023年拟安排中央预算内投资6800亿元，进一步优化调整中央预算内投资结构，聚焦国家重大发展战略，重点向粮食安全、能源安全、产业链供应链安全、国家安全以及民生等领域倾斜，集中力量办好国家层面的大事、难事、急事，通过政府投资和政策激励有效带动全社会投资。有力有序推进“十四五”规划102项重大工程建设。用好推进有效投资重要项目协调机制经验，坚持“项目跟着规划走”、“资金、要素跟着项目走”，统筹用好中央预算内投资、地方政府专项债券、政策性开发性金融工具、结构性货币

政策工具、制造业中长期贷款等，强化土地、用能、环评等要素保障。扩大工业和技术改造投资，推动企业技术改造和设备更新。实施城市更新行动，加快城镇老旧小区改造。进一步完善加大力度支持民间投资发展的政策环境，鼓励和吸引更多民间资本按市场化原则参与国家重大工程项目和补短板项目建设，采取有效措施激发民间投资活力。推进基础设施领域不动产投资信托基金（REITs）常态化发行，盘活存量资产。加强项目储备，依托国家重大建设项目库持续储备一批既利当前、又利长远的重点项目。加大项目前期工作力度，推动项目尽快形成实物工作量。持续推进投资项目审批制度改革，修订投资管理有关规章和规范性文件，增强投资法规的统一性和协同性。深化投资在线平台创新应用，建立与银行等金融机构的投融资审批数据共享机制。

三是持续推进重大基础设施建设。优化基础设施布局、结构、功能和系统集成，构建现代化基础设施体系。推动川藏铁路、沿江沿海高铁、国家水网等重大项目建设，加快重大引调水、防洪减灾、西部陆海新通道、小洋山北侧集装箱码头开发建设，推进川藏公路G318线提质改造，加快沿边国道G219线、G331线待贯通路段建设，推进中西部铁路、长江黄金水道、过江通道、重点城市群都市圈城际铁路和市域（郊）铁路建设。加快5G、人工智能、大数据、物联网、工业互联网等新型基础设施建设，推动智慧高速公路建设，推进民用空间基础设施建设，加快推进海南商业航天发射场建设，优化升级数字基础设施，加快建设信息网络基础设施，推进云网融合和算网协同发展，有序推进基础设施智能升级。

专栏9：加快新型基础设施建设的主要举措	
强化中小城市信息基础网络建设	◇加快5G和宽带网络建设，深入实施中西部中小城市基础网络完善工程，提升云网融合水平，打造更多千兆城市。
完善全国一体化大数据中心体系	◇继续实施“东数西算”工程，加快国家算力枢纽和国家数据中心集群建设，统筹推进绿色供给站、网络试验线、算力调度网、数据要素场、安全防护盾等建设，加快构建全国一体、绿色高效的算力网络体系。
推广建设5G行业融合应用基础设施	◇深入实施5G扬帆计划，更好利用5G等新一代信息技术改善民生，服务经济转型，加快智慧医疗、智能养老、智能交通、智慧能源等融合基础设施建设。加快5G在智慧港口、智慧矿山、智慧工厂等领域的规模化推广。
提升重点区域创新基础设施水平	◇统筹推进国际科技创新中心、区域科技创新中心建设，支持建设一批战略导向型、前瞻引领型、应用支撑型、民生改善型重大科技基础设施，布局建设一批国家技术创新中心、产业创新中心、工程研究中心、企业技术中心。
引导支持加大新型基础设施领域建设投资	◇强化新型基础设施建设项目储备，加大中央预算内资金、地方政府专项债券、政策性贷款的支持力度，用好基础设施领域不动产投资信托基金（REITs）等新型融资工具，引导企业加大5G、大数据、工业互联网、人工智能等新型基础设施建设投入。

（三）加快建设现代化产业体系，着力提升产业链供应链韧性和安全水平。深入实施创新驱动发展战略，着力补齐短板、加固长板，巩固壮大实体经济根基，不断塑造发展新动能新优势。

一是强化高水平科技自立自强。充分发挥新型举国体制优势，加强国家战略科技力量，坚决打赢关键核心技术攻坚战。加强科技基础能力建设，统筹推进国际科技创新中心、区域科技创新中心建设，提升综合性国家科学中心原始创新策源功能，推进国家实验室建设和有效运行，重组全国重点实验室体系，推进国家制造业创新中心建设，促进国家高新区和自主创新示范区高质量发展，新建一批国家技术创新中心、产业创新中心、工程研究中心、企业技术中心。加快推进“科技创新2030—重大项目”实施，瞄准重点领域布局一批具有战略性全局性前瞻性的国家重大科技项目。围绕制造业等重点产业链，集中优质资源合力推进关键核心技术攻关，加快推进自主创新产品、自主开源技术等迭代应用。强化企业创新主体地位，加强企业主导的产学研深度融合，提高科技成果转化和产业化水平，营造有利于科技型中小微企业成长的良好环境，支持科技型、创新型中小微企业参与国家级创新平台建设，推动更多优质企业登陆科创板。强化区域创新能力。培育创新文化。深化科技管理体制改革，推进科技评价改革，加大多元化科技投入。全面提升知识产权创造、运用、保护和服务水平。大力推动科学普及和全民科学素养提升。

二是加快产业结构优化升级。修订出台产业结构调整指导目录（2023年本），深入实施产业基础再造工程和重大技术装备攻关工程，加快传统产业和中小企业数字化转型，推广先进适用技术，推动制造业高端化、智能化、绿色化发展。实施绿色制造工程，持续推进工业重点领域节能降碳。狠抓传统产业改造升级，健全市场化法治化化解过剩产能长效机制，推动钢铁等重点行业加快联合重组，推进企业技术改造和设备更新。优化乙烯等石化产业布局，促进化工产业有序转移和安全发展，促进现代煤化工产业健康发展，推进煤化工产业示范基地建设，推动重大石化项目建设，打造世界一流石化产业基地和一流石化企业。优化新能源汽车产业布局，推动新能源汽车动力电池产业持续健康发展。培育战略性新兴产业集群，探索建设一批创新和公共服务综合体，促进战略性新兴产业融合集群发展，加快发展先进制造业集群，巩固新能源汽车、5G、光伏等优势产业领先地位，前瞻布局未来产业，发展生物经济、北斗产业、氢能产业，加快人工智能、生物制造、绿色低碳、量子计算、航空航天等前沿技术研发和应用推广。发展智能建造。研究制定推动构建优质高效服务业新体系的政策措施，推动现代服务业同先进制造业、现代农业深度融合。继续开展质量提升行动，推进质量强国建设。加快构建现代物流体系，完善物流基础设施网络，降低流通成本。

三是加快发展数字经济。推动数字产业创新发展，培育一批具有国际竞争力的生态主导型企业和数字产业集群。研究制定数据产权制度、数据交易市场等基础制度配套政策文件，加强开源体系建设顶层设计。推动数字技术与实体经济深度融合，加强数字化转型顶层设计，完善支持数字化转型的政策举措，组织实施数字化转型工程，助力实体经济高质量发展。深化新一代信息技术与制造业融合发展，深入实施智能制造工程，推进制造业数字化、网络化、智能化，创新发展智慧农业，推进“数商兴农”。着力推动电子商务高质量发展，积极引导直播电商、即时电商等新模式新业态发展。提升常态化监管水平，推动平台经济规范健康持续发展，支持平台企业加强技术创新，赋能实体经济转型升级，提升国际化水平，在引领发展、创造就业、国际竞争等方面发挥更大作用。开展双多边数字经济治理合作，鼓励数字经济企业“走出去”。

四是促进产业链供应链循环畅通。发挥保持产业链供应链安全稳定重点企业、重点园区作用，实施产业链供应链贯通工程。提升制造业核心竞争力，深入实施强链补链行动，着力补强产业链薄弱环节，锻造一批产业链长板，强化产业链上下游、大中小企业协同攻关，促进全产业链优化升级。支持国内矿山项目建设，加大资源勘探开发力度，增强矿产资源保障能力。加强物流保通保畅统筹调度，切实保障能源、粮食、医疗物资等各类重点物资安全有序运输。完善多层次风险监测体系，提高风险及时精准识别、快速有效处置能力，做到风险早发现、早报告、早研判、早处置。

（四）深化重点领域和关键环节改革，构建高水平社会主义市场经济体制。深化改革攻坚，着力破解制约发展的体制机制障碍，不断增强社会主义现代化建设的动力和活力。

一是有效激发市场活力。坚持“两个毫不动摇”，依法保护各类经营主体产权和合法权益。全面梳理修订涉企法律法规政策，持续破除影响平等准入的壁垒。进一步加强和改进国有经济管理，深化国资国企改革，持续推进国有资本布局优化和结构调整，制定实施新一轮深化国有企业改革行动方案，积极稳妥深化混合所有制改革，完善中国特色现代企业制度，打造一批创新型国有企业，加快建设世界一流企业。依法保护民营企业产权和企业家利益，鼓励支持民营经济和民营企业发展壮大，支持民营企业融入和服务国家重大战略，确定民营经济联系点城市并推广第二批地方支持民营企业改革发展的典型做法。支持中小微企业和个体工商户发展，加强中小微企业管理服务。构建亲清政商关系，为各类所有制企业创造公平竞争、竞相发展的环境。健全优质中小企业梯度培育体系，培育专精特新中小企业。扎实做好拖欠中小企业账款清理工作。继续大力弘扬企业家精神，营造让国企敢干、民企敢闯、外企敢投的良好环境。

二是扎实推进高标准市场体系建设。推动全国统一大市场建设，持续完善产权保护、市场准入、公平竞争、社会信用等市场体系基础性制度，健全统一的市场监管规则。以重点任务落实和综合改革试点为抓手，推动加快形成系统集成、协同高效的要素市场化配置改革局面。进一步落实深圳建设中国特色社会主义先行示范区放宽市场准入特别措施，支持重大改革试点地区、改革先行示范区等探索创新。进一步深化公共资源交易平台整合共享，不断提升公共资源配置效益和效率。深化招标投标改革创新，加快完善招标投标、政府采购法规制度，深入推进招标投标全流程电子化数字化转型升级，加强全覆盖全链条全流程监管，打造公平公正、规范高效、阳光透明的招标投标市场环境。

三是营造市场化法治化国际化一流营商环境。深化简政放权、放管结合、优化服务改革。坚持依法行政，严格规范公正文明执法，带头遵守契约，提高政府公信力和执行力。强化公平竞争审查制度刚性约束，持续清理修改不符合优化营商环境条例的规章和规范性文件，推动各地结合实际出台配套政策措施，促进全国范围营商环境持续改善。深化营商环境创新试点，支持有条件的地方率先加大营商环境改革力度。不断优化中国营商环境评价体系，健全中国营商环境评价长效机制。制定进一步提升重点区域、工业园区等营商环境水平的行动方案，推动城市群、都市圈等重点区域营商环境一体化发展。推动建立涉企收费长效监管机制。充分发挥全国一体化政务服务平台“一网通办”枢纽作用，深入推进“一件事一次办”改革举措，加快电子证照应用，持续提升政务服务“跨省通办”质效。建立企业信用状况综合评价体系，强化企业信用风险分类管理，完善社会信用统一代码制度，加强信用信息共享应用，促进中小微企业融资便利。

专栏 10：全面优化营商环境的主要举措	
市场化营商环境建设	◇全面深入实施市场准入负面清单制度，推动破除一批市场准入隐性壁垒。 ◇强化公平竞争审查制度刚性约束，持续清理废除妨碍统一市场和公平竞争的各种规定和做法，着力清理取消企业在资质资格获取、招标投标、政府采购、权益保护等方面存在的差别化待遇，防止滥用行政权力排除和限制竞争。
法治化营商环境建设	◇持续深化营商环境法规制度立改废释，健全优化营商环境“1+N+X”法规政策体系，推动优化营商环境条例等法规制度落实到位。 ◇推行跨部门综合监管，建立健全全方位、多层次、立体化监管体系。 ◇严格规范公正文明执法，完善行政执法程序，建立健全行政裁量权基准制度，强化行政执法监督机制和能力建设，避免执法畸轻畸重。
国际化营商环境建设	◇落实好外资企业国民待遇，促进公平竞争，加强外商投资促进和保护，加大知识产权和外商投资合法权益的保护力度。 ◇持续深化通关便利化改革，推进通关业务全流程网上办理，提升港口集疏运水平，畅通外贸产业链供应链。 ◇引导更多外资投向先进制造业、高技术等行业领域和中西部、东北地区。
提高营商环境便利化水平	◇完善政务数据共享协调机制，推动各级政府部门业务系统与政务服务平台深度对接融合，促进更多政务数据依法有序共享、合理有效利用。 ◇优化业务流程，通过系统对接整合和数据共享，减少办事环节、精简申请材料、压缩办理时限。 ◇提供优质便利的涉企服务，推进跨部门、跨层级政务服务事项集成化办理，推动电子证照扩大应用和全国互通互认，实现更多政务服务就近办、网上办、掌上办、一次办。

四是稳步推进重点领域改革。深化财税体制改革，完善财政转移支付体系，健全省以下财政体制，进一步优化税制结构，完善地方税体系和个人所得税制度，夯实地方基本财力和自我发展能力。健全现代预算制度，加强重点支出政策绩效评价。深化金融体制改革，完善现代中央银行制度，引导大型银行服务重心下沉、改进普惠和民营企业金融服务，督促中小金融机构回归本源和服务当地。持续深化资本市场改革，完善多层次资本市场体系，健全资本市场功能，提高直接融资比重。持续深化油气体制改革，积极稳妥推进省级管网以市场化方式融入国家管网，提升"全国一张网"覆盖水平，完善管网运营机制改革，开展跨省天然气管道运输成本监审和定价工作，建立健全城镇燃气终端销售价格与采购成本联动机制。稳步推进铁路等行业竞争性环节市场化改革。进一步推进电力体制改革，深入推进全国统一电力市场体系建设，加快推进电力现货市场建设，完善跨省跨区送电电价市场化形成机制。深化新能源上网电价市场化改革，完善供热价格机制。优化经营自然垄断环节企业的监督管理。开展部分中央直属及跨省水利工程定价成本监审和价格校核，深入推进农业水价综合改革。进一步深化行业协会商会改革，探索分类监管制度，促进行业协会商会健康规范发展。

（五）坚持农业农村优先发展，全面推进乡村振兴。全力保障粮食安全，制定加快建设农业强国规划，进一步巩固拓展脱贫攻坚成果，建设宜居宜业和美乡村。

一是全方位夯实粮食安全根基。落实粮食安全党政同责、耕地保护党政同责，组织开展耕地保护和粮食安全责任制考核。完善粮食主产区、主销区和产销平衡区支持政策，主产区要巩固提升生产能力，产销平衡区要挖掘空间增加产能，主销区要确保自给率不再下滑并有所提高。实施新一轮千亿斤粮食产能提升行动。加强粮食产购储加销各环节能力建设。稳定粮食播种面积和产量，严格落实耕地保护要求，制定逐步把永久基本农田全部建成高标准农田的实施方案，实施好国家黑土地保护工程，加快建设国家粮食安全产业带。扎实推进优质粮食工程，加强粮食仓储物流设施建设，做好粮食库存销售安排。合理制定稻谷、小麦最低收购价，稳定玉米、大豆生产者补贴和稻谷补贴政策，完善棉花目标价格政策实施措施。实施现代种业提升工程，落实种业振兴行动方案，扎实推进国家大豆种子基地建设。加强农业关键核心技术攻关，强化农业科技和装备支撑。持续完善国家粮食应急保障体系。加强粮食、棉花、食糖总量平衡和市场调控。完善化肥等农资保供稳价应对机制。完善生猪产能调控机制，稳定生猪生产供应。开展优质饲草和生态草种业攻关，深入推进草原畜牧业转型升级，促进草原畜牧业发展壮大。制定树立大食物观开发食物资源保障各类食物有效供给的指导意见，发展设施农业，构建多元化食物供给体系。

二是巩固拓展脱贫攻坚成果。强化防止返贫动态监测帮扶，坚决防止出现规模性返贫。在国家乡村振兴重点帮扶县实施一批补短板促振兴重点项目，着力改善基础设施条件，推动脱贫地区产业振兴。继续加大易地扶贫搬迁后续扶持力度，推动大型安置区融入新型城镇化建设。确保脱贫劳动力就业规模稳定在 3000 万人以上。持续加大以工代赈政策实施力度，努力提高劳务报酬发放规模。深化东西部协作和中央单位定点帮扶，深入推进“万企兴万村”行动。组织开展消费帮扶专项行动，健全消费帮扶长效机制，持续推进消费帮扶示范城市和产地示范区创建。

三是推动农村一二三产业融合发展。发展新型农村集体经济、新型农业经营主体和社会化服务、农业适度规模经营。大力发展乡村特色产业，高质量做好农业现代化示范区、国家农村产业融合发展示范园、优势特色产业集群、国家现代农业产业园、农业产业强镇创建和认定工作，健全乡村产业体系，拓宽农民增收致富渠道。加强农林废弃物资源化利用，推行循环型农业发展模式。发展壮大县域经济，促进县域城乡融合发展，推动建立健全县域内城乡一体的就业、教育、医疗、养老等政策体系，加快推进县乡村公共基础设施建设运营管护一体化。深化农村重点领域改革，完善农村土地制度，有序开展第二轮土地承包到期后再延长30年整县试点，稳慎推进农村宅基地制度改革试点，深化农村集体经营性建设用地入市改革试点。

四是扎实有序推进乡村建设。深入实施乡村建设行动，制定农村基本具备现代生活条件建设指引。加强中小河流治理、病险水库除险加固、蓄滞洪区调整与建设、山洪灾害防治等防汛薄弱环节建设，实施规模化供水工程建设和小型供水工程规范化改造，开展农村水系综合整治。推动乡镇通三级及以上公路建设、老旧公路改造和窄路基路面加宽改造，持续开展“四好农村路”和城乡交通运输一体化示范创建，深化农村公路管养体制改革。实施农村电网巩固提升工程，推动分布式光伏、风电发展，发展农村生物质能源。加快完善县乡村三级电子商务和快递物流配送体系，构建农村物流骨干网络。实施农房质量安全提升工程。扎实推进农村人居环境整治提升行动，推动建立长效管护机制，因地制宜推进农村改厕，持续开展村庄清洁行动，加强传统村落保护利用。加强和改进乡村治理，推动扩大积分制、清单制、数字化治理运用覆盖面。

（六）促进区域协调发展，构建优势互补、高质量发展的区域经济布局和国土空间体系。深入实施区域协调发展战略、区域重大战略、主体功能区战略、新型城镇化战略，优化重大生产力区域布局，打造高质量发展新动能。

一是扎实推进区域协调发展战略。推动西部大开发形成新格局，做大做强特色优势产业，筑牢生态安全屏障，不断拓展国家发展的战略回旋空间。推动东北全面振兴取得新突破，完善支持东北全面振兴政策举措，支持东北地区中心城市及城市群提质增效，更好维护国家粮食、生态、能源等安全。促进中部地区加快崛起，构建以先进制造业为支撑的现代产业体系，推进高质量发展年度重大工程项目建设。鼓励东部地区加快推进现代化，充分发挥对全产业链的稳链固链强链作用。提高中西部和东北地区开放水平，巩固东部沿海地区开放先导地位，推动安徽更好发挥连接中部地区与长三角地区的作用，推动江西等内陆开放型经济试验区建设。更好发挥国家级新区引领示范作用。支持欠发达地区、革命老区、民族地区、生态退化地区、资源型地区和老工业城市等加快发展。加大力度推进兴边富民、稳边固边。发展海洋经济，高水平建设海洋创新示范平台，加快建设海洋强国。

二是持续深入实施区域重大战略。扎实推进京津冀协同发展，有序疏解北京非首都功能，高标准高质量建设雄安新区和北京城市副中心，加快天津滨海新区和天津北方国际航运枢纽建设，强化京津冀生态环境联建联防联治。深入推进长江经济带生态优先绿色发展，大力推动生态环境系统综合整治和污染治理“4+1”工程，推动长江干支流和重要湖库、湿地、岸线协同治理，加强生物多样性保护，继续实施好长江流域重点水域十年禁渔。推进粤港澳大湾区重大合作平台建设，加快大湾区创新发展步伐，提升市场一体化水平。推动长三角一体化发展规划“十四五”实施方案落地，促进科创与产业深度融合，加快上海“五个中心”建设，深化长三角生态绿色一体化发展示范区等重点区域改革创新。持续推进黄河流域生态保护和高质量发展，深入推进实施黄河流域工业、农业、城镇生活和尾矿库污染“3+1”综合治理，全力打好黄河流域深度节水控水攻坚战和黄河生态保护治理攻坚战，持续加强中上游水土流失治理，支持宁夏开展“四水四定”先行先试。

三是健全主体功能区战略和制度。落实全国国土空间规划纲要，优化细化主体功能区划分，进一步健全主体功能区制度，完善国土空间用途管制制度，严格落实“三区三线”等空间管控要求，构建主体功能明显、优势互补、高质量发展的国土空间开发保护新格局。

四是稳步推进以人为核心的新型城镇化。加快农业转移人口市民化，稳妥有序推进户籍制度改革，推动城镇基本公共服务均等化，强化农业转移人口就业、技能培训、社保等城镇基本公共服务保障水平。以城市群、都市圈为依托构建大中小城市协调发展格局，扎实推动成渝地区双城经济圈建设，有序培育现代化都市圈，加快转变超大特大城市发展方式，深入推进以县城为重要载体的城镇化建设，支持城市群和都市圈建设现代化基础设施体系。进一步提高城市规划、建设、治理水平，加强城市基础设施建设，深入实施国家公交都市建设，建设宜居、韧性、智慧城市。健全城乡融合发展体制机制和政策体系，畅通城乡要素流动。

（七）推进高水平对外开放，增强国内国际两个市场两种资源联动效应。稳步扩大规则、规制、管理、标准等制度型开放，推动共建“一带一路”高质量发展，依托我国超大规模市场优势，以国内大循环吸引全球资源要素，提升贸易投资合作质量和水平。

一是加快推进贸易强国建设。促进出口贸易稳定发展，多元化开拓国际市场，提升加工贸易出口附加值。积极推进贸易创新发展，大力发展跨境电商、市场采购贸易方式等新业态新模式，更大力度支持海外仓发展。支持加工贸易向中西部和东北地区梯度转移。深化通关便利化改革，保障重要海港、空港货运物流运输畅通。加快建设海南自由贸易港，积极推进全岛封关运作准备工作。实施自由贸易试验区提升战略，制定出台中国（上海）自由贸易试验区及临港新片区建设行动方案。扩大服务贸易，创新服务贸易发展机制，建设国家服务贸易创新发展示范区，推动出台自由贸易试验区和全国版跨境服务贸易负面清单。积极发展数字贸易。

二是做好利用外资和境外投资工作。更大力度吸引和利用外资,深入实施外资准入负面清单和新版鼓励外商投资产业目录,扩大市场准入,加大现代服务业领域开放力度,落实好鼓励外商投资设立研发中心若干措施,完善外资促进服务,推动外资标志性项目落地、建设和达产,促进外资稳存量、扩增量。深化国家服务业扩大开放综合示范区建设。发挥好自由贸易试验区、海南自由贸易港、各类开发区和保税区等开放平台的先行先试作用,发挥好各类园区引资作用。依法保护外商投资权益,落实好外资企业国民待遇。完善全口径外债管理,实现提质增效。加强境外投资服务、监管和风险防控。提升对外投资管理数字化水平。促进海外矿产资源开发合作。稳步推进资本市场制度型双向开放。

三是推动共建“一带一路”高质量发展。谋划做好共建“一带一路”十周年系列重点工作。聚焦重点区域、重点国家、重点领域、重点项目,巩固拓展与共建国家务实合作。深入推进共建“一带一路”“小而美”项目建设,打造一批标志性工程,深化国际产能合作和第三方市场合作。稳步拓展合作新空间,深化健康、绿色、数字、创新丝绸之路建设。创建“丝路电商”合作先行区。优化区域开放布局,扎实推进福建、新疆核心区高质量发展,深入推进沿边重点开发开放试验区建设。扎实推进基础设施互联互通合作。巩固提升中欧班列良好发展态势,保障中欧班列安全稳定畅通运行。不断扩大“丝路海运”等品牌影响力,推动“空中丝绸之路”建设。完善风险防控体系,全面加强境外项目建设风险防控。筹备办好第三届“一带一路”国际合作高峰论坛。加强和改进国际传播,共同讲好共建“一带一路”故事。

四是积极参与全球经济治理。 坚定维护多边贸易体制，维护多元稳定的国际经济格局和经贸关系。全面深入参与世界贸易组织（WTO）改革，持续推动高质量实施《区域全面经济伙伴关系协定》（RCEP），积极推进加入《全面与进步跨太平洋伙伴关系协定》（CPTPP）和《数字经济伙伴关系协定》（DEPA），与更多国家和地区商签高标准自贸协定。深入推进全球发展倡议，加强与联合国、二十国集团（G20）、亚太经合组织（APEC）、金砖国家、东盟与中日韩（10+3）领导人会议、上海合作组织等多边机制合作。

（八）践行“绿水青山就是金山银山”理念，推进生态优先、节约集约、绿色低碳发展。加快发展方式绿色转型，深入推进环境污染防治，积极稳妥推进碳达峰碳中和，实施全面节约战略，统筹产业结构调整、污染治理、生态保护、应对气候变化，协同推进降碳、减污、扩绿、增长。

一是支持绿色低碳产业发展。 继续坚决遏制高耗能、高排放、低水平项目盲目发展。修订发布绿色产业指导目录，进一步完善促进绿色产业发展的政策体系，鼓励环保技术研发和产品推广。积极推行绿色制造，全面推行清洁生产，开展重点行业清洁生产改造。加快工业、建筑、交通等重点领域绿色转型，支持开展节能降碳改造、设备更新、回收利用、工艺革新和数字化转型，推进重点园区循环化改造。推进水资源节约集约利用，建设公共供水管网漏损治理重点城市（县城），推动海水淡化规模化利用。大力发展循环经济，加快构建废弃物循环利用体系，加强废旧新能源设备和汽车电池、新兴电子消费品等回收利用，持续完善废旧家电回收处理体系。大力倡导绿色消费，治理商品过度包装。统筹推进“能水粮地矿材”一体化节约，推动各类资源节约集约利用，加快推进绿色生产生活方式转变。

二是扎实推进环境污染防治。继续深入打好蓝天、碧水、净土保卫战。深入推进重污染天气消除、臭氧污染防治、柴油货车污染治理等标志性战役，强化大气多污染物协同控制和区域协同治理，持续改善空气质量。统筹水资源、水环境、水生态治理，推进城市黑臭水体治理，深入开展入河入海排污口排查整治，建设污水处理绿色低碳标杆厂，持续推动污水资源化利用。深入实施重点海域综合治理攻坚战，推进建设美丽海湾。强化土壤污染源头防控，巩固提升受污染耕地和重点建设用地安全利用水平。推进农用地土壤污染防治和安全利用，实施农用地土壤镉等重金属污染源头防治行动。持续打好农业农村污染治理攻坚战，实施好长江经济带和黄河流域农业面源污染综合治理，深入开展农业面源污染治理与监督指导试点，推进农村生活污水处理、生活垃圾分类与资源化利用。强化固体废物和新污染物治理，扎实推进“无废城市”建设，实现固体废物减量化、无害化、资源化，持续强化危险废物监管和利用处置能力。深入推进塑料污染全链条治理。加强城乡环境基础设施建设，提升环境基础设施建设水平。完善生态环境分区管控体系。深入推进中央生态环境保护督察。

三是加强生态系统治理和保护。统筹山水林田湖草沙一体化保护和系统治理，提升生态系统多样性、稳定性、持续性。持续实施重要生态系统保护和修复重大工程，科学开展大规模国土绿化行动，加强大江大河和重要湖泊湿地生态保护治理，推行草原森林河流湖泊湿地休养生息，统筹推进水土流失和荒漠化、石漠化综合治理，稳步推进以国家公园为主体的自然保护地体系建设，全面筑牢和优化国家生态安全屏障体系。强化外来物种入侵防控，实施生物多样性保护重大工程。建立健全生态产品价值实现机制，落实生态保护补偿各项制度，出台生态保护补偿条例，统筹推进太湖等重要流域生态保护补偿机制建设。加强海洋生态保护修复。

四是积极稳妥推进碳达峰碳中和。按照"1+N"政策体系部署，立足我国资源禀赋，坚持先立后破，科学把握推进节奏，有计划分步骤实施"碳达峰十大行动"。完善能源消耗总量和强度调控，重点控制化石能源消费，逐步转向碳排放总量和强度"双控"制度。开展区域、城市、园区和企业减污降碳协同创新试点。推进煤炭清洁高效利用及相关技术研发，大力推进煤电"三改联动"，积极推动第二批大型风电光伏基地项目开工建设，有序推进第三批项目核准开工，发展储能产业，大力推进抽水蓄能电站建设。加快节能降碳先进技术研发和推广应用，开展低碳零碳负碳重大项目示范，组织开展绿色低碳试点城市建设。完善碳排放统计核算体系，做好全国碳排放权交易市场第二个履约周期管理工作，健全碳排放权市场交易制度，严厉打击碳排放数据造假行为。推动绿电绿证市场与碳市场、能耗调控制度的有机衔接。持续巩固提升生态系统碳汇能力。积极参与应对气候变化全球治理。

（九）夯实国家安全和社会稳定基础，以新安全格局保障新发展格局。坚持底线思维，坚持标本兼治、远近结合，加强风险预警、防控机制和能力建设，严密防范系统性安全风险。

一是加强重大经济金融风险防控。坚持房子是用来住的、不是用来炒的定位，加快建立多主体供给、多渠道保障、租购并举的住房制度，实施好房地产市场平稳健康发展长效机制。因城施策用足用好政策工具箱，实施好差别化住房信贷政策，发挥住房公积金支持作用，支持刚性和改善性住房需求。解决好新市民、青年人等群体住房问题，扩大保障性租赁住房供给，规范发展长租房市场。压实各方责任，扎实做好保交楼、保民生、保稳定各项工作，稳妥实施改善优质房企资产负债表计划，有效防范化解优质头部房企风险。继续做好重点机构风险处置化解工作，积极应对不良资产反弹，有序推进中小银行、保险和信托机构改革化险，防止形成区域性、系统性风险。加强和完善现代金融监管，依法将各类金融活动全部纳入监管。密切跟踪分析国际经济金融波动可能带来的输入性风险，高度重视境内外金融市场联动下行风险，动态完善应对政策预案。防范化解地方政府债务风险，强化跨部门协同监管，优化债务期限结构，降低利息负担，坚决遏制增量、化解存量。

二是做好能源资源安全保障工作。深入推进能源革命，加快规划建设新型能源体系，加强能源产供储销体系建设，完善能源安全生产责任制，提升能源自主安全保障能力。强化煤炭兜底保障作用，在确保安全的前提下有序释放煤炭先进产能，高标准建设现代化矿井，强化电煤中长期合同履约监管和铁路等运力保障。提升电力生产供应能力，加强各类电源特别是煤电等可靠性电源建设，深入推进煤炭与煤电、煤电与可再生能源联营，核定第三监管周期区域电网和省级电网输配电价，研究建立发电侧容量补偿机制，加快特高压输电通道建设，在全国重点规划、布局一批坚强局部电网，统筹水电开发和生态保护，积极安全有序发展核电。加快应急备用和调峰电源能力建设，完善建设运行保障机制。支持国内铁矿石、钾、锂等资源开发项目建设，加大油气资源勘探开发力度，推动国内石油、天然气增储上产。完善油品管理体制机制。继续严控新增“煤改气”，保障天然气稳定供应。加强国家储备体系建设，全面建设宁波舟山国家大宗商品储运基地，优化完善储备布局和设施网络，科学规划布局煤制油气战略储备基地建设。

三是提高公共安全治理水平。推进安全生产风险专项整治，完善重点行业、重点领域安全监管，坚决防范和遏制重特大事故发生，切实保障人民群众生命财产安全。提高防灾减灾救灾和重大突发公共事件处置保障能力，加强国家区域应急力量建设。加强食品药品、重点工业产品、特种设备等安全监管。维护网络安全。加强社会治安综合治理，扎实推进平安中国建设，确保不发生重大社会风险事件，维护社会大局稳定。

（十）实施更多惠民生暖民心举措，提高人民生活品质。坚持在发展中保障和改善民生，解决好群众急难愁盼问题，不断提高人民群众的获得感幸福感安全感，保持社会和谐稳定。

一是稳定扩大就业岗位。完善重点群体就业支持体系，扩大高校毕业生市场化社会化就业渠道，挖掘基层就业机会，稳定公共部门岗位规模；促进农民工外出务工和就近就地就业；做好退役军人安置和就业保障；持续开展就业困难人员、残疾人等就业兜底帮扶。促进创业带动就业，支持创新示范基地建设，实施重点群体创业推进行动，支持和规范发展新就业形态。优化失业保险稳岗返还政策，支持企业稳定岗位。健全终身职业技能培训制度，深入实施重点群体专项培训计划，促进公共实训基地共建共享，建设高技能人才培训基地。健全就业公共服务体系，深入实施就业服务质量提升工程，开展公共就业创业服务示范创建活动。破除妨碍劳动力、人才流动的体制机制障碍，消除影响平等就业的不合理限制和就业歧视，加强灵活就业和新就业形态劳动者权益保障。

专栏11：完善重点群体就业支持体系	
高校毕业生	◇全力稳定高校毕业生等青年就业。实施2023届高校毕业生就业创业促进行动，组织就业见习和专项培训。优化青年就业服务线下窗口、线上平台，深化百万见习岗位募集计划。组织开展国聘行动等专项服务活动，稳定求职就业预期。
农民工	◇积极引导农民工有序流动。开展“春风行动暨就业援助月”活动，推介就业创业项目，精准开展劳务对接，全面落实帮扶政策和服务举措。在重点工程项目和农业农村基础设施建设领域大力实施以工代赈，拓宽就近就地就业、增收空间。支持地方出台更多有效举措，高质量建设一批返乡入乡创业园。
其他重点群体	◇统筹做好退役军人就业工作，优化学历教育管理服务，稳定退役军人岗位供给。 ◇加强困难群体就业兜底帮扶，落实失业保险扩围政策，强化“一对一”就业援助，确保零就业家庭至少一人就业。

二是着力促进居民增收。完善支持浙江高质量发展建设共同富裕示范区“1+N”政策体系。健全工资合理增长机制，指导地方合理调整最低工资标准。完善按要素分配政策制度，探索多渠道增加中低收入群众要素收入，多渠道增加居民

财产性收入，多措并举促进农民增收，有效保障农民工工资发放。持续扩大中等收入群体。加大税收、社会保障、转移支付等调节力度，规范收入分配秩序，规范财富积累机制。规范培育发展慈善组织，健全慈善事业发展体制机制，充分发挥慈善事业第三次分配作用。

三是加快建设高质量教育体系。实施教育强国推进工程。加快义务教育优质均衡发展和城乡一体化，优化区域教育资源配置，强化学前教育、特殊教育普惠发展。坚持高中阶段学校多样化发展。统筹职业教育、高等教育、继续教育协同创新，推进职普融通、产教融合、科教融汇，优化职业教育类型定位。加强基础学科、新兴学科、交叉学科建设和拔尖创新人才培养，加快建设中国特色、世界一流的大学和优势学科。引导规范民办教育发展。大力支持特殊教育。推进教育数字化。

四是进一步健全社会保障体系。健全覆盖全民、统筹城乡、公平统一、安全规范、可持续的多层次社会保障体系。规范发展第三支柱养老保险，推动个人养老金发展。健全基本养老、基本医疗保险筹资和待遇调整机制。完善基本养老保险全国统筹制度，推动基本医疗保险、失业保险、工伤保险省级统筹。完善大病保险和医疗救助制度，落实异地就医结算。健全农民工、灵活就业人员、新就业形态劳动者等重点群体参加社会保险机制，深入开展新就业形态就业人员职业伤害保障试点。推进分层分类社会救助体系建设，创新多样化救助服务。扩大长期护理保险制度试点范围，统一规范政策。完善孤儿和事实无人抚养儿童保障制度。健全“弱有所扶”关爱服务体系。健全社保基金保值增值和安全监管体系。

五是加强重要民生商品保供稳价。强化生猪产能调控和猪肉储备调节，做好粮油肉蛋菜等重要民生商品保供稳价工作。布局建设城郊大仓基地，提高城市生活物资就近应急保障能力。做好农产品、煤炭等重要商品成本调查，为保供稳价提供支撑。落实社会救助和保障标准与物价上涨挂钩联动机制，按规定及时足额发放补贴。加大价格监管力度，严厉打击囤积居奇、哄抬价格等违法违规行为。

六是健全公共服务体系。出台新版国家基本公共服务标准，开展基本公共服务均等化监测评估。持续推动生活性服务业补短板上水平，研究出台推进高品质生活城市建设的政策措施。加强农村公共服务体系建设，健全常住地提供基本公共服务制度。深入实施积极应对人口老龄化国家战略，发展养老事业和养老产业，扩大普惠养老供给，构建居家社区机构相协调、医养康养相结合的养老服务体系，加强老年健康服务和管理，研究支持银发经济发展的政策体系。推动落实积极生育支持措施，发展普惠托育服务体系，降低生育、养育、教育成本，促进人口长期均衡发展。持续完善"一老一小"服务体系，扩大养老托育服务供给。有序推进第二批国家儿童友好城市建设。大力发展社会主义先进文化，实施文化保护传承利用工程，加大文物和文化遗产保护力度，健全现代公共文化服务体系，推进实施国家文化数字化，创新实施文化惠民工程，建好用好国家文化公园，推动智慧广电、智慧旅游建设，促进文化和旅游深度融合发展。繁荣发展哲学社会科学。实施全民健身设施补短板工程，推动构建更高水平的全民健身公共服务体系。推动家政进社区，提升基层家政服务网点服务能力。推动优抚医院、光荣院改革提质，加强烈士纪念设施提质改造，继续加强精神卫生福利设施、省级盲人按摩医院等建设。加强公共法律服务体系建设。

专栏12：健全公共服务体系的主要政策举措	
公共教育	◊ 深入实施教育强国推进工程，支持欠发达地区巩固基础教育脱贫攻坚成果，优化区域教育资源配置。集中支持一批优质职业院校、应用型本科高校建设高水平专业化产教融合实训基地，持续深化产教融合改革。加快新一轮“双一流”建设，加强基础学科、新兴学科、交叉学科建设。
医疗卫生	◊ 深入推进国家医学中心建设，加强国家和省级区域医疗中心、脱贫地区等县级医院建设，加快优质医疗资源扩容下沉和区域均衡布局。加强国家紧急医学救援基地、疾病预防控制体系等建设，启动国家区域公共卫生中心、国家传染病防控救治基地建设。推动新冠疫情应急救治能力建设。
文化旅游	◊ 实施文化保护传承利用工程，推进大运河文化保护传承利用，推进长城、长征、黄河、长江等国家文化公园建设，加强国家重点文物保护和考古发掘，推动重点地区公共文化设施和旅游基础设施建设。
全民健身	◊ 深入实施全民健身设施补短板工程。拓展全民健身新空间，推动健身场地全面开放共享，打造绿色便捷的全民健身新载体。持续推动户外运动发展。
一老一小	◊ 推动落实积极应对人口老龄化国家战略，培育壮大银发经济。完善和落实积极生育支持措施，减轻家庭养育子女负担。实施积极应对人口老龄化工程和托育建设，完善养老托育服务体系。
关爱保障	◊ 深入实施社会服务设施建设支持工程，加强社会福利设施、退役军人服务设施、残疾人服务设施等建设。

全面准确、坚定不移贯彻“一国两制”方针，落实“爱国者治港”、“爱国者治澳”原则，支持香港、澳门发展经济、改善民生、破解经济社会发展中的深层次矛盾和问题，巩固提升香港、澳门在国际金融、贸易、航运航空、创新科技、文化旅游等

领域的地位，大力发展创新科技等新兴产业，支持澳门不断推进经济适度多元发展，深化香港、澳门同各国各地区更加开放、更加密切的交往合作。全面贯彻落实新时代党解决台湾问题的总体方略，坚持一个中国原则和“九二共识”，推进祖国和平统一进程，促进两岸经济文化交流合作，完善增进台湾同胞福祉的制度和政策，深化两岸各领域融合发展。

做好2023年经济社会发展工作任务繁重、责任重大。我们要更加紧密地团结在以习近平同志为核心的党中央周围，坚持以习近平新时代中国特色社会主义思想为指导，全面贯彻落实党的二十大精神，深刻领悟“两个确立”的决定性意义，增强“四个意识”、坚定“四个自信”、做到“两个维护”，按照党中央、国务院决策部署，自觉接受全国人大的监督，认真听取全国政协的意见和建议，埋头苦干、奋勇前进，结合实际创造性地开展工作，努力完成全年目标任务，为全面建设社会主义现代化国家、全面推进中华民族伟大复兴作出新的更大贡献！

第十四届全国人民代表大会财政经济委员会关于2022年国民经济和社会发展计划执行情况与2023年国民经济和社会发展计划草案的审查结果报告

（2023年3月8日第十四届全国人民代表大会第一次会议主席团第二次会议通过）

十四届全国人大一次会议主席团：

第十四届全国人民代表大会第一次会议审查了国务院提出的《关于2022年国民经济和社会发展计划执行情况与2023年国民经济和社会发展计划草案的报告》、2023年国民经济和社会发展计划草案。在第十三届全国人民代表大会财政经济委员会根据全国人民代表大会议事规则等规定对计划报告和计划草案初步审查的基础上，第十四届全国人民代表大会财政经济委员会根据各代表团的审查意见，作了进一步审查。国务院根据审查意见对计划报告作了修改。现将审查结果报告如下。

一、2022 年计划执行情况总体是好的

2022 年,面对风高浪急的国际环境和艰巨繁重的国内改革发展稳定任务,以习近平同志为核心的党中央团结带领全党全国各族人民迎难而上,砥砺前行,统筹国内国际两个大局,统筹疫情防控和经济社会发展,统筹发展和安全,保持了经济社会大局稳定。财政经济委员会认为,国务院及各地区各部门按照党中央决策部署,认真执行十三届全国人大五次会议审查批准的 2022 年国民经济和社会发展计划及相关决议,完整、准确、全面贯彻新发展理念,主动构建新发展格局,着力推动高质量发展,宏观调控政策靠前发力并及时出台接续政策措施,不断深化供给侧结构性改革,持续推进"六稳""六保"工作,按照"疫情要防住、经济要稳住、发展要安全"的要求争取实现最好结果,全年经济保持增长,就业总体稳定,物价平稳,国际收支状况较好,粮食安全、能源安全和人民生活得到有效保障,年度计划的主要预期目标大部分实现,主要任务总体进展顺利。

同时也要看到,计划执行中仍存在一些不足。预期不稳、消费不振,社会投资积极性不高的状况要抓紧转变;多目标多政策协调仍有不足,有的政策措施动态调整不够;形式主义、官僚主义现象仍较突出;有的目标任务采用简单分解办法,有的在执行中存在传导不畅或层层加码、"一刀切"、脱离实际等现象。对此,需要加强计划评估和政策评估,不断积累经验,以利于改进计划编制和执行工作。

二、2023 年计划草案总体可行

财政经济委员会认为，国务院提出的 2023 年的计划报告和计划草案，以习近平新时代中国特色社会主义思想为指导，符合党的二十大和中央经济工作会议精神，符合“十四五”规划纲要目标要求，符合我国经济社会发展实际，就应对内外部环境变化和面临的困难风险挑战、落实改革发展稳定任务作了相应安排，国民经济和社会发展总体要求、主要预期目标、宏观政策取向、主要任务基本协调匹配，总体可行。

三、建议批准计划报告和计划草案

财政经济委员会建议，第十四届全国人民代表大会第一次会议批准国务院提出的《关于 2022 年国民经济和社会发展计划执行情况与 2023 年国民经济和社会发展计划草案的报告》，批准 2023 年国民经济和社会发展计划草案。

四、做好 2023 年计划执行工作的建议

2023 年是全面贯彻党的二十大精神的开局之年，做好经济社会发展工作意义重大。要在以习近平同志为核心的党中央坚强领导下，以习近平新时代中国特色社会主义思想为指导，全面贯彻落实党的二十大和中央经济工作会议精神，认真执行十四届全国人大一次会议审查批准的 2023 年国民经济

和社会发展计划及相关决议，扎实推进中国式现代化，坚持稳中求进工作总基调，完整、准确、全面贯彻新发展理念，加快构建新发展格局，着力推动高质量发展，更好统筹国内国际两个大局，更好统筹疫情防控和经济社会发展，更好统筹发展和安全，全面深化改革开放，大力提振市场信心，把实施扩大内需战略同深化供给侧结构性改革有机结合起来，突出做好稳增长、稳就业、稳物价工作，有效防范化解重大风险，推动经济运行整体好转，实现质的有效提升和量的合理增长，持续改善民生，保持社会大局稳定，为全面建设社会主义现代化国家开好局起好步。为此，财政经济委员会建议：

（一）保持经济平稳健康运行。坚持发展第一要务，从改善社会心理预期、提振发展信心入手，抓住重大关键环节，纲举目张做好工作。坚持稳字当头、稳中求进，实施好积极的财政政策和稳健的货币政策，优化相机调控和精准调控，把握好时度效。政策出台前注意充分听取各方面意见，注重与经营主体沟通，并加强政策协调配合。加强对经济运行的跟踪监测，及时优化调整相关政策，确保经济平稳运行。做好“十四五”规划纲要中期评估，根据需要进行调整优化。

（二）着力扩大国内需求。搞好统筹扩大内需和深化供给侧结构性改革，着力扩大有收入支撑的消费需求、有合理回报的投资需求、有本金和债务约束的金融需求。多渠道增加城乡居民收入，注重改善消费条件和消费环境。保障项目建设要素资源，加快形成投资实物工作量。充分调动社会投资积极性，放宽社会投资市场准入，鼓励和吸引更多社会资本参与国家重大工程和补短板项目建设，完善支持政策。

（三）依靠改革开放激发动力活力。着力破解深层次体制机制障碍，进一步充分发挥市场对资源配置的决定性作用。聚焦经营主体和人民群众关切，持续深化简政放权、放管服改革，创造和优化国企敢干、民企敢闯、外企敢投的政策环境和制度环境。健全以管资本为主的国资管理体制，以市场化方式推进国企整合重组，谋划好新一轮深化国有企业改革行动方案。夯实农业基础，激发乡村经济活力。着力推进城乡融合和区域协调发展，推进高水平对外开放，大力支持企业稳订单、拓市场、扩投资，注重解决企业面临的实际问题。做好绿色转型工作。

（四）优化民营经济发展环境。从制度和法律上把对国企民企平等对待的要求落下来，从政策和舆论上鼓励支持民营经济和民营企业发展壮大。依法保护民营企业产权和企业家权益。全面梳理修订涉企法律法规政策，持续破除影响平等准入的壁垒。完善公平竞争制度，清理和防范地方保护和行政垄断，为民营企业开辟更多空间。加强中小微企业管理服务，支持中小微企业和个体工商户发展。落实构建亲清政商关系要求，切实为民营企业解难题、办实事。

（五）强化教育科技人才支撑。充分发挥企业科技创新主体作用，加大多元化科技投入，创造更有利于全社会科技创新的环境和条件，加强对高新技术企业、专精特新企业的支持。坚持教育优先发展，加大教育资源投入，加快建设高质量教育体系。遵循科技发展规律，深化科技管理体制改革，加强国家战略科技力量建设，建立健全基础研究长期稳定支持机制和科学评价体系。提高人才培养质量和能力，深化人才发展体制机制改革。

（六）有效防范化解重大经济金融风险。坚持标本兼治、远近结合，牢牢守住不发生系统性风险的底线。确保房地产市场平稳发展，推动房地产业向新发展模式平稳过渡。做好防范化解金融风险工作，压实责任，及时处置。加强地方政府债务监管，加大存量隐性债务处置力度，坚决遏制增量、化解存量，有效识别和防控各种变相举债行为。提升产业链供应链韧性和安全水平，确保国家粮食安全和能源安全。做好战略性的物资储备、技术储备和产能储备。

（七）高度重视稳就业保民生等工作。强化就业优先导向，突出做好高校毕业生、农村进城务工人员等重点群体就业工作，加强新就业形态劳动者权益保障。加大基层和欠发达地区公共医疗卫生资源投入，做好新冠疫情“乙类乙管”常态化防控工作。兜牢基本民生底线，保障好困难群众和特殊群体基本生活，做好农村老年人生活保障。完善基层治理平台，健全城乡社区治理体系。做好安全生产和防灾减灾工作，加强重大灾害救援体系能力建设。

以上报告，请审议。

第十四届全国人民代表大会
财 政 经 济 委 员 会
2023 年 3 月 8 日

第十四届全国人民代表大会第一次会议关于2022年中央和地方预算执行情况与2023年中央和地方预算的决议

（2023年3月13日第十四届全国人民代表大会第一次会议通过）

第十四届全国人民代表大会第一次会议审查了国务院提出的《关于2022年中央和地方预算执行情况与2023年中央和地方预算草案的报告》及2023年中央和地方预算草案，同意全国人民代表大会财政经济委员会的审查结果报告。会议决定，批准《关于2022年中央和地方预算执行情况与2023年中央和地方预算草案的报告》，批准2023年中央预算。

关于2022年中央和地方预算执行情况与2023年中央和地方预算草案的报告

——2023年3月5日在第十四届全国人民代表大会第一次会议上

财　政　部

各位代表：

受国务院委托，现将2022年中央和地方预算执行情况与2023年中央和地方预算草案提请十四届全国人大一次会议审查，并请全国政协各位委员提出意见。

一、2022年中央和地方预算执行情况

2022年是党和国家历史上极为重要的一年。党的二十大胜利召开，描绘了全面建设社会主义现代化国家的宏伟蓝图，为新时代新征程党和国家事业发展、实现第二个百年奋斗目标指明了前进方向、确立了行动指南。一年来，面对风高浪

急的国际环境和艰巨繁重的国内改革发展稳定任务，在以习近平同志为核心的党中央坚强领导下，各地区各部门坚持以习近平新时代中国特色社会主义思想为指导，深入贯彻党的十九大和十九届历次全会精神，认真学习贯彻党的二十大精神，按照党中央、国务院决策部署，坚持稳中求进工作总基调，全面落实疫情要防住、经济要稳住、发展要安全的要求，完整、准确、全面贯彻新发展理念，主动构建新发展格局，着力推动高质量发展，深化供给侧结构性改革，统筹国内国际两个大局，统筹疫情防控和经济社会发展，统筹发展和安全，严格执行十三届全国人大五次会议审查批准的预算，加大宏观调控力度，应对超预期因素冲击，发展质量稳步提升，科技创新成果丰硕，改革开放全面深化，美丽中国建设扎实推进，就业物价基本平稳，粮食安全、能源安全和人民生活得到有效保障，保持了经济社会大局稳定。

过去一年，财政工作面临不少挑战，财政运行处于紧平衡状态，经历了一个十分不易的过程。一季度经济开局比较平稳，全国一般公共预算收入增长 8.6%。进入二季度后，受疫情反复、国际形势变化等影响，经济下行压力陡然加大，叠加实施大规模增值税留抵退税政策，财政收入大幅下滑，4 月份全国一般公共预算收入下降 41.3%。随着稳经济一揽子政策和接续措施出台实施，经济下滑势头得到遏制，5、6 月份财政收入降幅分别收窄至 32.5%、10.5%，加上大规模留抵退税政策上半年大头落地，下半年财政收入形势好转，增速 8 月份开始由负转正、增长 5.6%，9 月份以后进一步回升。预算执行中，财政部门坚决落实党中央、国务院决策部署，主动作为、应变克难，加强经济形势和财政收支分析研判，强化财政资源统筹，多渠道盘活国有资产资源，及时清理收回结转结余资金，科学调度国库库款，严格落实过紧日子要求，全力保障民生等重点支出需要，进一步严肃财经纪律，全年全国预算执行情况和经济发展状况基本匹配，中央财政收支符合预算、支出略有结余，为高效统筹疫情防控和经济社会发展提供了必要的财力支撑。

（一）**2022 年一般公共预算收支情况**。

1. **全国一般公共预算**。

全国一般公共预算收入 203703.48 亿元，为预算的 96.9%，比 2021 年增长 0.6%。其中，税收收入 166613.96 亿元，下降 3.5%；非税收入 37089.52 亿元，增长 24.4%，主要是盘活存量资源资产，国有资源（资产）有偿使用收入等增加较多。加上从预算稳定调节基金、政府性基金预算、国有资本经营预算调入资金及使用结转结余 24541 亿元，收入总量为 228244.48 亿元。全国一般公共预算支出 260609.17 亿元，完成预算的 97.6%，增长 6.1%。加上补充中央预算稳定调节基金 1185.31 亿元、向政府性基金预算调出 150 亿元，支出总量为 261944.48 亿元。收支总量相抵，赤字 33700 亿元，与预算持平。

2. **中央一般公共预算**。

中央一般公共预算收入 94884.98 亿元，为预算的 100%，增长 3.8%。加上从中央预算稳定调节基金调入 2765 亿元，从中央政府性基金预算、中央国有资本经营预算调入 9900 亿元，收入总量为 107549.98 亿元。中央一般公共预算支出

132714.67亿元，完成预算的99%，增长13.3%，主要是加大对地方转移支付力度，其中，本级支出35569.92亿元，完成预算的100%，增长3.9%；对地方转移支付97144.75亿元，完成预算的99.2%，增长17.1%（剔除一次性安排的支持基层落实减税降费和重点民生等专项转移支付后增长6.8%）。加上补充中央预算稳定调节基金1185.31亿元、向中央政府性基金预算调出150亿元，支出总量为134049.98亿元。收支总量相抵，中央财政赤字26500亿元，与预算持平。

中央一般公共预算主要收入项目具体情况是：国内增值税24255.05亿元，为预算的77.1%，主要是加大力度实施增值税留抵退税政策增加当期减收。国内消费税16698.81亿元，为预算的111.6%，主要是成品油、卷烟等行业消费税增加。企业所得税27866.45亿元，为预算的97.4%。个人所得税8953.77亿元，为预算的96.8%。关税2860.29亿元，为预算的98%。进口货物增值税、消费税19994.78亿元，为预算的109.9%，主要是大宗商品价格上涨和一般贸易进口增长超出预期。

中央一般公共预算本级主要支出项目具体情况是：一般公共服务支出1578.54亿元，完成预算的104.7%。外交支出488.83亿元，完成预算的97.2%。国防支出14499.63亿元，完成预算的100%。公共安全支出1964.64亿元，完成预算的100.8%。教育支出1524.26亿元，完成预算的99.9%。科学技术支出3215.52亿元，完成预算的100.9%。粮油物资储备支出1169.34亿元，完成预算的102.9%。债务付息支出6523.99亿元，完成预算的102.2%。

中央对地方转移支付具体情况是：一般性转移支付80994.23亿元，完成预算的98.6%；专项转移支付7617.03亿元，完成预算的97.2%。此外，一次性安排的支持基层落实减税降费和重点民生等专项转移支付8533.49亿元，完成预算的106.7%。

2022年中央一般公共预算超收收入4.98亿元、支出结余1180.33亿元，全部补充中央预算稳定调节基金。中央预备费预算500亿元，实际支出110亿元，主要用于支持地方做好抗旱减灾等工作，剩余390亿元（已包含在上述结余1180.33亿元中）全部补充中央预算稳定调节基金。加上中央政府性基金结转结余资金补充5.1亿元后，2022年末，中央预算稳定调节基金余额2351.63亿元。

3. **地方一般公共预算**。

地方一般公共预算收入205963.25亿元，其中，本级收入108818.5亿元，下降2.1%；中央对地方转移支付收入97144.75亿元。加上从地方预算稳定调节基金、政府性基金预算、国有资本经营预算调入资金及使用结转结余11876亿元，收入总量为217839.25亿元。地方一般公共预算支出225039.25亿元，增长6.4%。收支总量相抵，地方财政赤字7200亿元，与预算持平。

（二）**2022年政府性基金预算收支情况**。

全国政府性基金预算收入77879.34亿元，为预算的79%，下降20.6%，主要是国有土地使用权出让收入减少。加上2021年结转收入354.68亿元、地方政府发行专项债券筹集收入36500亿元、从一般公共预算调入150亿元以及特定国有金融机构和专营机构上缴利润 18100 亿元，收入总量为 132984.02 亿元。全国政府性基金预算支出 110583.28 亿元，完成预算的 79.6%，下降 2.5%，主要是国有土地使用权出让收入减少，支出相应减少。

中央政府性基金预算收入 4123.99 亿元，为预算的 97.8%，增长 3%。加上 2021 年结转收入、调入资金以及特定国有金融机构和专营机构上缴利润，收入总量为 22728.67 亿元。中央政府性基金预算支出 6330.48 亿元，完成预算的 78.4%，主要是可再生能源电价附加收入安排的支出低于预期，其中，本级支出 5543.79 亿元，对地方转移支付 786.69 亿元。调入中央一般公共预算 9000 亿元。中央政府性基金预算收大于支 7398.19 亿元，其中，结转下年继续使用 7393.09 亿元（含特定国有金融机构和专营机构上缴利润结转 7100 亿元），按规定补充中央预算稳定调节基金 5.1 亿元。

地方政府性基金预算本级收入 73755.35 亿元，下降 21.6%，主要是国有土地使用权出让收入减少。加上中央政府性基金预算对地方转移支付收入 786.69 亿元、地方政府发行专项债券筹集收入 36500 亿元，收入总量为 111042.04 亿元。地方政府性基金预算支出 105039.49 亿元，下降 4.7%，主要是国有土地使用权出让收入减少，支出相应减少。

（三）**2022 年国有资本经营预算收支情况**。

按照国有资本经营预算管理规定，国有资本经营预算收入主要根据国有企业上年实现净利润一定比例收取，同时按照收支平衡原则安排相关支出。

全国国有资本经营预算收入 5688.6 亿元，为预算的

110.9%，增长10%，主要是2021年国有企业利润高于预期。全国国有资本经营预算支出3395.32亿元，完成预算的96.5%，增长29.5%，主要是保产业链供应链稳定等支出增加。

中央国有资本经营预算收入2343.31亿元，为预算的103.3%，增长17.2%，主要是2021年中央国有企业利润高于预期。加上2021年结转收入355.61亿元，收入总量为2698.92亿元。中央国有资本经营预算支出1710亿元，完成预算的99.2%，增长60.6%，主要是加大对保产业链供应链稳定等支持力度，其中，本级支出1661.02亿元，对地方转移支付48.98亿元。调入中央一般公共预算900亿元。结转下年支出88.92亿元，主要是执行中有一定超收，按规定结转下年安排使用。

地方国有资本经营预算本级收入3345.29亿元，增长5.5%。加上中央国有资本经营预算对地方转移支付收入48.98亿元、2021年结转收入133.02亿元，收入总量为3527.29亿元。地方国有资本经营预算支出1734.3亿元，增长2.2%。调入地方一般公共预算1606.5亿元。结转下年支出186.49亿元。

（四）2022年社会保险基金预算收支情况。

全国社会保险基金预算收入101522.98亿元，为预算的101.2%，增长4.8%。其中，保险费收入73169.74亿元，增长5.9%；财政补贴收入23682.17亿元，增长4.8%。全国社会保险基金预算支出91453.11亿元，完成预算的99%，增长5.5%。当年收支结余10069.87亿元，年末滚存结余

114789. 46 亿元。

中央社会保险基金预算收入 376. 2 亿元，为预算的 88. 2%；支出 363. 52 亿元，完成预算的 73. 1%，主要是部分中央机关事业单位养老保险实施准备期清算工作尚未完成。实施企业职工基本养老保险全国统筹制度，地方上缴 2439. 59 亿元，中央拨付 2440. 44 亿元（缴拨差额 0. 85 亿元，主要是动用上年全国统筹调剂资金利息形成的结余资金）。此外，使用结余资金 82 亿元解决部分地方养老保险方面的特殊困难，考虑上述因素后，中央社会保险基金预算当年支大于收 70. 17 亿元，年末滚存结余 128. 12 亿元。

地方社会保险基金预算收入 101146. 78 亿元，支出 91089. 59 亿元。考虑缴拨差额 0. 85 亿元和中央补助下级收入 82 亿元后，当年收支结余 10140. 04 亿元，年末滚存结余 114661. 34 亿元。通过实施调剂，中西部地区和东北等老工业基地省份受益 2440. 44 亿元。

2022 年末，中央财政国债余额 258692. 76 亿元，控制在全国人大批准的债务限额 267008. 35 亿元以内，主要是在满足支出需要的情况下，根据库款和市场变化等，适当调减国债发行额度，减轻利息负担；地方政府债务余额 350651 亿元，包括一般债务余额 143944. 69 亿元、专项债务余额 206706. 31 亿元，控制在全国人大批准的债务限额 376474. 3 亿元以内，主要是一些地区通过安排财政预算资金偿还等方式，消化了部分存量政府债务。

（五）**2022 年主要财税政策落实和重点财政工作情况。**

2022 年，财政部门认真贯彻党中央、国务院决策部署，按照预算法及其实施条例和《关于人大预算审查监督重点向支出预算和政策拓展的指导意见》，落实全国人大预算决议和审查意见要求，坚持积极的财政政策提升效能，更加注重精准、可持续，实施组合式税费支持政策，加快预算执行进度，加强重点领域保障，靠前实施各项财政政策，强化财政与货币等政策协同，推动经济总体回稳向好。

加大积极财政政策实施力度，着力稳住经济大盘。落实落细组合式税费支持政策。大规模增值税留抵退税政策加力提速，2022 年 4 月将所有符合条件的小微企业以及制造业等 6 个行业纳入政策实施范围，年中进一步扩大到批发和零售业等 7 个行业，优先安排小微企业退税，大幅提前中型和大型企业存量留抵退税实施时间，确保退税上半年大头落地。出台实施小规模纳税人阶段性免征增值税、扩大“六税两费”减免适用范围、阶段性缓缴社会保险费、缓缴部分行政事业性收费和保证金等减税降费政策。开展涉企违规收费专项整治，依法打击偷税骗税。全年新增减税降费及退税缓税缓费超 4.2 万亿元，其中累计退到纳税人账户的增值税留抵退税款 2.46 万亿元，超过 2021 年办理留抵退税规模的 3.8 倍；新增减税降费超 1 万亿元，其中新增减税超 8000 亿元，新增降费超 2000 亿元；缓税缓费超 7500 亿元。支持稳投资促消费。2021 年四季度依法提前下达 1.46 万亿元 2022 年地方政府专项债券额度，2022 年 3 月底前用于项目建设的 3.45 万亿元专项债券额度全部下达完毕，6 月底前地方基本完成发行；依法盘活用好专项债务结存限额 5029 亿元，地方已基本完成发行。加快中央预算内投资下达进度，加大对粮食、能源等重点领域投资力度。对政策性开发性金融工具中股权投资部分予以财政贴息政策支持；对制造业、服务业、社会服务等部分领域设备更新改造贷款予以贴息支持。阶段性减征部分乘用车购置税，延续实施免征新能源汽车购置税政策，对新能源汽车免征车船税。

加强疫情防控经费保障，支持高效统筹疫情防控和经济社会发展。全力支持疫情防控。中央财政及时安排和拨付补助资金，支持地方有效处置局部暴发疫情，妥善解决受疫情影响人员的生活困难问题；支持边境地区更好防控疫情、稳边固边，保障海关、移民管理机构等疫情防控需要。支持新冠病毒疫苗接种，财政对医保基金负担的疫苗及接种费用按30%比例给予补助，其中中央财政对东、中、西部地区分别按30%、40%、50%的比例实行分档补助。全力保障患者救治等疫情防控必要支出，对符合条件的一线医务人员和防疫工作者按照每人每天200元、300元标准发放临时性工作补助。加强特定行业和困难群体帮扶。对公共交通运输、快递收派服务免征增值税，对餐饮、零售、旅游等22个困难行业和符合条件的中小微企业等阶段性缓缴社会保险费，进一步延长制造业缓税补缴期限，加快出口退税进度，帮助市场主体渡过难关。加大政府采购支持中小企业力度。新增国家融资担保基金再担保合作业务规模1万亿元以上。延续实施降低失业和工伤保险费率政策，将中小微企业和大型企业失业保险稳岗返还比例分别由60%最高提至90%、由30%提至50%，出台一次性留工培训补助、一次性扩岗补助等政策，支持高校毕业生、农民工等重点群体创业就业。及时帮扶失业人员和需纳入低保的对象、临时遇困人员等，在保障和救助上应保尽保、应兜尽兜。

强化资金和政策支持，保障基层财政平稳运行。中央财政带头压减支出，加大财力下沉力度。落实党政机关过紧日子要求，中央部门支出下降 3.5%，调整用于加大对地方的财力支持。全年中央对地方转移支付规模 9.71 万亿元、增加 1.42 万亿元，增长 17.1%，并向困难地区和欠发达地区倾斜，为地方特别是县区全面落实退税减税降费政策、确保基层“三保”（保基本民生、保工资、保运转）提供有力保障。同时，密切关注地方财政运行，强化重点县区分类管理，压实省市责任，督促及时发现处置基层“三保”风险。扩大直达资金范围，更好落到县区基层。将与县区财政运行密切相关的资金尽量纳入直达范围，直达资金规模 4.1 万亿元，超过中央对地方转移支付的四成。中央财政健全备案机制，加强与审计和行业主管部门协作，建立资金分类监管制度，防止“一刀切”，直达资金支出进度总体较快、效果良好。坚持督帮一体，支持地方防范化解风险。中央财政将债务风险较高、库款保障程度较低、财力相对薄弱的地区作为监测重点，及时向地方提醒提示风险隐患。进一步压实地方和部门责任，推动建立防范化解地方政府隐性债务风险长效机制，在北京、上海、广东等地区开展全域无隐性债务试点，通报隐性债务问责典型案例。引导省级政府加强资源统筹，支持高风险市县缓解还本付息压力。在加强清产核资、追责问责审核等基础上，稳妥推进专项债券补充中小银行资本金。出台阶段性税收优惠政策，支持做好保交楼、保民生、保稳定等工作。

坚持创新引领，促进产业链供应链稳定。支持提高科技创新能力。2022年中央一般公共预算本级基础研究支出增长13.5%。制定国家实验室经费支持方案，支持第二批国家实验室组建。全力保障关键核心技术攻关、国防科技创新等资金需求，推动农业生物育种等重大科技项目加快实施。改革完善中央财政民口科技经费投入机制，调整优化项目类支出，强化基础类支出定员定额管理。完善支持创新的政府采购政策。激发释放企业创新活力。对企业基础研究、设备购置实施税收优惠，将科技型中小企业研发费用加计扣除比例提高至100%，并阶段性将范围扩大到所有适用行业。推动中小企业"专精特新"发展，新增支持540多家国家级专精特新"小巨人"企业。支持启动中小企业数字化转型试点，遴选出98个公共服务平台，支持2000多家试点企业进行数字化转型。支持增强产业链供应链韧性。用好产业基础再造和制造业高质量发展专项资金，推动集中攻关一批重点产业链堵点、断点问题。促进重要能源资源保供稳价，预拨可再生能源补贴，向中央发电企业注资，对保暖保供重点地区和企业予以一次性奖补，对煤炭实施税率为零的进口暂定税率。增加向三大航空公司和首都机场集团有限公司注资，阶段性实施国内客运航班运行财政补贴政策，支持一批国家综合货运枢纽补链强链，促进交通物流保通保畅。

保基本兜底线，切实保障和改善民生。推动教育高质量发展。深入推进义务教育薄弱环节改善与能力提升，持续改善基本办学条件。引导地方多渠道增加普惠性学前教育资源供给，提升保教质量。支持职业院校提高生均拨款水平，深化产教融合、校企合作等。完善中央高校预算拨款体系，提高理工农医类生均拨款水平，将高等教育经费进一步向高层次人才、急需紧缺专业人才培养倾斜。阶段性免除经济困难高校毕业生国家助学贷款利息并允许延期还本，400多万毕业生受益。落实学生资助政策，惠及全国学生约1.5亿人次。推进卫生健康体系建设。城乡居民医保人均财政补助标准提高至610元，基本公共卫生服务经费人均财政补助标准提高至84元。支持加强公立医院、基层医疗卫生机构、疾病预防控制机构等能力建设和卫生健康人才培养，推动常态化开展药品、高值医用耗材集中带量采购，完善跨省异地就医直接结算办法。启动实施公立医院改革与高质量发展示范项目。提高社会保障水平。稳步实施企业职工基本养老保险全国统筹，建立中央和地方支出责任分担机制，全年统筹调剂资金约2440亿元，地方基金当期缺口得到有效解决。退休人员基本养老金上调4%，城乡居民基础养老金最低标准提高至每人每月98元。建立个人养老金制度，对个人养老金实行税收优惠。继续提高优抚对象等人员抚恤和生活补助标准。支持保障性租赁住房建设，继续推进城镇老旧小区、棚户区和农村危房改造。支持健全现代公共文化服务体系。推进城乡公共文化服务体系一体建设，完善博物馆、纪念馆免费开放支持机制，着力提升公共文化服务水平。推进媒体深度融合发展，促进推出精品力作。加强文物古籍和文化遗产保护，高质量建设国家文化公园。支持成功举办北京冬奥会和冬残奥会，助力中国体育代表团取得历史最好成绩。强化安全生产和应急救灾保障。设立安全生产预防和应急救援能力建设补助资金，支持做好安全生产工作。加强财政应急保障能力建设，充实救灾物资储备，第一时间启动救灾资金快速核拨机制，支持地方防灾救灾、灾后重建。

推进乡村振兴，增强区域发展平衡性协调性。支持粮食增产丰收。支持新建高标准农田1亿亩，将黑土地保护性耕作面积扩大到8000万亩。应对农资价格上涨等影响，对实际种粮农民分三批发放补贴400亿元。支持适当提高稻谷、小麦最低收购价，实施大豆玉米带状复合种植补贴，增加对产粮大县奖励，保护和调动农民种粮和地方政府抓粮积极性。支持开展农机研发制造推广应用一体化试点，实施农机购置与应用补贴试点政策，推广北斗智能终端在农业生产领域应用。实现稻谷、玉米、小麦三大粮食作物完全成本保险和种植收入保险政策对13个粮食主产省份产粮大县全覆盖。实施“一喷三防”补贴支持夏粮小麦促弱转壮，通过中央预备费安排100亿元支持抗旱减灾保秋收。全年粮食产量达1.37万亿斤，连续8年保持在1.3万亿斤以上。推动巩固拓展脱贫攻坚成果同乡村振兴有效衔接。继续增加中央财政衔接推进乡村振兴补助资金规模，优先支持联农带农富农产业发展，促进脱贫人口就业和持续增收。支持做好易地搬迁后续扶持，加强农村低收入人口常态化帮扶。坚持以产业带乡村，支持新创建50个国家现代农业产业园、40个优势特色产业集群、200个农业产业强镇。支持2万多个村发展壮大村级集体经济，打造400个红色美丽村庄。推动农村综合性改革试点扩面、提速、集成，在13个地区启动新的试点试验。促进区域协调发展。落实支持京津冀协同发展、长江经济带发展、粤港澳大湾区建设、长三角一体化发展等区域重大战略相关财税政策，出台支持黄河流域生态保护和高质量发展，以及支持贵州加快提升财政治理能力奋力闯出高质量发展新路、支持山东深化新旧动能转换推动绿色低碳高质量发展、支持深圳探索创新财政政策体系与管理体制等政策方案。对革命老区、民族地区、边疆地区、欠发达地区转移支付增长 8.2%。推进海南自由贸易港建设，扩大“零关税”政策清单，增设离岛免税商店。

*推动绿色低碳转型，持续改善生态环境。*积极推进以国家公园为主体的自然保护地体系建设，出台实施推进国家公园建设若干财政政策的意见。新增支持 9 个山水林田湖草沙一体化保护和修复工程项目，将秦岭、洱海、洞庭湖、荆江、漓江、三峡库区等重点生态地区纳入支持范围。通过竞争性评审，对 11 个历史遗留废弃矿山生态修复示范工程项目、20 个国土绿化试点示范项目、16 个海洋生态保护修复项目给予支持。深入打好污染防治攻坚战，新增 25 个城市纳入北方地区冬季清洁取暖支持范围，推进以长江、黄河等流域为重点的水污染治理，加强治污成效考核，对成效明显的地方予以奖励。出台财政支持做好碳达峰碳中和工作的意见，建立健全促进资源高效利用和绿色低碳发展的财税政策体系。

*深化财税体制改革，加强财政管理监督。*出台进一步推进省以下财政体制改革工作的指导意见。将 3 岁以下婴幼儿照护费用纳入个人所得税专项附加扣除，将电子烟纳入消费税征收范围。增值税法草案提请全国人大常委会首次审议，关税法、注册会计师法、会计法、政府采购法等立法取得重要

进展。修订出台中央部门预算管理绩效考核办法和地方财政管理绩效考核办法，实施社会保险基金预算绩效管理办法，绩效信息公开力度进一步加大。印发财政总会计制度。编制完成2021年度中央政府综合财务报告，并做好向全国人大常委会备案相关工作。大幅压减非刚性非重点支出，从严从紧控制“三公”经费。深入开展地方财经秩序专项整治行动，清理整治一批违反财经纪律的突出问题。持续开展注册会计师挂名执业、网络售卖审计报告等四类违法违规问题专项整治，加大代理记账行业无证经营、虚假承诺等问题整治力度，注册会计师行业统一监管平台上线运行。出台盘活行政事业单位国有资产的指导意见，向全国人大常委会报告2021年度全口径国有资产管理情况，完成第一个五年周期国有资产管理情况报告工作。

回顾过去五年，我们经历了不平凡的奋斗历程。在党中央、国务院坚强领导下，财政部门坚持稳中求进工作总基调，完整、准确、全面贯彻新发展理念，坚持实施积极的财政政策，着力推动高质量发展，主动构建新发展格局。财政作为国家治理的基础和重要支柱，有力服务保障了党和国家事业取得举世瞩目的重大成就。一是财政实力日益壮大。全国一般公共预算收入从2017年的17.26万亿元增至2022年的20.37万亿元，年均增长3.4%。全国一般公共预算支出从2017年的20.31万亿元增至2022年的26.06万亿元，年均增长5.1%，支出结构不断优化，为党和国家事业发展提供了强大财力支撑。二是财政宏观调控不断完善。强化跨周期和逆周期调节，加强定向调控、相机调控、精准调控，特别是2020年面对疫情冲击,采取发行抗疫特别国债等创新性举措,以超常规的政策力度促进经济恢复。坚持制度性安排与阶段性措施相结合,实施大规模减税降费,我国宏观税负进一步降低。建立并常态化实施财政资金直达机制,推动惠企利民资金"一竿子插到底",直达资金下达到基层平均用时缩短至 30 天左右。加大对地方财力支持,近五年中央对地方转移支付规模累计 40.66 万亿元、年均增长 8.4%,高于中央本级支出增幅 4.8 个百分点,中央一般公共预算支出中对地方转移支付占比提高到 70%左右。三是财政保障更加精准有效。各级财政加大专项扶贫资金投入,支持如期打赢脱贫攻坚战,推动巩固拓展脱贫攻坚成果同乡村振兴有效衔接。财政性教育经费与国内生产总值之比持续保持在 4%以上,近五年累计投入 21 万亿元,生均财政保障水平大幅提高。改革完善财政科技资金投入与管理,中央本级基础研究支出增长 52.6%,持续加强对国家战略科技力量、关键核心技术攻关等的支持。通过市场化机制激励企业创新,支持各类创新的税收优惠政策年度规模已超过万亿元。建立企业职工基本养老保险基金中央调剂制度、将调剂比例逐步提高到 4.5%,在此基础上实施企业职工基本养老保险全国统筹,提高退休人员基本养老金水平和城乡居民基础养老金最低标准。划转国有资本充实社保基金,储备规模从 1.8 万亿元增加到 2.5 万亿元以上。城乡居民医保人均财政补助标准从 450 元提高到 610 元,基本公共卫生服务经费人均财政补助标准从 50 元提高到 84 元。最低生活保障标准、优抚对象等人员抚恤和生活补助标准逐年提高,2022 年底全国城市、农村低保平均标准比 2017 年底分别增长 39.2%、62.4%；烈属定期抚恤金年人均标准年均增长 10%左右。支持加大污染防治力度，完善生态保护补偿制度，近五年大气、水、土壤污染防治资金年均增长 12.4%，重点生态功能区转移支付年均增长 9.6%。建立健全国家农业投入机制，完善农业补贴制度，健全政策性农业保险制度，保障国家粮食安全，促进农村发展和农民增收。四是财税改革纵深推进。修订预算法实施条例，出台实施进一步深化预算管理制度改革的意见。出台实施基本公共服务、科技、教育等领域中央与地方财政事权和支出责任划分改革方案，扎实推进省以下财政体制改革。优化转移支付制度，设计和完善共同财政事权转移支付，不同转移支付的功能定位更加明确。深化增值税改革，逐步推进完善留抵退税制度。构建综合与分类相结合的个人所得税制。完善消费税、企业所得税制度，改革资源环境税收制度。五是财政管理水平持续提高。完善地方政府债务管理体系，建立常态化跨部门协同监管机制，在部分具备条件的地区稳妥推进全域无隐性债务试点，坚持遏增量、化存量，强监管、严追责，地方政府隐性债务风险缓释可控。加快形成“全方位、全过程、全覆盖”的预算绩效管理体系。深入推进现代财政国库建设。全面推广实施预算管理一体化。不断深化政府采购制度、政府购买服务改革。加强财会监督和财政内控建设。履行国有金融资本出资人职责。基本摸清四大类国有资产家底，全面实施国有资产报告制度。六是保持财政可持续。始终坚持艰苦奋斗、勤俭节约，尽力而为、量力而行，在制定政策、安排支出、举借债务时，统筹需要和可能，统筹当前和长远，保持必要力度又不透支未来。“三公”经费大幅压减。合理把握赤字规模，五年总体赤字率控制在3%以内，政府负债率控制在50%左右、显著低于其他世界主要经济体，为应对新的困难挑战预留政策空间。

五年来，面对世界变局加快演变、新冠疫情冲击、国内经济下行等多重考验，财政总体保持平稳运行，预算执行情况较好，积极的财政政策有力有效，推动我国经济行稳致远。这根本在于以习近平同志为核心的党中央坚强领导，在于习近平新时代中国特色社会主义思想科学指引，是全国人大加强审查监督、全国政协积极建言献策的结果，是各地区各部门和全国各族人民共同努力的结果。

在看到财政改革发展成绩的同时，预算执行和财政工作中还存在一些困难和问题。主要是：当前我国经济恢复的基础尚不牢固，一些地方特别是基层财政收支矛盾较大。有的部门和单位依托部门职权或行业资源违规收费，有的企业存在骗取留抵退税等违法行为。财政资金使用效益还有提升空间，有些支出政策不够细化完善，绩效管理需要加强。有的地方专项债券项目谋划不足，债券发行与前期准备等工作衔接有待加强，项目事前事中事后全链条监管不到位，造成资金闲置，没能及时形成实物工作量。新增隐性债务、化债不实时有发生，部分地方国有企事业单位“平台化”，一些市县偿债能力弱、债务风险较高。有的地方和部门过紧日子的要求没有落实到位，有的地方钻空子、规避审批违规兴建楼堂馆所，有的基层工作人员违规挪用、侵占民生资金，部分中介机构审计鉴证作用失效，严肃财经纪律、整饬财经秩序工作仍然任重道远。我们高度重视这些问题，将积极采取措施予以解决。

二、2023 年中央和地方预算草案

2023 年是全面贯彻落实党的二十大精神的开局之年，做好预算编制和财政工作意义重大。要按照党中央、国务院决策部署，坚持系统观念、守正创新，更好统筹疫情防控和经济社会发展，更好统筹经济质的有效提升和量的合理增长，更好统筹供给侧结构性改革和扩大内需，更好统筹经济政策和其他政策，更好统筹国内循环和国际循环，更好统筹当前和长远，坚持稳字当头、稳中求进，在保持政策连续性稳定性的基础上，加大财政对经济恢复发展的必要支持力度，增强宏观政策合力，努力实现全年经济社会发展主要预期目标。

（一）**2023 年财政收支形势分析**。

当前和今后一个时期，我国经济韧性强、潜力大、活力足，长期向好的基本面不会改变。同时，外部环境不稳定、不确定、难预料成为常态，国内需求收缩、供给冲击、预期转弱三重压力仍然较大，经济运行不确定不稳定因素增多，财政收支矛盾仍然突出。从财政收入看，2023 年国内经济有望总体回升，加上 2022 年集中实施大规模增值税留抵退税后基数偏低，为财政收入恢复性增长奠定了基础。但经济恢复基础尚不牢固，财政收入存在较大不确定性，继续出台一些必要的税费支持政策也将减少财政收入规模。从财政支出看，科技攻关、乡村振兴、生态环保等重点支出刚性增长，养老、教育、医疗卫生等基本民生短板需要继续加强保障。支持区域协调发展、增强基层“三保”能力，转移支付也需要保持必要力度。

总体来看,2023 年财政收支形势依然严峻,要用全面、辩证、长远的眼光看待问题,既把握发展大势,坚定发展信心,也保持清醒认识,树牢底线思维,我们完全有条件、有能力、有信心应对各种风险挑战。

（二）**2023 年预算编制和财政工作的总体要求。**

做好 2023 年预算编制和财政工作,**要在以习近平同志为核心的党中央坚强领导下,以习近平新时代中国特色社会主义思想为指导,全面贯彻落实党的二十大精神,按照中央经济工作会议部署,扎实推进中国式现代化,坚持稳中求进工作总基调,完整、准确、全面贯彻新发展理念,加快构建新发展格局,着力推动高质量发展,更好统筹国内国际两个大局,更好统筹疫情防控和经济社会发展,更好统筹发展和安全,积极的财政政策要加力提效,注重精准、更可持续;完善税费优惠政策,加强财政资源统筹,保持必要的支出强度;大力优化支出结构,加强国家重大战略任务财力保障,坚持党政机关过紧日子,兜牢基层“三保”底线,提高财政资源配置效率;加强财政承受能力评估,保障财政可持续和地方政府债务风险可控;健全现代预算制度,优化税制结构,完善财政转移支付体系,进一步深化财税体制改革,增强财政宏观调控效能,推动经济运行整体好转,实现质的有效提升和量的合理增长,持续改善民生,保持社会大局稳定,为全面建设社会主义现代化国家开好局起好步提供有力支持。**

积极的财政政策要加力提效,在合理增加和优化支出上再下功夫,注重与货币政策、产业政策、科技政策、社会政策等协同发力,更直接更有效地发挥积极财政政策作用。

加力主要是加强财政资金统筹，优化组合财政赤字、专项债、贴息等工具，扩大财政支出规模，保持必要的支出强度，全国一般公共预算支出安排275130亿元、增长5.6%。一是适当提高财政赤字率。赤字率按3%安排，比上年提高0.2个百分点。全国财政赤字38800亿元，比上年增加5100亿元，其中，中央财政赤字31600亿元，增加5100亿元；地方财政赤字7200亿元，与上年持平。二是适度增加地方政府专项债券规模。新增专项债务限额38000亿元，比上年增加1500亿元。适当扩大投向领域和用作项目资本金范围，支持地方正常融资需求。三是加大中央对地方转移支付力度。中央对地方转移支付安排100625亿元、增长3.6%（剔除一次性安排的支持基层落实减税降费和重点民生等专项转移支付后增长7.9%）。其中，一般性转移支付87125.71亿元，增长7.6%；专项转移支付（包含中央预算内投资）8499.29亿元，增长11.6%。此外，一次性安排支持基层落实减税降费和重点民生等专项转移支付5000亿元。

提效主要是通过深化改革、加强管理，提高财政资源配置效率、财政政策效能和资金使用效益。一是持续优化财政支出结构。围绕推动高质量发展，加大对经济社会发展薄弱环节和关键领域的投入，积极支持科技攻关、乡村振兴、区域重大战略、教育、基本民生、绿色发展等重点领域。中央本级支出优先保障中央储备支出、中央国债发行付息支出等刚性和重点支出，中央部门支出在连续多年严格控制基础上按总体持平安排。二是增强税费优惠政策的精准性针对性。全面评估分析现行减税降费退税缓税等政策措施，考虑当前经济发展中企业实际需求，强化年度间政策衔接，分类采取延续、优化、调整、加强等举措，防止出现政策断档或急转弯。阶段性措施和制度性安排相结合，体现重点导向，突出对制造业、中小微企业、个体工商户以及特困行业的支持，促进企业转型升级和提升创新能力。三是提高财政资金使用效益。强化预算绩效管理，更加注重结果导向、强调成本效益、硬化责任约束，做到花钱要问效、无效要问责。进一步完善财政资金直达机制，强化预算执行监控，切实把宝贵的财政资金用好、用在刀刃上。

同时，要保障财政更可持续。更好统筹当前和长远，尽力而为、量力而行，合理安排财政收支政策，出台涉及增加财政支出的重大政策和实施重大政府投资项目前，按规定进行财政承受能力评估，防止过高承诺、过度保障。严格落实党政机关过紧日子要求，厉行节约办一切事业。硬化预算约束，加强对财经制度执行、重大财税政策落实、财政资金使用情况的监督检查，进一步严肃财经纪律。防范化解地方政府债务风险，保障基层财政平稳运行，压实各方责任，牢牢守住不发生系统性风险底线。

（三）2023 年主要收支政策。

1. 发挥财政稳投资促消费作用，着力扩大国内需求。

促进恢复和扩大消费。把恢复和扩大消费摆在优先位置，加大社会保障、转移支付等调节，多渠道增加居民收入，促进消费潜力充分释放，顺应居民消费升级趋势，加快培育和发展文化、旅游、养老服务等消费增长点。用好服务业发展资金，促进提升流通效率，推动消费扩容升级。支持重点城市加强流通保供体系建设，提升重要生活物资供应保障能力。再支持一批国家综合货运枢纽补链强链，畅通物流网络。继续支持实施县域商业建设行动，充分挖掘县乡消费潜力。鼓励有条件的地区对绿色智能家电、绿色建材、节能产品等予以适当补贴或贷款贴息。

加强政府投资对全社会投资的引导带动。政府投资在打基础、利长远、补短板、调结构上加大力度，支持加快实施“十四五”重大工程，加强交通、能源、水利、农业、信息等基础设施建设。做好地方政府专项债券项目前期准备，提高项目储备质量，适当提高资金使用集中度，优先支持成熟度高的项目和在建项目。注重政府投资绩效，防止盲目扩大投资，鼓励和吸引更多民间资本参与。考虑到港口建设费取消后弥补中央本级水运建设资金缺口等因素，中央预算内投资安排 6800 亿元、增加 400 亿元，支持关键领域补短板。开展新一批系统化全域推进海绵城市建设示范，支持加快城市更新。

支持加力稳定外贸。深入实施《区域全面经济伙伴关系协定》等自贸协定，加强对地方、企业用好用足协定的宣传和指导。完善关税、进口环节税收和出口退税政策，优化外经贸发展专项资金支持方式，鼓励发展跨境电商、海外仓等外贸新业态，扩大先进技术、重要设备、能源资源等产品进口，深入开展外经贸提质增效示范，促进外贸稳定、产业升级，发挥出口对经济的支撑作用。对接国际高标准经贸规则，支持自由贸易试验区改革创新。强化资金支持，逐步扩大“零关税”清单，加大压力测试，加快建设海南自由贸易港。

2. 推进高水平科技自立自强，支持现代化产业体系建设。

提升科技投入效能。健全适应新型举国体制的财政资金管理机制，集中优势资源和力量，全力支持打赢关键核心技术攻坚战，发挥好政府在关键核心技术攻关中的组织作用。加大基础研究投入力度，完善国家自然科学基金资助体系，实施基础研究人才专项试点。按照成熟一项、启动一项的原则，支持实施科技创新2030—重大项目。研究优化科技支出结构，加强任务和经费统筹，避免重复安排。研究深化财政科技经费分配使用机制改革，赋予科学家更大技术路线决定权和经费使用权。支持启动首个我国牵头的国际大科学计划，研究建立符合国际大科学计划和大科学工程项目特点的经费管理机制，加强国际科技合作。

强化国家战略科技力量。推动优化国家科研机构、高水平研究型大学、科技领军企业定位和布局，支持中央级科研院所改革发展。推进国家实验室建设与运行、全国重点实验室重组，形成中国特色国家实验室体系。支持技术创新中心、产业创新中心、工程研究中心以及国家制造业创新中心等建设。发挥企业科技创新主体作用，支持企业更多牵头承担国家科技任务。中央引导地方科技发展资金安排65亿元、增加20亿元，推进建设各具特色的区域创新高地。支持高校、科研院所、企业全方位培养、引进、用好科技人才，加强对青年科技人才的支持，加快建设世界重要人才中心。支持加强国家科普能力建设。

推动产业结构优化升级。坚持把产业发展建立在科技支撑之上，推动健全产业科技创新体系。产业基础再造和制造业高质量发展专项资金安排133亿元、增加44亿元，着力支持集成电路等关键产业发展。落实税收、政府采购、首台（套）保险补偿等支持政策，促进传统产业改造升级和新一代信息技术、高端装备、新材料等战略性新兴产业发展。优化国家科技成果转化引导基金管理运行，支持知识产权运营服务体系建设，加快科技成果、专利技术等转化运用和产业化。研究支持专精特新“小巨人”企业发展，加大对战略关键领域产业链和工业基础领域中小企业的支持。继续推进中小企业数字化转型试点。推动提升国家战略物资储备保障能力，适当扩大储备规模。延续实施免征新能源汽车购置税政策，支持新能源汽车推广应用。

3. 进一步优化政策实施方式，持续增强各类企业活力。

完善税费优惠政策。按照稳定宏观税负的原则，统筹助企纾困、财政可持续和优化税制结构的需要，进一步完善减税降费退税缓税等政策。将小规模纳税人增值税征收率阶段性降至1%，继续对月销售额10万元以下的小规模纳税人免征增值税，对生产、生活性服务业纳税人分别实施5%、10%增值税加计抵减。适当延长个人所得税优惠等到期政策实施期限。聚焦科技创新、重点产业链等领域，结合实际新增出台针对性的减税降费政策。根据企业困难程度，依法对及时纳税存在困难的制造业中小微企业适当延长缓税时间。及时解决市场主体反映的突出问题，持续整治涉企违规收费，防止乱收费、乱罚款、乱摊派。

切实落实“两个毫不动摇”。加快推动营造市场化、法治化、国际化一流营商环境。优化国有资本经营预算支出结构，支持深化国资国企改革，加快国有经济布局优化和结构调整，提高国企核心竞争力。在财政补助、税费优惠、政府采购等方面对各类市场主体一视同仁、平等对待，支持民营企业、中小微企业和个体工商户发展。发挥政府性融资担保机构作用，继续实行小微企业融资担保降费奖补，促进中小企业融资增量扩面。

4. 加强乡村振兴投入保障，着力推进城乡融合和区域协调发展。

全方位夯实粮食安全根基。健全种粮农民收益保障机制和粮食主产区利益补偿机制，稳定实施耕地地力保护补贴，完善玉米和大豆生产者补贴政策，继续提高小麦最低收购价，合理确定稻谷最低收购价，加大对产粮大县奖励。农业保险保费补贴安排459亿元，扩大三大粮食作物完全成本保险和种植收入保险实施范围。坚持新增建设和改造提升并重，支持高标准农田建设，强化黑土地保护利用。深入实施种业振兴行动，支持做大做强民族种业。继续实施农机购置与应用补贴，加强国产大型高端智能农机研发制造。支持加快发展农业社会化服务，推动各地依托各类专业化市场化服务组织，把小农生产引入现代农业发展轨道。有序推进大豆玉米带状复合种植，支持实施肉牛肉羊增量提质行动和奶业振兴行动，落实好渔业发展支持政策，推动加快油茶产业发展，支持重要农产品稳产保供。

巩固拓展脱贫攻坚成果。进一步增加中央财政衔接推进乡村振兴补助资金规模，安排1750亿元、增加100亿元，重点向乡村振兴底子差的地区倾斜。围绕推动脱贫地区更多依靠发展来巩固拓展脱贫攻坚成果，突出资金支持重点，优先支持联农带农富农产业发展，用于产业发展的衔接推进乡村振兴补助资金占比力争提高到60%以上，推动帮扶产业提档升级。落实好教育、科技、文化等领域的支持政策，增强脱贫地区和脱贫群众内生发展动力。

推进宜居宜业和美乡村建设。统筹推进农业产业融合发展项目，支持地方创建国家现代农业产业园、农业产业强镇、优势特色产业集群，支持发展新型农村集体经济，“点线面”结合推进乡村产业高质量发展。聚焦重点区域和新型经营主体，推进农产品产地冷藏保鲜设施建设。突出小型水库除险加固、中小河流治理等重点任务，支持扩大水利投资和水利基础设施建设。完善农村公益事业建设财政奖补政策，深入开展农村综合改革试点试验。保障村级组织运转经费。

推进区域协调发展和新型城镇化。综合运用转移支付、税收等政策，推进京津冀协同发展、长江经济带发展、粤港澳大湾区建设、长三角一体化发展、黄河流域生态保护和高质量发展等重大战略实施。推动成渝地区双城经济圈建设。支持资源枯竭城市转型发展。加大对革命老区、民族地区、边境地区支持力度，中央财政安排相关转移支付1770亿元、增长8%。中央财政继续安排农业转移人口市民化奖励资金，促进健全常住地提供基本公共服务制度，推进以人为核心的新型城镇化。建立煤炭生产激励约束机制，加大对主要煤炭调出省份的转移支付力度。

5. 完善绿色低碳财税支持政策，协同推进降碳、减污、扩绿、增长。

支持加快发展方式绿色转型。落实财政支持碳达峰碳中和工作的意见,推动各地健全财政支持政策措施。加强绿色低碳重大科技攻关和推广应用,促进工业、交通等重点行业和领域绿色低碳发展转型。促进农业绿色发展,支持农作物秸秆综合利用、地膜科学使用回收。扩大政府绿色采购范围,加大相关产品采购力度。支持可再生能源发展,推动能源结构进一步优化,引导地方加大节能降碳工作力度,促进能源清洁高效利用。发挥清洁发展机制基金作用,引导更多资源助力绿色低碳发展。

持续深入打好蓝天、碧水、净土保卫战。中央财政大气污染防治资金安排 330 亿元,重点支持北方地区冬季清洁取暖。统筹水资源、水环境、水生态治理,中央财政水污染防治资金安排 257 亿元、增加 20 亿元,主要支持实施长江保护修复、黄河生态保护治理、重点海域综合治理攻坚行动,做好农村黑臭水体治理试点工作。深化应用土壤污染状况详查成果,继续以涉重金属历史遗留尾矿库治理为重点支持开展土壤污染源头防控。

提升生态系统多样性、稳定性、持续性。落实生态补偿制度,中央财政重点生态功能区转移支付安排 1091 亿元、增加 99 亿元,引导地方加大生态保护力度。中央财政重点生态保护修复治理资金安排 172 亿元,推动加快实施山水林田湖草沙一体化保护和修复工程、历史遗留废弃矿山生态修复示范工程。按照国家公园空间布局要求和设立标准,支持加快国家公园建设,构筑生物多样性保护网络。继续支持开展国土绿化行动和森林、草原、湿地、海洋等生态系统保护修复。研究生态产品价值实现机制。

6. **强化基本公共服务,扎实做好民生保障。**

落实落细就业优先政策。中央财政就业补助资金安排668亿元、增加50亿元,支持各地落实就业创业扶持政策。完善减负稳岗扩就业政策举措,把促进青年特别是高校毕业生就业摆在更加突出位置,帮助农民工、脱贫人口、退役军人等重点群体就业创业。强化对灵活就业人员和新就业形态劳动者的权益保障。继续支持大规模实施职业技能培训,加快培养大批技能人才,缓解结构性就业矛盾。

推动建设高质量教育体系。坚持加大投入力度和优化支出结构并举,支持办好人民满意的教育。增加义务教育经费投入,加快补齐短板弱项,推进义务教育优质均衡发展和城乡一体化。加强乡村教师队伍建设。支持学前教育发展资金安排250亿元、增加20亿元,扩大普惠性教育资源供给。改善普通高中学校办学条件补助资金安排100亿元、增加30亿元,支持改善县域普通高中基本办学条件。推进职业院校办学条件达标,支持探索建立基于专业大类的职业教育差异化生均拨款制度试点。支持加快建设中国特色、世界一流的大学和优势学科,提升高校服务国家战略需求能力。支持地方高校改革发展资金安排404亿元、增加10亿元,重点用于中西部地区高校"双一流"建设等。学生资助补助经费安排720亿元、增加32亿元,减轻困难家庭教育负担。

支持提高医疗卫生服务能力。通过一般性转移支付安排财力补助资金1700亿元、使用2022年权责发生制结转资金300亿元,支持地方做好疫情防控等工作,重点向县级财政倾斜。保障医务人员临时性工作补助、疫苗接种经费,适当延长新冠患者救治经费保障政策，对其符合新冠病毒感染诊疗方案的住院医疗费用，在基本医保、大病保险、医疗救助等按规定支付后，个人负担部分由财政给予补助，支持新冠病毒感染“乙类乙管”平稳有序实施。支持中医药传承创新发展。城乡居民基本医疗保险人均财政补助标准提高 30 元，达到每人每年 640 元，并同步提高个人缴费标准。基本公共卫生服务经费人均财政补助标准提高 5 元，达到每人每年 89 元，重点支持地方强化对老龄人口、儿童的基本公共卫生服务。加强县级公立医院能力建设，带动县域医共体和乡村医疗服务能力提升。支持做好疾病预防工作。稳妥有序深化医保支付方式改革，推动基本医疗保险省级统筹。

健全社会保障体系。深入实施企业职工基本养老保险全国统筹，适当提高退休人员基本养老金水平，落实中央与地方支出责任，确保基本养老金按时足额发放。积极推动个人养老金发展，推进多层次、多支柱养老保险体系建设，完善生育支持措施和应对人口老龄化财政政策举措。支持健全基本养老服务体系，加快健全居家社区机构相协调、医养康养相结合的养老服务体系。困难群众救助补助资金安排 1567 亿元，兜住困难群众基本生活底线。健全社保基金保值增值和安全监管体系，深化体制机制改革，做大做强战略储备基金。

完善住房保障体系。坚持房子是用来住的、不是用来炒的定位，支持完善以公租房、保障性租赁住房和共有产权住房为主体的住房保障体系，有效扩大保障性租赁住房供给，探索长租房市场建设，加快解决新市民、青年人等住房问题。落实房地产市场平稳健康发展长效机制，扎实推进保交楼、保民生、保稳定工作，支持刚性和改善性住房需求，促进房地产市场平稳发展。

推动文化事业和文化产业发展。支持健全现代公共文化服务体系，创新实施文化惠民工程，提升公共文化设施免费开放水平。落实国家文化数字化战略，引导创作更多优秀文化作品。加大对文物、古籍和非物质文化遗产等保护利用传承支持力度，推进国家文化公园建设，促进文化和旅游深度融合。加强国际传播能力建设，增强中华文明传播力影响力。支持广泛开展全民健身，加快建设体育强国。

7. **统筹发展和安全，支持国防、外交、政法等工作**。

贯彻新时代党的强军思想，服务国防和军队现代化，提升国防科技工业能力，推进军民融合深度发展，支持建设巩固国防和强大人民军队。做好退役军人服务保障，完善优抚对象等人员抚恤和生活补助标准动态调整机制。全面推进中国特色大国外交，深化对外财经交流合作，积极参与全球经济治理，支持高质量共建“一带一路”，推进高水平对外开放。支持深化司法体制综合配套改革，持续推进扫黑除恶常态化，强化社会治安整体防控，加强公共法律服务和法律援助，推动建设更高水平的平安中国。

（四）**2023年一般公共预算收入预计和支出安排**。

1. **中央一般公共预算**。

中央一般公共预算收入100165亿元，比2022年执行数增长5.6%。加上从中央预算稳定调节基金调入1500亿元，从中央政府性基金预算、中央国有资本经营预算调入5750亿元，收入总量为107415亿元。中央一般公共预算支出

139015 亿元，增长 4.7%。收支总量相抵，中央财政赤字 31600 亿元，通过发行国债弥补，比 2022 年增加 5100 亿元。

2023 年中央一般公共预算支出分中央本级支出、对地方转移支付、中央预备费反映。

(1)中央本级支出 37890 亿元，增长 6.5%。落实过紧日子要求，扣除中央储备支出、国债发行付息支出、国防武警支出后，中央部门支出增长 0.8%，重点保障教育、科技等领域支出。主要支出项目具体情况是：一般公共服务支出 1567.99 亿元，下降 0.7%；外交支出 548.36 亿元，增长 12.2%；国防支出 15537 亿元，增长 7.2%；公共安全支出 2089.72 亿元，增长 6.4%；教育支出 1554.79 亿元，增长 2%；科学技术支出 3280.34 亿元，增长 2%；粮油物资储备支出 1328.78 亿元，增长 13.6%；债务付息支出 7230 亿元，增长 10.8%。

(2)对地方转移支付 100625 亿元，增长 3.6%，剔除一次性安排的支持基层落实减税降费和重点民生等专项转移支付后增长 7.9%。

(3)中央预备费 500 亿元，与 2022 年持平。执行中根据实际用途分别计入中央本级支出和对地方转移支付。

2. 地方一般公共预算。

地方一般公共预算本级收入 117135 亿元，增长 7.6%。加上中央对地方转移支付收入 100625 亿元、地方财政调入资金及使用结转结余 11780 亿元，收入总量为 229540 亿元。地方一般公共预算支出 236740 亿元，增长 5.2%。地方财政赤字 7200 亿元，通过发行地方政府一般债券弥补，与 2022 年持平。

3. **全国一般公共预算。**

汇总中央和地方预算，全国一般公共预算收入217300亿元，增长6.7%。加上调入资金及使用结转结余19030亿元，收入总量为236330亿元。全国一般公共预算支出275130亿元（含中央预备费500亿元），增长5.6%。赤字38800亿元，比2022年增加5100亿元。

（五）**2023年政府性基金预算收入预计和支出安排。**

中央政府性基金预算收入4148.9亿元，增长0.6%。加上上年结转收入7393.09亿元，收入总量为11541.99亿元。中央政府性基金预算支出5941.99亿元，其中，本级支出5045.39亿元，对地方转移支付896.6亿元。调入中央一般公共预算5000亿元。结转下年使用600亿元。

地方政府性基金预算本级收入74021亿元，增长0.4%。加上中央政府性基金预算对地方转移支付收入896.6亿元、地方政府专项债务收入38000亿元，收入总量为112917.6亿元。地方政府性基金预算支出112917.6亿元，增长7.5%。

汇总中央和地方预算，全国政府性基金预算收入78169.9亿元，增长0.4%。加上上年结转收入7393.09亿元、地方政府专项债务收入38000亿元，收入总量为123562.99亿元。全国政府性基金预算支出117962.99亿元，增长6.7%。调入一般公共预算5000亿元。结转下年使用600亿元。

（六）**2023年国有资本经营预算收入预计和支出安排。**

中央国有资本经营预算收入2410.4亿元，增长2.9%。

加上上年结转收入88.92亿元，收入总量为2499.32亿元。中央国有资本经营预算支出1749.32亿元，增长2.3%。其中，本级支出1704.77亿元，对地方转移支付44.55亿元。调入中央一般公共预算750亿元。

地方国有资本经营预算本级收入2948亿元，下降11.9%，主要是2022年地方国有企业净利润下降。加上中央国有资本经营预算对地方转移支付收入44.55亿元、上年结转收入186.49亿元，收入总量为3179.04亿元。地方国有资本经营预算支出1764.04亿元，增长1.7%。调入地方一般公共预算1415亿元。

汇总中央和地方预算，全国国有资本经营预算收入5358.4亿元，下降5.8%。加上上年结转收入275.41亿元，收入总量为5633.81亿元。全国国有资本经营预算支出3468.81亿元，增长2.2%。调入一般公共预算2165亿元。

（七）**2023年社会保险基金预算收入预计和支出安排**。

中央社会保险基金预算收入507.82亿元，增长35%；支出511.25亿元，增长40.6%。收入和支出增幅较高，主要是部分中央单位从地方移交中央参保等。考虑全国统筹调剂资金因素后，中央社会保险基金预算本年收支缺口4.28亿元，通过上年滚存结余解决。年末滚存结余123.84亿元。

地方社会保险基金预算收入108848.81亿元，增长7.6%；支出97497.19亿元，增长7%。考虑全国统筹调剂资金因素后，本年收支结余11352.47亿元，年末滚存结余126013.81亿元。

汇总中央和地方预算，全国社会保险基金预算收入

109356.63 亿元，增长 7.7%，其中，保险费收入 79974.28 亿元，财政补贴收入 24949.82 亿元。全国社会保险基金预算支出 98008.44 亿元，增长 7.2%。本年收支结余 11348.19 亿元，年末滚存结余 126137.65 亿元。

2023 年，中央财政国债限额 298608.35 亿元；地方政府一般债务限额 165489.22 亿元、专项债务限额 256185.08 亿元。

需要说明的是，地方预算由地方各级人民政府编制，报本级人民代表大会批准，目前尚在汇总中，本报告中地方收入预计数和支出安排数均为中央财政代编数。

根据预算法规定，预算年度开始后，在全国人民代表大会批准本预算草案前，可安排下列支出：上年度结转支出；参照上年同期的预算支出数额安排必须支付的本年度部门基本支出、项目支出，以及对下级政府的转移性支出；法律规定必须履行支付义务的支出，以及用于自然灾害等突发事件处理的支出。根据上述规定，2023 年 1 月中央一般公共预算支出 17904 亿元，其中，中央本级支出 1995 亿元，对地方转移支付 15909 亿元。

三、扎实做好 2023 年财政改革发展工作

（一）严格执行预算法及其实施条例。

严格执行人大批准的预算，未安排预算的不得支出，严格预算调剂管理。加快预算下达，优化国库集中收付管理，全面提升资金支付效率。督促部门和单位加强预算收支管理，对

预算完整性、规范性、真实性以及执行结果负责。强化项目库的基础支撑作用，做实做细项目储备，确保预算一经批准即可实施，避免出现“钱等项目”。拓展预算管理一体化建设范围，加强财政运行监测预警，更好服务预算执行和政策落实。加大政府和部门预决算公开力度，优化形式、扩大范围、细化内容，大力推进财政政策公开，主动接受社会监督。开展预算执行监督专项行动，促进财政资金规范安全高效使用。

（二）严格落实过紧日子要求。

把艰苦奋斗、勤俭节约作为财政工作的指导思想和长期方针，坚持党政机关过紧日子，把牢预算管理、资产配置、政府采购等关口，当好“铁公鸡”、打好“铁算盘”，建立节约型财政保障机制。从严控制一般性支出，强化“三公”经费预算管理，不该上的项目一个不上，不该花的钱一分不花，把更多财政资源腾出来用于稳增长、稳就业、稳物价。督促地方和部门加强资金和项目管理，强化日常监督，坚决防止挪用、违规使用财政资金。

（三）强化预算绩效管理。

持续推进预算绩效管理，将绩效理念和方法深度融入预算管理全过程。将落实党中央、国务院重大决策部署作为预算绩效管理重点，加强对新出台重大政策、项目事前绩效评估，增强政策可行性和财政可持续性。严格绩效目标管理，提高绩效指标体系的系统性、精准性、实用性。完善重大政策、项目预算绩效评价机制，充分运用绩效评价结果，将评价结果作为完善政策、安排预算和改进管理的重要依据。进一步引导和规范第三方机构参与预算绩效管理工作。积极推进绩效信息公开,主动接受社会公众监督。

(四)做好基层“三保”工作。

加大中央对地方转移支付力度,用好财政资金直达机制,推动省级统筹财力,资金更大力度向基层倾斜。指导地方加强县区财政运行监测,更加全面、准确评价县区财政运行情况,做到动态监测、分类管理、精准施策,发挥财政部各地监管局作用,及时发现化解风险隐患。优化预算管理一体化系统,加强技术支撑,确保“三保”支出足额安排保障。压实地方保障责任特别是县级主体责任,对个别出现“三保”风险事件的地区,督促地方迅速响应、妥善处理、化解风险。

(五)加强地方政府债务管理。

强化跨部门协作监管,压实各方责任,从资金需求端和供给端同时加强监管,阻断新增隐性债务路径,坚决遏制隐性债务增量。督促省级政府加强风险分析研判,定期监审评估,加大对市县工作力度,立足自身努力,逐步降低债务风险水平,稳妥化解隐性债务存量。保持高压监管态势,对新增隐性债务等问题及时查处、追责问责。加强地方政府融资平台公司综合治理,逐步剥离政府融资功能,推动分类转型发展。加强专项债券投后管理,严禁“以拨代支”、“一拨了之”等行为,健全项目管理机制,按时足额还本付息,确保法定债券不出任何风险。

(六)加强财会监督。

贯彻落实《关于进一步加强财会监督工作的意见》,推动形成财政部门主责监督、有关部门依责监督、各单位内部监督、相关中介机构执业监督、行业协会自律监督的财会监督体系，完善各监督主体横向协同、中央与地方纵向联动的工作机制。开展全国财会监督专项行动，聚焦税费优惠政策、党政机关过紧日子等重点，坚决查处违法违规问题，严肃财经纪律。加快推进会计法、注册会计师法修订，加强会计信息质量和中介机构执业质量监督。推动财会监督与其他监督有机贯通、相互协调，实现信息沟通、线索移送、协同监督、成果共享。探索更多运用"互联网+监管"、大数据等现代信息技术手段，提高监督成效。

（七）进一步深化财税体制改革。

健全现代预算制度，提高预算管理的完整性，推进支出标准体系建设，完善基本公共服务保障制度和标准。进一步理顺省以下政府间财政关系，建立健全权责配置更为合理、收入划分更加规范、财力分布相对均衡、基层保障更加有力的省以下财政体制。完善财政转移支付体系，规范转移支付分类设置，健全定期评估和退出机制，全面提升管理科学性。研究优化个人所得税综合所得征税范围，完善专项附加扣除项目。推进增值税制度改革，畅通抵扣链条，优化留抵退税制度设计。稳步推进地方税体系建设。加强行政事业性国有资产全生命周期管理，提升国有资产报告编报水平和信息化水平，推动落实国有金融资本集中统一管理各项要求。

（八）主动接受人大预算审查监督。

深入落实《全国人民代表大会常务委员会关于加强中央预算审查监督的决定》，持续完善报送全国人大审查的政府和部门预算内容和范围，预算执行中按要求及时提交有关情况。贯彻落实全国人大及其常委会有关预算决议和审查意见,有针对性地改进和加强财政预算工作。对预算执行中出台重要财税政策、预算收支结构发生重要变化等情况,做好向人大有关方面报告工作。在编制预算、制定政策、推进改革过程中,主动通过座谈会、通报会、专题调研等方式听取人大代表意见建议。认真办理人大代表议案建议,加强日常沟通走访,积极回应代表关切。扎实推进审计查出问题整改,建立健全整改工作机制,强化责任落实和责任追究,坚决避免屡查屡犯。

各位代表:

新时代新征程新目标,呼唤新气象新担当新作为。我们要更加紧密地团结在以习近平同志为核心的党中央周围,以习近平新时代中国特色社会主义思想为指导,深刻领悟“两个确立”的决定性意义,增强“四个意识”、坚定“四个自信”、做到“两个维护”,敢于担当、善于作为,勠力同心、勇毅前行,以奋发有为的精神状态,扎实做好财政各项工作,为全面建设社会主义现代化国家、全面推进中华民族伟大复兴作出新的更大贡献!

第十四届全国人民代表大会财政经济委员会关于2022年中央和地方预算执行情况与2023年中央和地方预算草案的审查结果报告

（2023年3月8日第十四届全国人民代表大会第一次会议主席团第二次会议通过）

十四届全国人大一次会议主席团：

第十四届全国人民代表大会第一次会议审查了国务院提出的《关于2022年中央和地方预算执行情况与2023年中央和地方预算草案的报告》和《2022年全国预算执行情况2023年全国预算（草案）》。在第十三届全国人民代表大会财政经济委员会根据全国人民代表大会议事规则、预算法规定对预算报告和预算草案进行初步审查的基础上，第十四届全国人民代表大会财政经济委员会根据各代表团的审查意见，作了进一步审查。国务院根据审查意见对预算报告作了修改。现将审查结果报告如下。

一、2022 年预算执行情况总体是好的

根据国务院报告的 2022 年中央和地方预算执行情况:一是全国一般公共预算收入 203703 亿元,为预算的 96.9%,加上调入资金和使用结转结余,收入总量为 228244 亿元;支出 260609 亿元,完成预算的 97.6%,加上补充中央预算稳定调节基金等,支出总量为 261944 亿元;收支总量相抵,全国财政赤字 33700 亿元,与十三届全国人大五次会议批准的预算持平。其中,中央一般公共预算收入 94885 亿元,为预算的 100%,加上调入资金,收入总量为 107550 亿元;支出 132715 亿元,完成预算的 99%,加上补充中央预算稳定调节基金等,支出总量为 134050 亿元;收支总量相抵,中央财政赤字 26500 亿元,与预算持平。二是全国政府性基金预算收入 77879 亿元,为预算的 79%,加上地方政府专项债务收入、中央单位特殊上缴利润等,收入总量为 132984 亿元;支出 110583 亿元,完成预算的 79.6%,收支执行数与预算数相差较多,主要是国有土地使用权出让收入短收,支出相应减少。三是全国国有资本经营预算收入 5689 亿元,为预算的 110.9%;支出 3395 亿元,完成预算的 96.5%,调入一般公共预算 2507 亿元。四是全国社会保险基金预算收入 101523 亿元,为预算的 101.2%;支出 91453 亿元,完成预算的 99%;本年收支结余 10070 亿元,年末滚存结余 114789 亿元。2022 年末,中央财政国债余额 258693 亿元,地方政府一般债务余额 143945 亿元、专项债务余额 206706 亿元,都控制在全国人

大批准的债务限额以内。预算草案中对有关预算执行情况作了说明。

财政经济委员会认为,2022 年中央和地方预算执行情况总体是好的。面对风高浪急的国际环境和艰巨繁重的国内改革发展稳定任务,国务院和地方各级政府在以习近平同志为核心的党中央坚强领导下,认真贯彻落实党中央决策部署,落实十三届全国人大五次会议有关决议要求,统筹国内国际两个大局,统筹疫情防控和经济社会发展,统筹发展和安全,加大宏观调控力度,积极的财政政策提升效能,更加注重精准、可持续,实施大规模退税减税降费,加大财政支出力度,加强民生保障,落实政府过紧日子要求,保持了经济社会大局稳定。

同时也要看到,预算执行和财政管理中还存在一些不容忽视的问题,主要是:有的支出政策和预算安排不够细化完善,部分收支相比预算变动较大;四本预算之间衔接不够,财政资金统筹有待规范;有些财政资金使用效益有待提升,绩效结果运用需要强化;一些地方特别是基层财政收支矛盾较为突出,基层"三保"面临不少困难;有些地方政府债务资金使用存在闲置和不规范问题,有的地方存在新增隐性债务、化解债务不实情况;税制改革需要深入推进,税收立法工作需要进一步加快;有的地方和部门没有切实落实过紧日子要求,违反财经纪律行为仍时有发生。这些问题要予以高度重视,认真研究,采取有效措施加以解决。

二、2023 年预算草案总体可行

国务院提出的 2023 年中央和地方预算草案：一是全国一般公共预算收入 217300 亿元，比 2022 年预算执行数增长 6.7%，加上调入资金和使用结转结余，收入总量为 236330 亿元；支出 275130 亿元，增长 5.6%；赤字率按 3%安排，全国财政赤字 38800 亿元。其中，中央一般公共预算收入 100165 亿元，增长 5.6%，加上调入资金，收入总量为 107415 亿元；支出 139015 亿元，增长 4.7%；中央财政赤字 31600 亿元。二是全国政府性基金预算收入 78170 亿元，增长 0.4%，加上上年结转、地方政府专项债务收入，收入总量为 123563 亿元；支出 117963 亿元，增长 6.7%，调入一般公共预算 5000 亿元，结转下年使用 600 亿元。三是全国国有资本经营预算收入 5358 亿元，下降 5.8%，加上上年结转收入，收入总量为 5634 亿元；支出 3469 亿元，增长 2.2%，调入一般公共预算 2165 亿元。四是全国社会保险基金预算收入 109357 亿元，增长 7.7%；支出 98008 亿元，增长 7.2%；本年收支结余 11348 亿元，比 2022 年预算执行数增加 1278 亿元，年末滚存结余 126138 亿元。中央财政国债限额 298608.35 亿元；地方政府一般债务限额 165489.22 亿元，专项债务限额 256185.08 亿元。

财政经济委员会认为，国务院提出的 2023 年的预算报告、中央和地方预算草案，以习近平新时代中国特色社会主义思想为指导，符合党的二十大精神，符合中央经济工作会议精神，符合年度经济社会发展目标和宏观调控总体要求，主要收支政策基本协调匹配,对存在的困难和挑战作了认真分析和相应安排,符合预算法规定,总体可行。

三、建议批准预算报告和中央预算草案

财政经济委员会建议,第十四届全国人民代表大会第一次会议批准国务院提出的《关于 2022 年中央和地方预算执行情况与 2023 年中央和地方预算草案的报告》,批准 2023 年中央预算草案,同时批准 2023 年地方政府一般债务限额 165489.22 亿元、专项债务限额 256185.08 亿元。

依据法律规定,地方各级政府预算由本级人民代表大会审查和批准。各省、自治区、直辖市政府依照国务院下达的债务限额举借的债务,依法列入本级预算草案或预算调整方案,报本级人大或其常委会批准。国务院将地方预算汇总后依法报全国人大常委会备案。

四、做好 2023 年预算执行和财政工作的建议

2023 年是全面贯彻党的二十大精神的开局之年,做好财政预算工作意义重大。要在以习近平同志为核心的党中央坚强领导下,以习近平新时代中国特色社会主义思想为指导,全面贯彻落实党的二十大精神,贯彻落实中央经济工作会议精神,认真执行十四届全国人大一次会议审查批准的 2023 年中央预算及相关决议,扎实推进中国式现代化,坚持稳中求进工

作总基调，完整、准确、全面贯彻新发展理念，加快构建新发展格局，着力推动高质量发展，更好统筹国内国际两个大局，更好统筹疫情防控和经济社会发展，更好统筹发展和安全，积极的财政政策要加力提效，推动经济运行整体好转，实现质的有效提升和量的合理增长，持续改善民生，保持社会大局稳定，为全面建设社会主义现代化国家开好局起好步提供有力支持。为做好2023年预算执行和财政工作，财政经济委员会提出以下建议：

（一）全面落实积极的财政政策。细化财税政策措施并及早向社会公布，稳定市场预期，提振发展信心。完善税费优惠政策，优化企业特别是民营企业发展环境，支持中小微企业和个体工商户发展。支持加快实施"十四五"重大工程，引导扩大民间投资。指导地方做好专项债券项目准备工作，提高债券项目储备质量，提升债券资金使用效益。进一步加强全面预算绩效管理，提高绩效评价质量，强化绩效结果运用，压减或取消低效无效项目资金。推进对部门和单位的整体绩效评价，加快健全完善全方位、全过程、全覆盖的预算绩效管理体系。积极运用预算管理一体化系统跟踪分析财政资金下达和使用，督促做好预算执行工作。加强财政政策与货币政策和产业、科技、社会、区域等政策之间的协调配合，形成共同促进高质量发展的合力。加强对经济形势的分析研判，丰富应对各种情况的政策工具箱，优化相机调控、精准调控。

（二）不断增强国家重大战略任务财力保障。坚持集中财力办大事，加强对扩大内需、科教兴国、乡村振兴等国家重大战略任务的财力保障。坚持牢牢把握扩大内需这个战略基点,加快建立稳定的财税政策支持机制。加大税收、社会保障、转移支付的调节力度,多渠道促进居民增收。加大促进消费的力度,对新能源汽车、绿色节能产品的消费给予税收优惠。加大对关键核心技术攻关的支持,健全科技创新多元投入机制,鼓励企业加大自主创新力度。落实好科研经费管理制度改革,确保下放的自主权接得住、管得好。坚持加大教育投入力度和优化结构并举,重点支持提升教育质量,强化高校和科研机构基础学科研究和高等教育人才培养。加大对全面推进乡村振兴、加快建设农业强国的支持力度,扎实推进高标准农田建设,持续提高农村公共服务水平。支持推动经济社会发展绿色转型,持续深入打好蓝天、碧水、净土保卫战。

(三)切实做好重点民生保障。进一步优化财政支出结构,加大对经济社会发展薄弱环节和关键领域的投入。加强公共卫生和疾病预防控制体系建设,支持公共卫生领域人才培养,合理确定基层医疗卫生人员待遇。继续支持疫苗接种、药物研发等工作,加强疫情防控经费保障。进一步完善鼓励生育的政策措施,加大对养老托幼服务的支持力度,促进人口均衡发展。完善应急财政支持和资金保障机制,加大对防灾减灾能力建设、应急救援处置能力提升的投入。高度重视地方特别是基层财政收支矛盾问题,加大转移支付和财力下沉力度,兜实兜牢"三保"底线。

(四)着力改进预算管理。加大财政资源、国有资产资源的统筹力度,提高统筹的规范性。健全完善国有自然资源收益制度,合理确定国有资本收益上交比例。稳步提高社会保险基金统筹层次。加强中期财政规划管理,并与年度预算安排相衔接，对重大政策、重大投资项目进行财政承受能力评估。细化预算编制，进一步将转移支付年初预算落实到地区。严格控制和规范预算调剂与资金调入调出。建立健全财政支出标准体系和标准动态调整机制。积极做好编制中央政府综合财务报告并依法报全国人大常委会备案的相关工作。做好2023年向全国人大常委会提交国有资产管理情况综合报告和专项口头报告金融企业国有资产管理情况的工作。

（五）持续加强地方政府债务管理。健全地方政府依法适度举债机制，结合地方财力情况、债务风险等，合理分配分地区债务限额。强化专项债券还本付息资金收支核算管理，探索建立专项债券本金提前偿还机制。抓实化解地方政府存量隐性债务。通过市场化法治化处理机制，规范隐性债务风险处置工作。推动融资平台公司分类转型发展，坚决遏制新增政府隐性债务。加大违法违规举债行为查处力度，严格落实追责问责机制。稳步推进地方政府隐性债务和法定债务合并监管。

（六）深入推进财税体制改革。进一步明确中央和地方政府财政事权和支出责任，深化省以下财政体制改革。完善财政转移支付体系，建立健全更加科学、规范高效的转移支付制度。完善财政资金直达机制，合理确定规模，优化管理机制。畅通增值税抵扣链条。调整优化消费税征收范围和税率，推进消费税征收环节后移并稳步下划地方。优化个人所得税综合所得征收范围，完善专项附加扣除项目和标准。适应数字经济发展、绿色发展的需要，研究完善相关税制，优化税收征管机制。加快推进财税法治建设，着力提升立法质量和效率，推进预算法、税收征管法修改和增值税、消费税、关税等立法，提高非税收入规范化、法治化水平。

（七）严肃财经纪律。健全财会监督体系，完善工作机制，提升财会监督效能。各级政府财政部门要加强对财政、财务、会计行为的监督，把推动党中央重大决策部署落实作为首要任务，坚持不懈严肃财经纪律。聚焦减税降费、党政机关“过紧日子”等重点任务，严肃查处财政收入不真实不合规、违规兴建楼堂馆所等突出问题，强化通报问责和处理处罚。严厉打击财务会计违法违规行为，严肃查处财务数据造假等问题。重点围绕重大政策措施落实和转移支付及直达资金分配使用、地方政府债务管理、基层“三保”等，加强审计监督。积极探索、稳妥推进政府综合财务报告审计工作。强化审计成果运用，推进审计结果公开，更好发挥审计作用。进一步加强财会监督、审计监督与人大监督的贯通协调，形成监督合力。

以上报告，请审议。

第十四届全国人民代表大会
财 政 经 济 委 员 会
2023年3月8日

中华人民共和国主席令

第 三 号

《全国人民代表大会关于修改〈中华人民共和国立法法〉的决定》已由中华人民共和国第十四届全国人民代表大会第一次会议于 2023 年 3 月 13 日通过,现予公布,自 2023 年 3 月 15 日起施行。

中华人民共和国主席　习 近 平

2023 年 3 月 13 日

全国人民代表大会关于修改《中华人民共和国立法法》的决定

（2023年3月13日第十四届全国人民代表大会第一次会议通过）

第十四届全国人民代表大会第一次会议决定对《中华人民共和国立法法》作如下修改：

一、将第三条改为两条，作为第三条、第四条，修改为：

“第三条　立法应当坚持中国共产党的领导，坚持以马克思列宁主义、毛泽东思想、邓小平理论、‘三个代表’重要思想、科学发展观、习近平新时代中国特色社会主义思想为指导，推进中国特色社会主义法治体系建设，保障在法治轨道上全面建设社会主义现代化国家。

“第四条　立法应当坚持以经济建设为中心，坚持改革开放，贯彻新发展理念，保障以中国式现代化全面推进中华民族伟大复兴。”

二、将第四条改为第五条，修改为：“立法应当符合宪法的规定、原则和精神，依照法定的权限和程序，从国家整体利益出发，维护社会主义法制的统一、尊严、权威。”

三、将第五条改为第六条，增加一款，作为第一款：“立法应当坚持和发展全过程人民民主,尊重和保障人权,保障和促进社会公平正义。”

四、增加一条,作为第八条:“立法应当倡导和弘扬社会主义核心价值观,坚持依法治国和以德治国相结合,铸牢中华民族共同体意识,推动社会主义精神文明建设。”

五、增加一条,作为第九条:“立法应当适应改革需要,坚持在法治下推进改革和在改革中完善法治相统一,引导、推动、规范、保障相关改革,发挥法治在国家治理体系和治理能力现代化中的重要作用。”

六、将第七条改为第十条,第一款修改为:“全国人民代表大会和全国人民代表大会常务委员会根据宪法规定行使国家立法权。”

增加一款,作为第四款:“全国人民代表大会可以授权全国人民代表大会常务委员会制定相关法律。”

七、将第八条改为第十一条,第二项修改为:“(二)各级人民代表大会、人民政府、监察委员会、人民法院和人民检察院的产生、组织和职权”。

第十项修改为:“(十)诉讼制度和仲裁基本制度”。

八、将第十三条改为第十六条,修改为:“全国人民代表大会及其常务委员会可以根据改革发展的需要,决定就特定事项授权在规定期限和范围内暂时调整或者暂时停止适用法律的部分规定。

“暂时调整或者暂时停止适用法律的部分规定的事项,实践证明可行的,由全国人民代表大会及其常务委员会及时修改有关法律;修改法律的条件尚不成熟的,可以延长授权的期限,或者恢复施行有关法律规定。”

九、将第十七条改为第二十条,修改为:“常务委员会决定提请全国人民代表大会会议审议的法律案,应当在会议举行的一个月前将法律草案发给代表,并可以适时组织代表研读讨论,征求代表的意见。”

十、将第二十条改为第二十三条,修改为:“列入全国人民代表大会会议议程的法律案,由宪法和法律委员会根据各代表团和有关的专门委员会的审议意见,对法律案进行统一审议,向主席团提出审议结果报告和法律草案修改稿,对涉及的合宪性问题以及重要的不同意见应当在审议结果报告中予以说明,经主席团会议审议通过后,印发会议。”

十一、将第三十条改为第三十三条,修改为:“列入常务委员会会议议程的法律案,各方面的意见比较一致的,可以经两次常务委员会会议审议后交付表决;调整事项较为单一或者部分修改的法律案,各方面的意见比较一致,或者遇有紧急情形的,也可以经一次常务委员会会议审议即交付表决。”

十二、将第三十三条改为第三十六条,修改为:“列入常务委员会会议议程的法律案,由宪法和法律委员会根据常务委员会组成人员、有关的专门委员会的审议意见和各方面提出的意见,对法律案进行统一审议,提出修改情况的汇报或者审议结果报告和法律草案修改稿,对涉及的合宪性问题以及重要的不同意见应当在修改情况的汇报或者审议结果报告中予以说明。对有关的专门委员会的审议意见没有采纳的,应当向有关的专门委员会反馈。

“宪法和法律委员会审议法律案时,应当邀请有关的专门委员会的成员列席会议，发表意见。”

十三、将第四十二条改为第四十五条，修改为：“列入常务委员会会议审议的法律案，因各方面对制定该法律的必要性、可行性等重大问题存在较大意见分歧搁置审议满两年的，或者因暂不付表决经过两年没有再次列入常务委员会会议议程审议的，委员长会议可以决定终止审议，并向常务委员会报告；必要时，委员长会议也可以决定延期审议。”

十四、将第四十六条改为第四十九条，修改为：“国务院、中央军事委员会、国家监察委员会、最高人民法院、最高人民检察院、全国人民代表大会各专门委员会，可以向全国人民代表大会常务委员会提出法律解释要求或者提出相关法律案。

“省、自治区、直辖市的人民代表大会常务委员会可以向全国人民代表大会常务委员会提出法律解释要求。”

十五、增加一条，作为第五十五条：“全国人民代表大会及其常务委员会坚持科学立法、民主立法、依法立法，通过制定、修改、废止、解释法律和编纂法典等多种形式，增强立法的系统性、整体性、协同性、时效性。”

十六、将第五十二条改为第五十六条，修改为：“全国人民代表大会常务委员会通过立法规划和年度立法计划、专项立法计划等形式，加强对立法工作的统筹安排。编制立法规划和立法计划，应当认真研究代表议案和建议，广泛征集意见，科学论证评估，根据经济社会发展和民主法治建设的需要，按照加强重点领域、新兴领域、涉外领域立法的要求，确定立法项目。立法规划和立法计划由委员长会议通过并向社会公布。

“全国人民代表大会常务委员会工作机构负责编制立法规划、拟订立法计划，并按照全国人民代表大会常务委员会的要求，督促立法规划和立法计划的落实。”

十七、将第五十四条改为第五十八条，修改为：“提出法律案，应当同时提出法律草案文本及其说明，并提供必要的参阅资料。修改法律的，还应当提交修改前后的对照文本。法律草案的说明应当包括制定或者修改法律的必要性、可行性和主要内容，涉及合宪性问题的相关意见以及起草过程中对重大分歧意见的协调处理情况。”

十八、将第五十八条改为第六十二条，第二款修改为：“法律签署公布后，法律文本以及法律草案的说明、审议结果报告等，应当及时在全国人民代表大会常务委员会公报和中国人大网以及在全国范围内发行的报纸上刊载。”

十九、将第六十一条改为第六十五条，增加一款，作为第四款：“全国人民代表大会常务委员会工作机构编制立法技术规范。”

二十、增加一条，作为第六十八条：“全国人民代表大会及其常务委员会作出有关法律问题的决定，适用本法的有关规定。”

二十一、增加一条，作为第七十条：“全国人民代表大会常务委员会工作机构根据实际需要设立基层立法联系点，深入听取基层群众和有关方面对法律草案和立法工作的意见。”

二十二、增加一条，作为第七十一条：“全国人民代表大会常务委员会工作机构加强立法宣传工作，通过多种形式发布立法信息、介绍情况、回应关切。”

二十三、增加一条，作为第七十九条：“国务院可以根据改革发展的需要，决定就行政管理等领域的特定事项，在规定期限和范围内暂时调整或者暂时停止适用行政法规的部分规定。”

二十四、将第七十二条改为两条，第一款作为第八十条；第二款作为第八十一条第一款，修改为：“设区的市的人民代表大会及其常务委员会根据本市的具体情况和实际需要，在不同宪法、法律、行政法规和本省、自治区的地方性法规相抵触的前提下，可以对城乡建设与管理、生态文明建设、历史文化保护、基层治理等方面的事项制定地方性法规，法律对设区的市制定地方性法规的事项另有规定的，从其规定。设区的市的地方性法规须报省、自治区的人民代表大会常务委员会批准后施行。省、自治区的人民代表大会常务委员会对报请批准的地方性法规，应当对其合法性进行审查，认为同宪法、法律、行政法规和本省、自治区的地方性法规不抵触的，应当在四个月内予以批准”；第三、四、五、六款分别作为第八十一条第二、三、四、五款。

二十五、增加一条，作为第八十三条：“省、自治区、直辖市和设区的市、自治州的人民代表大会及其常务委员会根据区域协调发展的需要，可以协同制定地方性法规，在本行政区域或者有关区域内实施。

“省、自治区、直辖市和设区的市、自治州可以建立区域协同立法工作机制。”

二十六、将第七十四条改为第八十四条，增加两款，作为第二款、第三款："上海市人民代表大会及其常务委员会根据全国人民代表大会常务委员会的授权决定，制定浦东新区法规，在浦东新区实施。

"海南省人民代表大会及其常务委员会根据法律规定，制定海南自由贸易港法规，在海南自由贸易港范围内实施。"

二十七、将第七十九条改为第八十九条，第一款修改为："地方性法规、自治条例和单行条例公布后，其文本以及草案的说明、审议结果报告等，应当及时在本级人民代表大会常务委员会公报和中国人大网、本地方人民代表大会网站以及在本行政区域范围内发行的报纸上刊载。"

二十八、增加一条，作为第九十条："省、自治区、直辖市和设区的市、自治州的人民代表大会常务委员会根据实际需要设立基层立法联系点，深入听取基层群众和有关方面对地方性法规、自治条例和单行条例草案的意见。"

二十九、将第八十条改为第九十一条，第一款修改为："国务院各部、委员会、中国人民银行、审计署和具有行政管理职能的直属机构以及法律规定的机构，可以根据法律和国务院的行政法规、决定、命令，在本部门的权限范围内，制定规章。"

三十、将第八十二条改为第九十三条，第三款修改为："设区的市、自治州的人民政府根据本条第一款、第二款制定地方政府规章，限于城乡建设与管理、生态文明建设、历史文化保护、基层治理等方面的事项。已经制定的地方政府规章，涉及上述事项范围以外的，继续有效。"

三十一、将第九十八条改为第一百零九条，第五项修改为:“(五)根据授权制定的法规应当报授权决定规定的机关备案;经济特区法规、浦东新区法规、海南自由贸易港法规报送备案时,应当说明变通的情况”。

三十二、将第九十九条第一款、第二款改为第一百一十条,修改为:“国务院、中央军事委员会、国家监察委员会、最高人民法院、最高人民检察院和各省、自治区、直辖市的人民代表大会常务委员会认为行政法规、地方性法规、自治条例和单行条例同宪法或者法律相抵触,或者存在合宪性、合法性问题的,可以向全国人民代表大会常务委员会书面提出进行审查的要求,由全国人民代表大会有关的专门委员会和常务委员会工作机构进行审查、提出意见。

“前款规定以外的其他国家机关和社会团体、企业事业组织以及公民认为行政法规、地方性法规、自治条例和单行条例同宪法或者法律相抵触的,可以向全国人民代表大会常务委员会书面提出进行审查的建议,由常务委员会工作机构进行审查;必要时,送有关的专门委员会进行审查、提出意见。”

三十三、增加一条,作为第一百一十一条,将第九十九条第三款修改后作为本条第一款:“全国人民代表大会专门委员会、常务委员会工作机构可以对报送备案的行政法规、地方性法规、自治条例和单行条例等进行主动审查,并可以根据需要进行专项审查。”

增加一款,作为第一百一十一条第二款:“国务院备案审查工作机构可以对报送备案的地方性法规、自治条例和单行条例,部门规章和省、自治区、直辖市的人民政府制定的规章进行主动审查,并可以根据需要进行专项审查。”

三十四、将第一百条改为第一百一十二条，修改为：“全国人民代表大会专门委员会、常务委员会工作机构在审查中认为行政法规、地方性法规、自治条例和单行条例同宪法或者法律相抵触，或者存在合宪性、合法性问题的，可以向制定机关提出书面审查意见；也可以由宪法和法律委员会与有关的专门委员会、常务委员会工作机构召开联合审查会议，要求制定机关到会说明情况，再向制定机关提出书面审查意见。制定机关应当在两个月内研究提出是否修改或者废止的意见，并向全国人民代表大会宪法和法律委员会、有关的专门委员会或者常务委员会工作机构反馈。

“全国人民代表大会宪法和法律委员会、有关的专门委员会、常务委员会工作机构根据前款规定，向制定机关提出审查意见，制定机关按照所提意见对行政法规、地方性法规、自治条例和单行条例进行修改或者废止的，审查终止。

“全国人民代表大会宪法和法律委员会、有关的专门委员会、常务委员会工作机构经审查认为行政法规、地方性法规、自治条例和单行条例同宪法或者法律相抵触，或者存在合宪性、合法性问题需要修改或者废止，而制定机关不予修改或者废止的，应当向委员长会议提出予以撤销的议案、建议，由委员长会议决定提请常务委员会会议审议决定。”

三十五、将第一百零一条改为第一百一十三条，修改为：“全国人民代表大会有关的专门委员会、常务委员会工作机构应当按照规定要求，将审查情况向提出审查建议的国家机关、社会团体、企业事业组织以及公民反馈，并可以向社会公开。”

三十六、增加一条，作为第一百一十五条："备案审查机关应当建立健全备案审查衔接联动机制，对应当由其他机关处理的审查要求或者审查建议，及时移送有关机关处理。"

三十七、增加一条，作为第一百一十六条："对法律、行政法规、地方性法规、自治条例和单行条例、规章和其他规范性文件，制定机关根据维护法制统一的原则和改革发展的需要进行清理。"

三十八、将第一百零三条改为第一百一十七条，第二款修改为："中国人民解放军各战区、军兵种和中国人民武装警察部队，可以根据法律和中央军事委员会的军事法规、决定、命令，在其权限范围内，制定军事规章。"

三十九、增加一条，作为第一百一十八条："国家监察委员会根据宪法和法律、全国人民代表大会常务委员会的有关决定，制定监察法规，报全国人民代表大会常务委员会备案。"

四十、对部分条文中的有关表述作以下修改：

（一）在第十四条第二款、第二十六条第二款中的"中央军事委员会"后增加"国家监察委员会"。

（二）将第二十四条、第二十九条第三款和第四款、第三十六条第一款、第三十九条、第四十一条第一款、第四十八条中的"法律委员会"修改为"宪法和法律委员会"；将第三十八条、第四十一条第三款、第六十条第二款中的"法律委员会和"修改为"宪法和法律委员会、"。

（三）将第六十六条第一款中的"立法规划和年度立法计划"修改为"立法规划和立法计划"。

海南省儋州市比照适用《中华人民共和国立法法》有关赋予设区的市地方立法权的规定。

本决定自2023年3月15日起施行。

《中华人民共和国立法法》根据本决定作相应修改并对条文顺序作相应调整,重新公布。

中华人民共和国立法法

（2000 年 3 月 15 日第九届全国人民代表大会第三次会议通过　根据 2015 年 3 月 15 日第十二届全国人民代表大会第三次会议《关于修改〈中华人民共和国立法法〉的决定》第一次修正　根据 2023 年 3 月 13 日第十四届全国人民代表大会第一次会议《关于修改〈中华人民共和国立法法〉的决定》第二次修正）

目　　录

第一章　总　　则

第一条　为了规范立法活动，健全国家立法制度，提高立法质量，完善中国特色社会主义法律体系，发挥立法的引领和推动作用，保障和发展社会主义民主，全面推进依法治国，建设社会主义法治国家，根据宪法，制定本法。

第二条　法律、行政法规、地方性法规、自治条例和单行条例的制定、修改和废止，适用本法。

国务院部门规章和地方政府规章的制定、修改和废止，依照本法的有关规定执行。

第三条　立法应当坚持中国共产党的领导，坚持以马克思列宁主义、毛泽东思想、邓小平理论、“三个代表”重要思想、科学发展观、习近平新时代中国特色社会主义思想为指导，推进中国特色社会主义法治体系建设，保障在法治轨道上全面建设社会主义现代化国家。

第四条　立法应当坚持以经济建设为中心，坚持改革开放，贯彻新发展理念，保障以中国式现代化全面推进中华民族伟大复兴。

第五条　立法应当符合宪法的规定、原则和精神，依照法定的权限和程序，从国家整体利益出发，维护社会主义法制的统一、尊严、权威。

第六条 立法应当坚持和发展全过程人民民主，尊重和保障人权，保障和促进社会公平正义。

立法应当体现人民的意志，发扬社会主义民主，坚持立法公开，保障人民通过多种途径参与立法活动。

第七条 立法应当从实际出发，适应经济社会发展和全面深化改革的要求，科学合理地规定公民、法人和其他组织的权利与义务、国家机关的权力与责任。

法律规范应当明确、具体，具有针对性和可执行性。

第八条 立法应当倡导和弘扬社会主义核心价值观，坚持依法治国和以德治国相结合，铸牢中华民族共同体意识，推动社会主义精神文明建设。

第九条 立法应当适应改革需要，坚持在法治下推进改革和在改革中完善法治相统一，引导、推动、规范、保障相关改革，发挥法治在国家治理体系和治理能力现代化中的重要作用。

第二章 法　　律

第一节 立法权限

第十条 全国人民代表大会和全国人民代表大会常务委员会根据宪法规定行使国家立法权。

全国人民代表大会制定和修改刑事、民事、国家机构的和其他的基本法律。

全国人民代表大会常务委员会制定和修改除应当由全国人民代表大会制定的法律以外的其他法律；在全国人民代表大会闭会期间，对全国人民代表大会制定的法律进行部分补充和修改，但是不得同该法律的基本原则相抵触。

全国人民代表大会可以授权全国人民代表大会常务委员会制定相关法律。

第十一条　下列事项只能制定法律：

（一）国家主权的事项；

（二）各级人民代表大会、人民政府、监察委员会、人民法院和人民检察院的产生、组织和职权；

（三）民族区域自治制度、特别行政区制度、基层群众自治制度；

（四）犯罪和刑罚；

（五）对公民政治权利的剥夺、限制人身自由的强制措施和处罚；

（六）税种的设立、税率的确定和税收征收管理等税收基本制度；

（七）对非国有财产的征收、征用；

（八）民事基本制度；

（九）基本经济制度以及财政、海关、金融和外贸的基本制度；

（十）诉讼制度和仲裁基本制度；

（十一）必须由全国人民代表大会及其常务委员会制定法律的其他事项。

第十二条　本法第十一条规定的事项尚未制定法律的，

全国人民代表大会及其常务委员会有权作出决定，授权国务院可以根据实际需要，对其中的部分事项先制定行政法规，但是有关犯罪和刑罚、对公民政治权利的剥夺和限制人身自由的强制措施和处罚、司法制度等事项除外。

第十三条 授权决定应当明确授权的目的、事项、范围、期限以及被授权机关实施授权决定应当遵循的原则等。

授权的期限不得超过五年，但是授权决定另有规定的除外。

被授权机关应当在授权期限届满的六个月以前，向授权机关报告授权决定实施的情况，并提出是否需要制定有关法律的意见；需要继续授权的，可以提出相关意见，由全国人民代表大会及其常务委员会决定。

第十四条 授权立法事项，经过实践检验，制定法律的条件成熟时，由全国人民代表大会及其常务委员会及时制定法律。法律制定后，相应立法事项的授权终止。

第十五条 被授权机关应当严格按照授权决定行使被授予的权力。

被授权机关不得将被授予的权力转授给其他机关。

第十六条 全国人民代表大会及其常务委员会可以根据改革发展的需要，决定就特定事项授权在规定期限和范围内暂时调整或者暂时停止适用法律的部分规定。

暂时调整或者暂时停止适用法律的部分规定的事项，实践证明可行的，由全国人民代表大会及其常务委员会及时修改有关法律；修改法律的条件尚不成熟的，可以延长授权的期限，或者恢复施行有关法律规定。

第二节　全国人民代表大会立法程序

第十七条　全国人民代表大会主席团可以向全国人民代表大会提出法律案,由全国人民代表大会会议审议。

全国人民代表大会常务委员会、国务院、中央军事委员会、国家监察委员会、最高人民法院、最高人民检察院、全国人民代表大会各专门委员会,可以向全国人民代表大会提出法律案,由主席团决定列入会议议程。

第十八条　一个代表团或者三十名以上的代表联名,可以向全国人民代表大会提出法律案,由主席团决定是否列入会议议程,或者先交有关的专门委员会审议、提出是否列入会议议程的意见,再决定是否列入会议议程。

专门委员会审议的时候,可以邀请提案人列席会议,发表意见。

第十九条　向全国人民代表大会提出的法律案,在全国人民代表大会闭会期间,可以先向常务委员会提出,经常务委员会会议依照本法第二章第三节规定的有关程序审议后,决定提请全国人民代表大会审议,由常务委员会向大会全体会议作说明,或者由提案人向大会全体会议作说明。

常务委员会依照前款规定审议法律案,应当通过多种形式征求全国人民代表大会代表的意见,并将有关情况予以反馈;专门委员会和常务委员会工作机构进行立法调研,可以邀请有关的全国人民代表大会代表参加。

第二十条　常务委员会决定提请全国人民代表大会会议审议的法律案,应当在会议举行的一个月前将法律草案发给代表,并可以适时组织代表研读讨论,征求代表的意见。

第二十一条 列入全国人民代表大会会议议程的法律案,大会全体会议听取提案人的说明后,由各代表团进行审议。

各代表团审议法律案时,提案人应当派人听取意见,回答询问。

各代表团审议法律案时,根据代表团的要求,有关机关、组织应当派人介绍情况。

第二十二条 列入全国人民代表大会会议议程的法律案,由有关的专门委员会进行审议,向主席团提出审议意见,并印发会议。

第二十三条 列入全国人民代表大会会议议程的法律案,由宪法和法律委员会根据各代表团和有关的专门委员会的审议意见,对法律案进行统一审议,向主席团提出审议结果报告和法律草案修改稿,对涉及的合宪性问题以及重要的不同意见应当在审议结果报告中予以说明,经主席团会议审议通过后,印发会议。

第二十四条 列入全国人民代表大会会议议程的法律案,必要时,主席团常务主席可以召开各代表团团长会议,就法律案中的重大问题听取各代表团的审议意见,进行讨论,并将讨论的情况和意见向主席团报告。

主席团常务主席也可以就法律案中的重大的专门性问题,召集代表团推选的有关代表进行讨论,并将讨论的情况和意见向主席团报告。

第二十五条 列入全国人民代表大会会议议程的法律

案，在交付表决前，提案人要求撤回的，应当说明理由，经主席团同意，并向大会报告，对该法律案的审议即行终止。

第二十六条　法律案在审议中有重大问题需要进一步研究的，经主席团提出，由大会全体会议决定，可以授权常务委员会根据代表的意见进一步审议，作出决定，并将决定情况向全国人民代表大会下次会议报告；也可以授权常务委员会根据代表的意见进一步审议，提出修改方案，提请全国人民代表大会下次会议审议决定。

第二十七条　法律草案修改稿经各代表团审议，由宪法和法律委员会根据各代表团的审议意见进行修改，提出法律草案表决稿，由主席团提请大会全体会议表决，由全体代表的过半数通过。

第二十八条　全国人民代表大会通过的法律由国家主席签署主席令予以公布。

第三节　全国人民代表大会常务委员会立法程序

第二十九条　委员长会议可以向常务委员会提出法律案，由常务委员会会议审议。

国务院、中央军事委员会、国家监察委员会、最高人民法院、最高人民检察院、全国人民代表大会各专门委员会，可以向常务委员会提出法律案，由委员长会议决定列入常务委员会会议议程，或者先交有关的专门委员会审议、提出报告，再决定列入常务委员会会议议程。如果委员长会议认为法律案有重大问题需要进一步研究，可以建议提案人修改完善后再向常务委员会提出。

第三十条 常务委员会组成人员十人以上联名，可以向常务委员会提出法律案，由委员长会议决定是否列入常务委员会会议议程，或者先交有关的专门委员会审议、提出是否列入会议议程的意见，再决定是否列入常务委员会会议议程。不列入常务委员会会议议程的，应当向常务委员会会议报告或者向提案人说明。

专门委员会审议的时候，可以邀请提案人列席会议，发表意见。

第三十一条 列入常务委员会会议议程的法律案，除特殊情况外，应当在会议举行的七日前将法律草案发给常务委员会组成人员。

常务委员会会议审议法律案时，应当邀请有关的全国人民代表大会代表列席会议。

第三十二条 列入常务委员会会议议程的法律案，一般应当经三次常务委员会会议审议后再交付表决。

常务委员会会议第一次审议法律案，在全体会议上听取提案人的说明，由分组会议进行初步审议。

常务委员会会议第二次审议法律案，在全体会议上听取宪法和法律委员会关于法律草案修改情况和主要问题的汇报，由分组会议进一步审议。

常务委员会会议第三次审议法律案，在全体会议上听取宪法和法律委员会关于法律草案审议结果的报告，由分组会议对法律草案修改稿进行审议。

常务委员会审议法律案时，根据需要，可以召开联组会议或者全体会议，对法律草案中的主要问题进行讨论。

第三十三条 列入常务委员会会议议程的法律案，各方面的意见比较一致的，可以经两次常务委员会会议审议后交付表决；调整事项较为单一或者部分修改的法律案，各方面的意见比较一致，或者遇有紧急情形的，也可以经一次常务委员会会议审议即交付表决。

第三十四条 常务委员会分组会议审议法律案时，提案人应当派人听取意见，回答询问。

常务委员会分组会议审议法律案时，根据小组的要求，有关机关、组织应当派人介绍情况。

第三十五条 列入常务委员会会议议程的法律案，由有关的专门委员会进行审议，提出审议意见，印发常务委员会会议。

有关的专门委员会审议法律案时，可以邀请其他专门委员会的成员列席会议，发表意见。

第三十六条 列入常务委员会会议议程的法律案，由宪法和法律委员会根据常务委员会组成人员、有关的专门委员会的审议意见和各方面提出的意见，对法律案进行统一审议，提出修改情况的汇报或者审议结果报告和法律草案修改稿，对涉及的合宪性问题以及重要的不同意见应当在修改情况的汇报或者审议结果报告中予以说明。对有关的专门委员会的审议意见没有采纳的，应当向有关的专门委员会反馈。

宪法和法律委员会审议法律案时，应当邀请有关的专门委员会的成员列席会议，发表意见。

第三十七条 专门委员会审议法律案时，应当召开全体会议审议,根据需要,可以要求有关机关、组织派有关负责人说明情况。

第三十八条 专门委员会之间对法律草案的重要问题意见不一致时,应当向委员长会议报告。

第三十九条 列入常务委员会会议议程的法律案,宪法和法律委员会、有关的专门委员会和常务委员会工作机构应当听取各方面的意见。听取意见可以采取座谈会、论证会、听证会等多种形式。

法律案有关问题专业性较强,需要进行可行性评价的,应当召开论证会,听取有关专家、部门和全国人民代表大会代表等方面的意见。论证情况应当向常务委员会报告。

法律案有关问题存在重大意见分歧或者涉及利益关系重大调整,需要进行听证的,应当召开听证会,听取有关基层和群体代表、部门、人民团体、专家、全国人民代表大会代表和社会有关方面的意见。听证情况应当向常务委员会报告。

常务委员会工作机构应当将法律草案发送相关领域的全国人民代表大会代表、地方人民代表大会常务委员会以及有关部门、组织和专家征求意见。

第四十条 列入常务委员会会议议程的法律案,应当在常务委员会会议后将法律草案及其起草、修改的说明等向社会公布,征求意见,但是经委员长会议决定不公布的除外。向社会公布征求意见的时间一般不少于三十日。征求意见的情况应当向社会通报。

第四十一条 列入常务委员会会议议程的法律案,常务委员会工作机构应当收集整理分组审议的意见和各方面提出的意见以及其他有关资料，分送宪法和法律委员会、有关的专门委员会，并根据需要，印发常务委员会会议。

第四十二条 拟提请常务委员会会议审议通过的法律案，在宪法和法律委员会提出审议结果报告前，常务委员会工作机构可以对法律草案中主要制度规范的可行性、法律出台时机、法律实施的社会效果和可能出现的问题等进行评估。评估情况由宪法和法律委员会在审议结果报告中予以说明。

第四十三条 列入常务委员会会议议程的法律案，在交付表决前，提案人要求撤回的，应当说明理由，经委员长会议同意，并向常务委员会报告，对该法律案的审议即行终止。

第四十四条 法律草案修改稿经常务委员会会议审议，由宪法和法律委员会根据常务委员会组成人员的审议意见进行修改，提出法律草案表决稿，由委员长会议提请常务委员会全体会议表决，由常务委员会全体组成人员的过半数通过。

法律草案表决稿交付常务委员会会议表决前，委员长会议根据常务委员会会议审议的情况，可以决定将个别意见分歧较大的重要条款提请常务委员会会议单独表决。

单独表决的条款经常务委员会会议表决后，委员长会议根据单独表决的情况，可以决定将法律草案表决稿交付表决，也可以决定暂不付表决，交宪法和法律委员会、有关的专门委员会进一步审议。

第四十五条 列入常务委员会会议审议的法律案，因各方面对制定该法律的必要性、可行性等重大问题存在较大意见分歧搁置审议满两年的，或者因暂不付表决经过两年没有再次列入常务委员会会议议程审议的，委员长会议可以决定终止审议，并向常务委员会报告；必要时，委员长会议也可以决定延期审议。

第四十六条 对多部法律中涉及同类事项的个别条款进行修改，一并提出法律案的，经委员长会议决定，可以合并表决，也可以分别表决。

第四十七条 常务委员会通过的法律由国家主席签署主席令予以公布。

第四节 法律解释

第四十八条 法律解释权属于全国人民代表大会常务委员会。

法律有以下情况之一的，由全国人民代表大会常务委员会解释：

（一）法律的规定需要进一步明确具体含义的；

（二）法律制定后出现新的情况，需要明确适用法律依据的。

第四十九条 国务院、中央军事委员会、国家监察委员会、最高人民法院、最高人民检察院、全国人民代表大会各专门委员会，可以向全国人民代表大会常务委员会提出法律解释要求或者提出相关法律案。

省、自治区、直辖市的人民代表大会常务委员会可以向全国人民代表大会常务委员会提出法律解释要求。

第五十条 常务委员会工作机构研究拟订法律解释草案，由委员长会议决定列入常务委员会会议议程。

第五十一条 法律解释草案经常务委员会会议审议，由宪法和法律委员会根据常务委员会组成人员的审议意见进行审议、修改,提出法律解释草案表决稿。

第五十二条 法律解释草案表决稿由常务委员会全体组成人员的过半数通过,由常务委员会发布公告予以公布。

第五十三条 全国人民代表大会常务委员会的法律解释同法律具有同等效力。

第五节 其他规定

第五十四条 全国人民代表大会及其常务委员会加强对立法工作的组织协调,发挥在立法工作中的主导作用。

第五十五条 全国人民代表大会及其常务委员会坚持科学立法、民主立法、依法立法,通过制定、修改、废止、解释法律和编纂法典等多种形式,增强立法的系统性、整体性、协同性、时效性。

第五十六条 全国人民代表大会常务委员会通过立法规划和年度立法计划、专项立法计划等形式,加强对立法工作的统筹安排。编制立法规划和立法计划,应当认真研究代表议案和建议,广泛征集意见,科学论证评估,根据经济社会发展和民主法治建设的需要,按照加强重点领域、新兴领域、涉外领域立法的要求,确定立法项目。立法规划和立法计划由委员长会议通过并向社会公布。

全国人民代表大会常务委员会工作机构负责编制立法规划、拟订立法计划,并按照全国人民代表大会常务委员会的要求,督促立法规划和立法计划的落实。

第五十七条 全国人民代表大会有关的专门委员会、常务委员会工作机构应当提前参与有关方面的法律草案起草工作；综合性、全局性、基础性的重要法律草案，可以由有关的专门委员会或者常务委员会工作机构组织起草。

专业性较强的法律草案，可以吸收相关领域的专家参与起草工作，或者委托有关专家、教学科研单位、社会组织起草。

第五十八条 提出法律案，应当同时提出法律草案文本及其说明，并提供必要的参阅资料。修改法律的，还应当提交修改前后的对照文本。法律草案的说明应当包括制定或者修改法律的必要性、可行性和主要内容，涉及合宪性问题的相关意见以及起草过程中对重大分歧意见的协调处理情况。

第五十九条 向全国人民代表大会及其常务委员会提出的法律案，在列入会议议程前，提案人有权撤回。

第六十条 交付全国人民代表大会及其常务委员会全体会议表决未获得通过的法律案，如果提案人认为必须制定该法律，可以按照法律规定的程序重新提出，由主席团、委员长会议决定是否列入会议议程；其中，未获得全国人民代表大会通过的法律案，应当提请全国人民代表大会审议决定。

第六十一条 法律应当明确规定施行日期。

第六十二条 签署公布法律的主席令载明该法律的制定机关、通过和施行日期。

法律签署公布后，法律文本以及法律草案的说明、审议结果报告等，应当及时在全国人民代表大会常务委员会公报和中国人大网以及在全国范围内发行的报纸上刊载。

在常务委员会公报上刊登的法律文本为标准文本。

第六十三条 法律的修改和废止程序，适用本章的有关规定。

法律被修改的，应当公布新的法律文本。

法律被废止的，除由其他法律规定废止该法律的以外，由国家主席签署主席令予以公布。

第六十四条 法律草案与其他法律相关规定不一致的，提案人应当予以说明并提出处理意见，必要时应当同时提出修改或者废止其他法律相关规定的议案。

宪法和法律委员会、有关的专门委员会审议法律案时，认为需要修改或者废止其他法律相关规定的，应当提出处理意见。

第六十五条 法律根据内容需要，可以分编、章、节、条、款、项、目。

编、章、节、条的序号用中文数字依次表述，款不编序号，项的序号用中文数字加括号依次表述，目的序号用阿拉伯数字依次表述。

法律标题的题注应当载明制定机关、通过日期。经过修改的法律，应当依次载明修改机关、修改日期。

全国人民代表大会常务委员会工作机构编制立法技术规范。

第六十六条 法律规定明确要求有关国家机关对专门事项作出配套的具体规定的，有关国家机关应当自法律施行之日起一年内作出规定，法律对配套的具体规定制定期限另有规定的，从其规定。有关国家机关未能在期限内作出配套的具体规定的，应当向全国人民代表大会常务委员会说明情况。

第六十七条 全国人民代表大会有关的专门委员会、常务委员会工作机构可以组织对有关法律或者法律中有关规定进行立法后评估。评估情况应当向常务委员会报告。

第六十八条 全国人民代表大会及其常务委员会作出有关法律问题的决定,适用本法的有关规定。

第六十九条 全国人民代表大会常务委员会工作机构可以对有关具体问题的法律询问进行研究予以答复,并报常务委员会备案。

第七十条 全国人民代表大会常务委员会工作机构根据实际需要设立基层立法联系点,深入听取基层群众和有关方面对法律草案和立法工作的意见。

第七十一条 全国人民代表大会常务委员会工作机构加强立法宣传工作,通过多种形式发布立法信息、介绍情况、回应关切。

第三章 行政法规

第七十二条 国务院根据宪法和法律,制定行政法规。

行政法规可以就下列事项作出规定:

(一)为执行法律的规定需要制定行政法规的事项;

(二)宪法第八十九条规定的国务院行政管理职权的事项。

应当由全国人民代表大会及其常务委员会制定法律的事项,国务院根据全国人民代表大会及其常务委员会的授权决定先制定的行政法规,经过实践检验,制定法律的条件成熟时,国务院应当及时提请全国人民代表大会及其常务委员会制定法律。

第七十三条 国务院法制机构应当根据国家总体工作部署拟订国务院年度立法计划,报国务院审批。国务院年度立法计划中的法律项目应当与全国人民代表大会常务委员会的立法规划和立法计划相衔接。国务院法制机构应当及时跟踪了解国务院各部门落实立法计划的情况,加强组织协调和督促指导。

国务院有关部门认为需要制定行政法规的,应当向国务院报请立项。

第七十四条 行政法规由国务院有关部门或者国务院法制机构具体负责起草,重要行政管理的法律、行政法规草案由国务院法制机构组织起草。行政法规在起草过程中,应当广泛听取有关机关、组织、人民代表大会代表和社会公众的意见。听取意见可以采取座谈会、论证会、听证会等多种形式。

行政法规草案应当向社会公布,征求意见,但是经国务院决定不公布的除外。

第七十五条 行政法规起草工作完成后,起草单位应当将草案及其说明、各方面对草案主要问题的不同意见和其他有关资料送国务院法制机构进行审查。

国务院法制机构应当向国务院提出审查报告和草案修改稿,审查报告应当对草案主要问题作出说明。

第七十六条 行政法规的决定程序依照中华人民共和国国务院组织法的有关规定办理。

第七十七条 行政法规由总理签署国务院令公布。

有关国防建设的行政法规,可以由国务院总理、中央军事委员会主席共同签署国务院、中央军事委员会令公布。

第七十八条 行政法规签署公布后，及时在国务院公报和中国政府法制信息网以及在全国范围内发行的报纸上刊载。

在国务院公报上刊登的行政法规文本为标准文本。

第七十九条 国务院可以根据改革发展的需要，决定就行政管理等领域的特定事项，在规定期限和范围内暂时调整或者暂时停止适用行政法规的部分规定。

第四章 地方性法规、自治条例和单行条例、规章

第一节 地方性法规、自治条例和单行条例

第八十条 省、自治区、直辖市的人民代表大会及其常务委员会根据本行政区域的具体情况和实际需要，在不同宪法、法律、行政法规相抵触的前提下，可以制定地方性法规。

第八十一条 设区的市的人民代表大会及其常务委员会根据本市的具体情况和实际需要，在不同宪法、法律、行政法规和本省、自治区的地方性法规相抵触的前提下，可以对城乡建设与管理、生态文明建设、历史文化保护、基层治理等方面的事项制定地方性法规，法律对设区的市制定地方性法规的事项另有规定的，从其规定。设区的市的地方性法规须报省、自治区的人民代表大会常务委员会批准后施行。省、自治区的人民代表大会常务委员会对报请批准的地方性法规，应当

对其合法性进行审查，认为同宪法、法律、行政法规和本省、自治区的地方性法规不抵触的，应当在四个月内予以批准。

省、自治区的人民代表大会常务委员会在对报请批准的设区的市的地方性法规进行审查时，发现其同本省、自治区的人民政府的规章相抵触的，应当作出处理决定。

除省、自治区的人民政府所在地的市，经济特区所在地的市和国务院已经批准的较大的市以外，其他设区的市开始制定地方性法规的具体步骤和时间，由省、自治区的人民代表大会常务委员会综合考虑本省、自治区所辖的设区的市的人口数量、地域面积、经济社会发展情况以及立法需求、立法能力等因素确定，并报全国人民代表大会常务委员会和国务院备案。

自治州的人民代表大会及其常务委员会可以依照本条第一款规定行使设区的市制定地方性法规的职权。自治州开始制定地方性法规的具体步骤和时间，依照前款规定确定。

省、自治区的人民政府所在地的市，经济特区所在地的市和国务院已经批准的较大的市已经制定的地方性法规，涉及本条第一款规定事项范围以外的，继续有效。

第八十二条　地方性法规可以就下列事项作出规定：

（一）为执行法律、行政法规的规定，需要根据本行政区域的实际情况作具体规定的事项；

（二）属于地方性事务需要制定地方性法规的事项。

除本法第十一条规定的事项外，其他事项国家尚未制定法律或者行政法规的，省、自治区、直辖市和设区的市、自治州根据本地方的具体情况和实际需要，可以先制定地方性法规。

在国家制定的法律或者行政法规生效后，地方性法规同法律或者行政法规相抵触的规定无效，制定机关应当及时予以修改或者废止。

设区的市、自治州根据本条第一款、第二款制定地方性法规，限于本法第八十一条第一款规定的事项。

制定地方性法规，对上位法已经明确规定的内容，一般不作重复性规定。

第八十三条 省、自治区、直辖市和设区的市、自治州的人民代表大会及其常务委员会根据区域协调发展的需要，可以协同制定地方性法规，在本行政区域或者有关区域内实施。

省、自治区、直辖市和设区的市、自治州可以建立区域协同立法工作机制。

第八十四条 经济特区所在地的省、市的人民代表大会及其常务委员会根据全国人民代表大会的授权决定，制定法规，在经济特区范围内实施。

上海市人民代表大会及其常务委员会根据全国人民代表大会常务委员会的授权决定，制定浦东新区法规，在浦东新区实施。

海南省人民代表大会及其常务委员会根据法律规定，制定海南自由贸易港法规，在海南自由贸易港范围内实施。

第八十五条 民族自治地方的人民代表大会有权依照当地民族的政治、经济和文化的特点，制定自治条例和单行条例。自治区的自治条例和单行条例，报全国人民代表大会常务委员会批准后生效。自治州、自治县的自治条例和单行条例，报省、自治区、直辖市的人民代表大会常务委员会批准后生效。

自治条例和单行条例可以依照当地民族的特点，对法律和行政法规的规定作出变通规定，但不得违背法律或者行政法规的基本原则，不得对宪法和民族区域自治法的规定以及其他有关法律、行政法规专门就民族自治地方所作的规定作出变通规定。

第八十六条 规定本行政区域特别重大事项的地方性法规，应当由人民代表大会通过。

第八十七条 地方性法规案、自治条例和单行条例案的提出、审议和表决程序，根据中华人民共和国地方各级人民代表大会和地方各级人民政府组织法，参照本法第二章第二节、第三节、第五节的规定，由本级人民代表大会规定。

地方性法规草案由负责统一审议的机构提出审议结果的报告和草案修改稿。

第八十八条 省、自治区、直辖市的人民代表大会制定的地方性法规由大会主席团发布公告予以公布。

省、自治区、直辖市的人民代表大会常务委员会制定的地方性法规由常务委员会发布公告予以公布。

设区的市、自治州的人民代表大会及其常务委员会制定的地方性法规报经批准后，由设区的市、自治州的人民代表大会常务委员会发布公告予以公布。

自治条例和单行条例报经批准后，分别由自治区、自治州、自治县的人民代表大会常务委员会发布公告予以公布。

第八十九条 地方性法规、自治条例和单行条例公布后，其文本以及草案的说明、审议结果报告等，应当及时在本级人民代表大会常务委员会公报和中国人大网、本地方人民代表大会网站以及在本行政区域范围内发行的报纸上刊载。

在常务委员会公报上刊登的地方性法规、自治条例和单行条例文本为标准文本。

第九十条 省、自治区、直辖市和设区的市、自治州的人民代表大会常务委员会根据实际需要设立基层立法联系点，深入听取基层群众和有关方面对地方性法规、自治条例和单行条例草案的意见。

第二节 规 章

第九十一条 国务院各部、委员会、中国人民银行、审计署和具有行政管理职能的直属机构以及法律规定的机构，可以根据法律和国务院的行政法规、决定、命令，在本部门的权限范围内，制定规章。

部门规章规定的事项应当属于执行法律或者国务院的行政法规、决定、命令的事项。没有法律或者国务院的行政法规、决定、命令的依据，部门规章不得设定减损公民、法人和其他组织权利或者增加其义务的规范，不得增加本部门的权力或者减少本部门的法定职责。

第九十二条 涉及两个以上国务院部门职权范围的事项，应当提请国务院制定行政法规或者由国务院有关部门联合制定规章。

第九十三条 省、自治区、直辖市和设区的市、自治州的人民政府，可以根据法律、行政法规和本省、自治区、直辖市的地方性法规，制定规章。

地方政府规章可以就下列事项作出规定：

（一）为执行法律、行政法规、地方性法规的规定需要制定规章的事项；

（二）属于本行政区域的具体行政管理事项。

设区的市、自治州的人民政府根据本条第一款、第二款制定地方政府规章，限于城乡建设与管理、生态文明建设、历史文化保护、基层治理等方面的事项。已经制定的地方政府规章，涉及上述事项范围以外的，继续有效。

除省、自治区的人民政府所在地的市，经济特区所在地的市和国务院已经批准的较大的市以外，其他设区的市、自治州的人民政府开始制定规章的时间，与本省、自治区人民代表大会常务委员会确定的本市、自治州开始制定地方性法规的时间同步。

应当制定地方性法规但条件尚不成熟的，因行政管理迫切需要，可以先制定地方政府规章。规章实施满两年需要继续实施规章所规定的行政措施的，应当提请本级人民代表大会或者其常务委员会制定地方性法规。

没有法律、行政法规、地方性法规的依据，地方政府规章不得设定减损公民、法人和其他组织权利或者增加其义务的规范。

第九十四条 国务院部门规章和地方政府规章的制定程序，参照本法第三章的规定，由国务院规定。

第九十五条 部门规章应当经部务会议或者委员会会议决定。

地方政府规章应当经政府常务会议或者全体会议决定。

第九十六条 部门规章由部门首长签署命令予以公布。

地方政府规章由省长、自治区主席、市长或者自治州州长签署命令予以公布。

第九十七条 部门规章签署公布后，及时在国务院公报或者部门公报和中国政府法制信息网以及在全国范围内发行的报纸上刊载。

地方政府规章签署公布后，及时在本级人民政府公报和中国政府法制信息网以及在本行政区域范围内发行的报纸上刊载。

在国务院公报或者部门公报和地方人民政府公报上刊登的规章文本为标准文本。

第五章 适用与备案审查

第九十八条 宪法具有最高的法律效力，一切法律、行政法规、地方性法规、自治条例和单行条例、规章都不得同宪法相抵触。

第九十九条 法律的效力高于行政法规、地方性法规、规章。

行政法规的效力高于地方性法规、规章。

第一百条 地方性法规的效力高于本级和下级地方政府规章。

省、自治区的人民政府制定的规章的效力高于本行政区域内的设区的市、自治州的人民政府制定的规章。

第一百零一条 自治条例和单行条例依法对法律、行政法规、地方性法规作变通规定的，在本自治地方适用自治条例和单行条例的规定。

经济特区法规根据授权对法律、行政法规、地方性法规作变通规定的，在本经济特区适用经济特区法规的规定。

第一百零二条　部门规章之间、部门规章与地方政府规章之间具有同等效力，在各自的权限范围内施行。

第一百零三条　同一机关制定的法律、行政法规、地方性法规、自治条例和单行条例、规章，特别规定与一般规定不一致的，适用特别规定；新的规定与旧的规定不一致的，适用新的规定。

第一百零四条　法律、行政法规、地方性法规、自治条例和单行条例、规章不溯及既往，但为了更好地保护公民、法人和其他组织的权利和利益而作的特别规定除外。

第一百零五条　法律之间对同一事项的新的一般规定与旧的特别规定不一致，不能确定如何适用时，由全国人民代表大会常务委员会裁决。

行政法规之间对同一事项的新的一般规定与旧的特别规定不一致，不能确定如何适用时，由国务院裁决。

第一百零六条　地方性法规、规章之间不一致时，由有关机关依照下列规定的权限作出裁决：

（一）同一机关制定的新的一般规定与旧的特别规定不一致时，由制定机关裁决；

（二）地方性法规与部门规章之间对同一事项的规定不一致，不能确定如何适用时，由国务院提出意见，国务院认为应当适用地方性法规的，应当决定在该地方适用地方性法规

的规定;认为应当适用部门规章的,应当提请全国人民代表大会常务委员会裁决;

(三)部门规章之间、部门规章与地方政府规章之间对同一事项的规定不一致时,由国务院裁决。

根据授权制定的法规与法律规定不一致,不能确定如何适用时,由全国人民代表大会常务委员会裁决。

第一百零七条 法律、行政法规、地方性法规、自治条例和单行条例、规章有下列情形之一的,由有关机关依照本法第一百零八条规定的权限予以改变或者撤销:

(一)超越权限的;

(二)下位法违反上位法规定的;

(三)规章之间对同一事项的规定不一致,经裁决应当改变或者撤销一方的规定的;

(四)规章的规定被认为不适当,应当予以改变或者撤销的;

(五)违背法定程序的。

第一百零八条 改变或者撤销法律、行政法规、地方性法规、自治条例和单行条例、规章的权限是:

(一)全国人民代表大会有权改变或者撤销它的常务委员会制定的不适当的法律,有权撤销全国人民代表大会常务委员会批准的违背宪法和本法第八十五条第二款规定的自治条例和单行条例;

(二)全国人民代表大会常务委员会有权撤销同宪法和法律相抵触的行政法规,有权撤销同宪法、法律和行政法规相抵触的地方性法规,有权撤销省、自治区、直辖市的人民代表大会常务委员会批准的违背宪法和本法第八十五条第二款规定的自治条例和单行条例；

（三）国务院有权改变或者撤销不适当的部门规章和地方政府规章；

（四）省、自治区、直辖市的人民代表大会有权改变或者撤销它的常务委员会制定的和批准的不适当的地方性法规；

（五）地方人民代表大会常务委员会有权撤销本级人民政府制定的不适当的规章；

（六）省、自治区的人民政府有权改变或者撤销下一级人民政府制定的不适当的规章；

（七）授权机关有权撤销被授权机关制定的超越授权范围或者违背授权目的的法规，必要时可以撤销授权。

第一百零九条 行政法规、地方性法规、自治条例和单行条例、规章应当在公布后的三十日内依照下列规定报有关机关备案：

（一）行政法规报全国人民代表大会常务委员会备案；

（二）省、自治区、直辖市的人民代表大会及其常务委员会制定的地方性法规，报全国人民代表大会常务委员会和国务院备案；设区的市、自治州的人民代表大会及其常务委员会制定的地方性法规，由省、自治区的人民代表大会常务委员会报全国人民代表大会常务委员会和国务院备案；

（三）自治州、自治县的人民代表大会制定的自治条例和单行条例，由省、自治区、直辖市的人民代表大会常务委员会报全国人民代表大会常务委员会和国务院备案；自治条例、单行条例报送备案时，应当说明对法律、行政法规、地方性法规作出变通的情况；

（四）部门规章和地方政府规章报国务院备案；地方政府规章应当同时报本级人民代表大会常务委员会备案；设区的市、自治州的人民政府制定的规章应当同时报省、自治区的人民代表大会常务委员会和人民政府备案；

（五）根据授权制定的法规应当报授权决定规定的机关备案；经济特区法规、浦东新区法规、海南自由贸易港法规报送备案时，应当说明变通的情况。

第一百一十条 国务院、中央军事委员会、国家监察委员会、最高人民法院、最高人民检察院和各省、自治区、直辖市的人民代表大会常务委员会认为行政法规、地方性法规、自治条例和单行条例同宪法或者法律相抵触，或者存在合宪性、合法性问题的，可以向全国人民代表大会常务委员会书面提出进行审查的要求，由全国人民代表大会有关的专门委员会和常务委员会工作机构进行审查、提出意见。

前款规定以外的其他国家机关和社会团体、企业事业组织以及公民认为行政法规、地方性法规、自治条例和单行条例同宪法或者法律相抵触的，可以向全国人民代表大会常务委员会书面提出进行审查的建议，由常务委员会工作机构进行审查；必要时，送有关的专门委员会进行审查、提出意见。

第一百一十一条 全国人民代表大会专门委员会、常务委员会工作机构可以对报送备案的行政法规、地方性法规、自治条例和单行条例等进行主动审查，并可以根据需要进行专项审查。

国务院备案审查工作机构可以对报送备案的地方性法

规、自治条例和单行条例，部门规章和省、自治区、直辖市的人民政府制定的规章进行主动审查，并可以根据需要进行专项审查。

第一百一十二条 全国人民代表大会专门委员会、常务委员会工作机构在审查中认为行政法规、地方性法规、自治条例和单行条例同宪法或者法律相抵触，或者存在合宪性、合法性问题的，可以向制定机关提出书面审查意见；也可以由宪法和法律委员会与有关的专门委员会、常务委员会工作机构召开联合审查会议，要求制定机关到会说明情况，再向制定机关提出书面审查意见。制定机关应当在两个月内研究提出是否修改或者废止的意见，并向全国人民代表大会宪法和法律委员会、有关的专门委员会或者常务委员会工作机构反馈。

全国人民代表大会宪法和法律委员会、有关的专门委员会、常务委员会工作机构根据前款规定，向制定机关提出审查意见，制定机关按照所提意见对行政法规、地方性法规、自治条例和单行条例进行修改或者废止的，审查终止。

全国人民代表大会宪法和法律委员会、有关的专门委员会、常务委员会工作机构经审查认为行政法规、地方性法规、自治条例和单行条例同宪法或者法律相抵触，或者存在合宪性、合法性问题需要修改或者废止，而制定机关不予修改或者废止的，应当向委员长会议提出予以撤销的议案、建议，由委员长会议决定提请常务委员会会议审议决定。

第一百一十三条 全国人民代表大会有关的专门委员会、常务委员会工作机构应当按照规定要求，将审查情况向提出审查建议的国家机关、社会团体、企业事业组织以及公民反馈,并可以向社会公开。

第一百一十四条 其他接受备案的机关对报送备案的地方性法规、自治条例和单行条例、规章的审查程序,按照维护法制统一的原则,由接受备案的机关规定。

第一百一十五条 备案审查机关应当建立健全备案审查衔接联动机制,对应当由其他机关处理的审查要求或者审查建议,及时移送有关机关处理。

第一百一十六条 对法律、行政法规、地方性法规、自治条例和单行条例、规章和其他规范性文件,制定机关根据维护法制统一的原则和改革发展的需要进行清理。

第六章 附 则

第一百一十七条 中央军事委员会根据宪法和法律,制定军事法规。

中国人民解放军各战区、军兵种和中国人民武装警察部队,可以根据法律和中央军事委员会的军事法规、决定、命令,在其权限范围内,制定军事规章。

军事法规、军事规章在武装力量内部实施。

军事法规、军事规章的制定、修改和废止办法,由中央军事委员会依照本法规定的原则规定。

第一百一十八条 国家监察委员会根据宪法和法律、全国人民代表大会常务委员会的有关决定,制定监察法规,报全国人民代表大会常务委员会备案。

第一百一十九条 最高人民法院、最高人民检察院作出的属于审判、检察工作中具体应用法律的解释，应当主要针对具体的法律条文，并符合立法的目的、原则和原意。遇有本法第四十八条第二款规定情况的，应当向全国人民代表大会常务委员会提出法律解释的要求或者提出制定、修改有关法律的议案。

最高人民法院、最高人民检察院作出的属于审判、检察工作中具体应用法律的解释，应当自公布之日起三十日内报全国人民代表大会常务委员会备案。

最高人民法院、最高人民检察院以外的审判机关和检察机关，不得作出具体应用法律的解释。

第一百二十条 本法自 2000 年 7 月 1 日起施行。

关于《中华人民共和国立法法（修正草案）》的说明

——2023年3月5日在第十四届全国人民代表大会第一次会议上

全国人大常委会副委员长　王　晨

各位代表：

我受第十三届全国人大常委会委托，作关于《中华人民共和国立法法（修正草案）》的说明。

一、修改的必要性和重大意义

立法是国家的重要政治活动，是把党的主张和人民的意志通过法定程序转化为国家意志的过程，关系党和国家事业发展全局。立法法是规范国家立法制度和立法活动、维护社会主义法治统一的基本法律。我国现行立法法是2000年3月九届全国人大三次会议通过的，2015年3月十二届全国人大三次会议作了部分修改。立法法的颁布施行，对完善立法体制机制，健全立法制度，规范立法活动，推动形成和完善以宪法为核心的中国特色社会主义法律体系，推进全面依法治国，发挥了重要作用。

党的十八大以来，以习近平同志为核心的党中央从坚持和发展中国特色社会主义的全局和战略高度，对全面依法治国作出一系列重大部署，推进一系列重大工作，取得历史性成就。习近平总书记深刻阐述全面依法治国一系列重大理论和实践问题，习近平法治思想为新时代全面依法治国、加强和改进立法工作提供了根本遵循。2019 年，党的十九届四中全会决定提出，完善立法体制机制，坚持科学立法、民主立法、依法立法，不断提高立法质量和效率。2021 年，党中央首次召开中央人大工作会议，对新时代坚持和完善人民代表大会制度、加强和改进人大工作作出全面部署，明确提出要加快完善中国特色社会主义法律体系、以良法促进发展保障善治等任务要求。2022 年 10 月，党的二十大报告对完善以宪法为核心的中国特色社会主义法律体系提出新的要求。

深入贯彻习近平新时代中国特色社会主义思想特别是习近平法治思想，践行全过程人民民主重大理念，落实党中央重大决策部署，需要认真总结新时代立法工作实践经验，适应统筹推进"五位一体"总体布局、协调推进"四个全面"战略布局新形势新要求，对立法法作出修改完善，进一步健全立法体制机制，规范立法活动，为提高立法质量和效率、加快形成完备的法律规范体系、建设中国特色社会主义法治体系、在法治轨道上全面建设社会主义现代化国家提供有力制度支撑。

（一）修改立法法是新时代加强党对立法工作的全面领导，通过法治保证党的路线方针政策和决策部署贯彻执行的必然要求

党的领导是推进全面依法治国、加快建设社会主义法治国家最根本的保证，是中国特色社会主义法治之魂。做好新时代立法工作，必须坚持党的领导这一最高政治原则。2018年，党中央成立中央全面依法治国委员会，加强党中央对全面依法治国的集中统一领导。2019年《中共中央关于加强党的政治建设的意见》提出，制定和修改有关法律法规要明确规定党领导相关工作的法律地位。修改立法法，突出立法坚持中国共产党领导，与时俱进完善关于坚持党和国家指导思想的表述，明确建设中国特色社会主义法治体系的战略目标，对于新时代更好推进全面依法治国，确保党的主张通过法定程序成为国家意志，从法律制度上保证党的路线方针政策和决策部署得到全面贯彻和有效执行，具有重要意义。

（二）修改立法法是新时代坚持和发展全过程人民民主，通过法治保障人民当家作主的客观要求

人民民主是社会主义的生命，是全面建设社会主义现代化国家的应有之义。全过程人民民主是社会主义民主政治的本质属性，是最广泛、最真实、最管用的民主。发展全过程人民民主，保障人民当家作主，是党中央明确提出的任务要求。立法制度和立法活动必须坚持以人民为中心，坚持人民主体地位，全面贯彻全过程人民民主重大理念和实践要求，在立法制度上作出相关安排，确保在立法活动和立法工作各个环节都能听到来自人民的声音、都能了解来自基层的情况，积极回

应人民群众新要求新期待，站稳人民立场、把握人民愿望、尊重人民创造、集中人民智慧。修改立法法，明确立法坚持和发展全过程人民民主，尊重和保障人权，保障和促进社会公平正义，有利于拓展人民群众有序参与立法、表达意愿关切的途径和形式，丰富我国人民当家作主的生动实践，从制度上保证立法为了人民、依靠人民、造福人民、保护人民。

（三）修改立法法是新时代推进全面依法治国、依宪治国，建设社会主义法治国家的重要举措

全面依法治国是中国特色社会主义的本质要求和重要保障，是国家治理的一场深刻革命。党的十八大以来，以习近平同志为核心的党中央围绕保障和促进社会公平正义，坚持依法治国、依法执政、依法行政共同推进，坚持法治国家、法治政府、法治社会一体建设，推动我国社会主义法治建设发生历史性变革、取得历史性成就。立法是全面依法治国的前提和基础，是建设社会主义法治国家的首要环节。适应国家改革发展的新形势新要求，有必要认真总结新时代立法工作的实践经验，完善我国立法制度机制。修改立法法的一个重要目的，就是根据党中央全面依法治国战略部署，紧紧抓住立法这个关键环节，加强和改进新时代立法工作，完善以宪法为核心的中国特色社会主义法律体系，建设中国特色社会主义法治体系，建设社会主义法治国家。

党的十八大以来，以习近平同志为核心的党中央把全面贯彻实施宪法摆在全面依法治国的突出位置，推进宪法理论和宪法实践创新，深化了对我国宪法制度建设的规律性认识，采取一系列有力措施加强宪法实施和监督工作，取得重要成

果和进展。党的二十大报告强调坚持依法治国首先要坚持依宪治国，要求加强宪法实施和监督，健全保证宪法全面实施的制度体系，更好发挥宪法在治国理政中的重要作用，维护宪法权威。立法制度是宪法的重要内容之一。宪法对立法体制、立法权限等作出基本规定，立法法以宪法为依据对立法体制、权限、程序和立法监督制度等作出系统化规定，是通过法律实施宪法有关规定的重要体现。修改立法法，总结宪法实施和监督工作的实践经验，明确合宪性审查的环节和要求，用科学有效、系统完备的制度体系保证宪法实施，有利于维护宪法权威，维护社会主义法制的统一、尊严、权威，不断提高依宪治国、依宪执政的能力和水平。

（四）修改立法法是总结新时代正确处理改革和法治关系的实践经验，更好坚持在法治下推进改革和在改革中完善法治相统一的现实需要

改革和法治相辅相成、相伴相生。习近平总书记指出"改革与法治如鸟之两翼、车之两轮"，强调"要坚持改革决策和立法决策相统一、相衔接，立法主动适应改革需要，积极发挥引导、推动、规范、保障改革的作用"。党的十八大以来，全国人大及其常委会积极适应改革开放和经济社会发展需要，坚持在法治下推进改革和在改革中完善法治相统一，加强涉及改革有关法律的立改废释工作，通过"打包"修改、作出授权决定和改革决定等方式及时为推进相关改革提供法律依据，保障党和国家机构改革、经济社会发展各领域重大改革措施顺利实施，形成了一些行之有效的做法和经验。修改立法法，总结实践中立法主动适应改革发展需要的成功经验和有

益做法，完善立法引领和推动改革创新的体制机制，有利于更好实现立法决策和改革决策相统一、相衔接，为改革发展提供法治支撑和法治保障，更好发挥法治固根本、稳预期、利长远的保障作用。

二、修改的指导思想、遵循的原则和工作过程

修改立法法，必须高举中国特色社会主义伟大旗帜，全面贯彻落实党的二十大精神，坚持以习近平新时代中国特色社会主义思想为指导，深入贯彻习近平法治思想、习近平总书记关于坚持和完善人民代表大会制度的重要思想，深刻领悟“两个确立”的决定性意义，增强“四个意识”，坚定“四个自信”，做到“两个维护”，坚定不移走中国特色社会主义法治道路，坚持党的领导、人民当家作主、依法治国有机统一，推进科学立法、民主立法、依法立法，进一步健全立法体制、完善立法程序、规范立法活动、提高立法效能，更好为全面建设社会主义现代化国家提供法治保障。

修改工作遵循的原则：**一是**认真贯彻落实中央人大工作会议精神和党中央重大决策部署，加强党对立法工作的全面领导，通过完善立法体制机制保障党的路线方针政策有效实施。**二是**坚持以人民为中心，坚持和发展全过程人民民主，充分发挥人大的民主民意表达平台载体的功能作用，健全吸纳民意、汇集民智的工作机制，不断拓展和健全人民群众有序参与立法的途径和形式。**三是**适应新时代新要求，总结吸收立

法工作实践经验，坚持问题导向、需求导向，完善立法体制机制、明确相关工作要求。此次修改立法法是部分修改，对确有必要修改的予以修改完善；属于可改可不改的，一般不作修改。**四是**适应全面深化改革的需要，坚持立法和改革相辅相成、相伴而生、同步推进、内在统一，更好发挥法治固根本、稳预期、利长远的重要作用。**五是**遵循宪法的原则和规定，注意处理好与近年来新修改的全国人大组织法、全国人大议事规则、全国人大常委会议事规则、地方组织法等法律的关系，做好衔接，增强立法系统性、整体性、协同性、时效性。

以习近平同志为核心的党中央高度重视立法法修改工作。2022 年 9 月，习近平总书记主持召开中央政治局常委会会议，听取审议并原则同意全国人大常委会党组关于立法法修正草案有关问题的请示和汇报，为立法法修改工作提供了重要指导和遵循。

根据立法工作安排，全国人大常委会法工委于 2022 年初启动立法法修改工作，经广泛征求各方面意见和认真研究，提出了立法法修正草案。期间主要开展了以下工作：**一是**深入学习领会习近平法治思想和习近平总书记关于立法工作的重要论述，全面梳理党的十八大以来党中央关于加强和改进立法工作的重大决策部署和工作要求。**二是**认真梳理近年来全国人大代表、全国政协委员提出的有关议案、建议和提案，组织对修改立法法有关问题开展专题研究。**三是**多次召开座谈会，听取中央和国家有关部门、全国人大各专门委员会和常委会工作机构、地方人大以及部分专家学者的意见和建议。**四是**将修正草案印发中央和国家有关部门、全国人大各专门委员会和常委会工作机构、各省（自治区、直辖市）和部分设区的市的人大常委会、基层立法联系点、部分高等院校和研究机构征求意见。**五是**到部分地方进行专题调研，深入了解近年来地方立法工作的新实践新经验。

2022 年 10 月，十三届全国人大常委会第三十七次会议对立法法修正草案进行了初次审议。常委会组成人员普遍认为，修正草案深入贯彻落实习近平法治思想、习近平总书记关于坚持和完善人民代表大会制度的重要思想，全面贯彻党的二十大精神、中央人大工作会议精神和党中央重大决策部署，总结吸收新时代立法实践的新经验新成果，深入推进科学立法、民主立法、依法立法，完善立法的指导思想和原则，健全宪法的实施和监督制度，完善立法权限、程序和备案审查制度，有利于提高立法质量和效率，使法律体系更加科学完备、统一权威，为全面建设社会主义现代化国家提供更加坚实的法治保障。2022 年 12 月，十三届全国人大常委会第三十八次会议对立法法修正草案进行了再次审议，认为修正草案二次审议稿贯彻落实党中央重大决策部署，较好地吸收了常委会组成人员的审议意见和各方面的意见，已经趋于成熟，决定将立法法修正草案提请十四届全国人大一次会议审议。

立法法修正草案经十三届全国人大常委会两次会议审议后，先后两次在中国人大网全文公布草案征求社会公众意见。全国人大常委会办公厅将修正草案印发十四届全国人大代表，组织部署全国人大代表研读讨论并征求意见。2023 年 2 月 16 日，十三届全国人大宪法和法律委员会召开会议，根据全国人大常委会组成人员的审议意见、代表研读讨论中提出的意见和各方面的意见，对立法法修正草案作了进一步修改完善。全国人大宪法和法律委员会认为，经过全国人大常委会两次会议审议、广泛征求意见和多次修改完善，立法法修正草案充分吸收各方面的意见建议，已经比较成熟。据此，形成了提请本次会议审议的《中华人民共和国立法法（修正草案）》。

三、修正草案的主要内容

《中华人民共和国立法法（修正草案）》共37条，主要修改内容如下：

（一）完善立法的指导思想和原则。根据新形势新要求，对立法的指导思想和原则进行充实完善。**一是**贯彻落实宪法规定和党的二十大精神，根据新时代党的重大理论创新成果，对立法的指导思想与时俱进作了完善，将现行立法法第三条改为两条，明确立法应当坚持中国共产党的领导，坚持以马克思列宁主义、毛泽东思想、邓小平理论、“三个代表”重要思想、科学发展观、习近平新时代中国特色社会主义思想为指导，推进中国特色社会主义法治体系建设，保障在法治轨道上全面建设社会主义现代化国家；立法应当坚持以经济建设为中心，坚持改革开放，贯彻新发展理念，保障以中国式现代化全面推进中华民族伟大复兴。**二是**完善依宪立法、依法立法的原则，将现行立法法第四条修改为：立法应当符合宪法的规定、原则和精神，依照法定的权限和程序，从国家整体利益出发，维护社会主义法制的统一、尊严、权威。**三是**完善民主立法原则，贯彻落实党的二十大精神和全过程人民民主重大理念，在现行立法法第五条中增加一款规定：立法应当坚持和发展全过程人民民主，尊重和保障人权，保障和促进社会公平正义。**四是**贯彻党中央关于社会主义核心价值观融入法治建设的部署要求，增加规定：立法应当倡导和弘扬社会主义核心价值观，坚持依法治国和以德治国相结合，铸牢中华民族共同体意识，推动社会主义精神文明建设。**五是**明确立法决策与改革决策相衔接相统一的原则要求，增加规定：立法应当适应改革需要，坚持在法治下推进改革和在改革中完善法治相统一，引导、推动、规范、保障相关改革，发挥法治在国家治理体系和治理能力现代化中的重要作用。

（二）明确合宪性审查相关要求。根据宪法精神和党中央关于推进合宪性审查工作的部署要求，总结近年来的实践经验，**一是**明确法律案起草和审议过程中的合宪性审查要求，增加规定：法律草案的说明应当包括涉及合宪性问题的相关意见；对法律案中涉及的合宪性问题，宪法和法律委员会应当在修改情况的汇报或者审议结果报告中予以说明。**二是**明确备案审查工作中的合宪性审查要求，增加规定：有关国家机关认为行政法规、地方性法规、自治条例和单行条例存在合宪性、合法性问题的，可以向全国人大常委会书面提出进行审查的要求；对存在合宪性、合法性问题的，规定了处理的主体和程序。此外，落实2018年宪法修正案的有关规定和全国人大常委会有关决定，将现行立法法中的“法律委员会”修改为“宪法和法律委员会”。

（三）完善立法决策与改革决策相衔接、相统一的制度机制。贯彻党中央要求，总结实践经验，根据有关方面意见，作出如下修改完善：**一是**完善全国人大及其常委会专属立法权规定，将只能制定法律事项中的“仲裁制度”修改为“仲裁基本制度”。**二是**根据实践中成熟的经验和做法，对现行立法法第十三条关于授权决定的规定作出完善，明确全国人大及其常委会可以根据改革发展的需要，决定就“特定事项”授权在“规定期限和范围”内暂时调整或者暂时停止适用法律的部分规定；同时增加规定：暂时调整或者暂时停止适用法律的部分规定的事项，对实践证明可行的，由全国人大及其常委会及时修改有关法律；修改法律的条件尚不成熟时，可以延长授权的期限，或者恢复施行有关法律规定。**三是**增加规定：国务院可以根据改革发展的需要，决定就行政管理等领域的特定事项，在规定期限和范围内暂时调整或者暂时停止适用行政法规的部分规定。

（四）完善全国人大及其常委会的立法权限、立法程序和工作机制。近年来，全国人大及其常委会在加强和改进立法工作、完善立法制度机制方面有不少创新举措。总结实践经验，对全国人大及其常委会的立法权限、立法程序和工作机制作如下修改完善：**一是**根据实践需要，进一步明确全国人民代表大会和全国人大常委会“根据宪法规定”行使国家立法权，并增加规定：全国人民代表大会可以授权全国人大常委会制定法律。**二是**根据实践做法，并与修改后的全国人大议事规则相衔接，进一步明确：常委会决定提请全国人民代表大会会议审议的法律案，可以适时组织代表研读讨论，征求代表的意见。**三是**适应特殊情况下紧急立法的需要，增加规定：列入常委会会议议程的法律案，遇有紧急情形的，也可以经一次常委会会议审议即交付表决。**四是**完善法律案的终止审议程序，将现行立法法关于法律案终止审议的规定修改为：列入常委会会议审议的法律案，因各方面对制定该法律的必要性、可行性等重大问题存在较大意见分歧搁置审议满两年的，或者因暂不付表决经过两年没有再次列入常委会会议议程审议的，委员长会议可以决定终止审议，并向常委会报告；必要时，委员长会议也可以决定延期审议。**五是**根据实践需要，在现行立法法规定有关国家机关可以向全国人大常委会提出法律解释要求的基础上，明确国务院、中央军事委员会、国家监察委员会、最高人民法院、最高人民检察院和全国人大各专门委员会可以向全国人大常委会"提出相关法律案"。**六是**贯彻党中央关于推进科学立法、民主立法、依法立法，丰富立法形式，统筹立改废释纂等要求，总结实践经验，增加规定：全国人大及其常委会坚持科学立法、民主立法、依法立法，通过制定、修改、废止、解释法律和编纂法典等多种形式，增强立法的系统性、整体性、协同性、时效性；全国人大及其常委会作出有关法律问题的决定，适用本法的有关规定。**七是**总结实践经验，增加规定"专项立法计划"；全国人大常委会工作机构编制立法技术规范；全国人大常委会工作机构加强立法宣传工作，通过多种形式发布立法信息，介绍情况，回应关切。**八是**总结实践做法，明确法律签署公布后，法律文本以及发布的公告，草案的说明、审议结果报告等，应当及时在全国人大常委会公报和中国人大网以及在全国范围内发行的报纸上刊载；同时，进一步明确地方性法规公布后，法规、条例文本以及发布的公告，草案的说明、审议结果报告等也要相应公开。**九是**根据党中央精神和实践做法，明确基层立法联系点的地位和作用，增加规定：全国人大常委会工作机构根据实际需要设立基层立法联系点，深入听取基层群众和有关方面对法律草案和立法工作的意见。

（五）适应监察体制改革需要补充相关内容。根据宪法和监察法的规定，与全国人大组织法等有关法律、决定相衔接，对监察委员会的有关内容作了如下补充完善：**一是**在有关立法权限的规定中明确：监察委员会的产生、组织和职权属于只能制定法律的事项。**二是**在有关立法程序的规定中明确：国家监察委员会可以向全国人大及其常委会提出法律案、审查相关法规等方面的要求。**三是**增加规定：国家监察委员会根据宪法和法律、全国人大常委会的决定，制定监察法规，报全国人大常委会备案。

（六）完善地方性法规、规章的权限和程序。根据新情况新需要，总结实践经验，对地方性法规、规章的立法权限和程序作出修改完善：**一是**关于设区的市可以行使地方立法权的事项，将"环境保护"修改为"生态文明建设"，并增加规定"基层治理"。**二是**贯彻国家区域协调发展战略，根据地方实践经验，增加规定：省、自治区、直辖市和设区的市、自治州的人大及其常委会根据区域协调发展的需要，可以协同制定地方性法规，在本行政区域或者有关区域内实施；省、自治区、直辖市和设区的市、自治州可以建立区域协同立法工作机制。**三是**扩大规章的制定主体，根据有关法律规定和实践需要，在部门规章制定主体中增加规定"法律规定的机构"。

（七）完善备案审查制度。对法规、规章和其他规范性文件实行备案审查，是维护国家法治统一的一项重要制度。贯彻党中央精神，总结近年来的实践经验，进一步完善备案审查制度。**一是**完善主动审查制度，明确专项审查相关内容，修改现行立法法第九十九条第三款并单列一条，第一款规定：全国人大专门委员会、常委会工作机构可以对报送备案的行政法规、地方性法规、自治条例和单行条例等进行主动审查，并可以根据需要进行专项审查；增加一款，作为第二款：国务院备案审查工作机构可以对报送备案的地方性法规、自治条例和单行条例，部门规章和省、自治区、直辖市的人民政府制定的规章进行主动审查，并可以根据需要进行专项审查。**二是**建立健全备案审查衔接联动机制，增加规定：备案审查机关应当建立健全备案审查衔接联动机制，对应当由其他机关处理的审查要求或者审查建议，及时移送有关机关处理。**三是**贯彻党中央精神，总结实践做法，明确法律法规清理制度，增加规定：对法律、行政法规、地方性法规、自治条例和单行条例、规章和其他规范性文件，应当根据维护法制统一的原则和改革发展的需要进行清理。

此外，还作了一些文字表述和法律衔接方面的修改完善，并对个别条文顺序作了调整。

《中华人民共和国立法法（修正草案）》和以上说明，请审议。

第十四届全国人民代表大会宪法和法律委员会关于《中华人民共和国立法法（修正草案）》审议结果的报告

（2023年3月8日第十四届全国人民代表大会第一次会议主席团第二次会议通过）

十四届全国人大一次会议主席团：

3月7日上午，各代表团全体会议、小组会议审议了立法法修正草案。代表们普遍认为，立法法是规范国家立法制度和立法活动、维护社会主义法治统一的基本法律，是通过法律实施宪法有关规定的重要体现。修正草案以习近平新时代中国特色社会主义思想为指导，贯彻落实党的二十大精神、中央人大工作会议精神和党中央重大决策部署，总结新时代立法工作的新成果新经验，完善立法的指导思想和原则，健全宪法的实施和监督制度，完善立法权限、程序和备案审查制度，有利于加强和改进新时代立法工作，深入推进科学立法、民主立法、依法立法，进一步提高立法质量和效率，不断完善以宪法为核心的中国特色社会主义法律体系。立法法修改过程贯彻全过程人民民主重大理念，全国人大常委会两次进行审议，两次向社会公开征求意见，组织全国人大代表研读讨论，采取多种方式征求各方面意见。修正草案较好地吸收了各方面的意见，已经比较成熟，建议提请本次会议审议通过。同时，代表们也对修正草案提出了一些修改意见。宪法和法律委员会于3月7日晚召开会议，对修正草案进行认真审议，对代表提出的修改意见逐条研究。根据各代表团的审议意见和有关方面的意见，对修正草案共作了16处修改，其中实质性修改8处。主要修改是：

一、有的代表提出，党中央多次对加强重点领域、新兴领域、涉外领域立法提出明确要求，全国人大及其常委会贯彻党中央决策部署，积极推进相关领域立法，取得许多新成果新进展，建议总结实践经验，在立法法中明确相关要求。宪法和法律委员会经研究，建议增加规定：编制立法规划和立法计划，应当“按照加强重点领域、新兴领域、涉外领域立法的要求”，确定立法项目。

二、有的代表提出，为了推进高水平对外开放，按照党中央决策部署，全国人大常委会分别授权上海市人大及其常委会制定浦东新区法规、海南省人大及其常委会制定海南自由贸易港法规，作为新时代地方立法的新实践新发展，有必要在立法法中予以体现。宪法和法律委员会经研究，建议增加规定：“上海市人民代表大会及其常务委员会根据全国人民代表大会常务委员会的授权决定，制定浦东新区法规，在浦东新区实施”；“海南省人民代表大会及其常务委员会根据法律规定，制定海南自由贸易港法规，在海南自由贸易港范围内实施”。同时，对上述法规报送备案的相关要求作出规定。

三、修正草案第三十一条中规定，全国人大专门委员会、常委会工作机构对行政法规、地方性法规、自治条例和单行条例进行审查，认为同宪法或者法律相抵触，或者存在合宪性、合法性问题的，可以向制定机关提出书面审查意见，制定机关应当研究提出是否修改的意见。有的代表提出，制定机关收到审查意见后，根据具体情况可以进行修改，也可以予以废止，建议增加规定“废止”作为处理方式。宪法和法律委员会经研究，建议采纳这一意见。

四、关于赋予不设区的地级市地方立法权问题。2015 年十二届全国人大三次会议修改立法法，赋予所有设区的市、自治州地方立法权；同时赋予四个不设区的地级市即广东省东莞市和中山市、甘肃省嘉峪关市、海南省三沙市（现为设区的市）地方立法权。有的代表提出，海南省儋州市属于不设区的地级市，建议比照先前的做法赋予其地方立法权。宪法和法律委员会经研究，建议采纳这一意见，采取上次修法时的做法，不在法律中作出规定，而在本次大会拟通过的关于修改立法法的决定中对此予以明确。

需要说明的是，有些代表还对完善立法权限和立法体制机制，开展立法协商，加强立法后评估等工作制度，督促有关国家机关及时作出配套规定，进一步加强和改进新时代立法工作等，提出了一些意见建议。宪法和法律委员会经研究认为，有的已在有关法律法规和文件中作出具体规定，有的可以进一步探索，有的可以通过加强改进工作予以解决。考虑到这次修改是部分修改，属于可改可不改的，一般不作修改，对代表提出的意见建议，可继续加强研究或者在具体工作中考虑。

此外，根据代表们的审议意见，还对修正草案作了一些文字修改，对个别条文顺序作了调整。

宪法和法律委员会已按上述意见提出了全国人民代表大会关于修改《中华人民共和国立法法》的决定（草案），建议经主席团审议通过后，印发各代表团审议。

修改决定草案和以上报告，请审议。

第十四届全国人民代表大会
宪 法 和 法 律 委 员 会
2023 年 3 月 8 日

第十四届全国人民代表大会宪法和法律委员会关于《全国人民代表大会关于修改〈中华人民共和国立法法〉的决定(草案)》修改意见的报告

(2023年3月9日第十四届全国人民代表大会第一次会议主席团第三次会议通过)

十四届全国人大一次会议主席团:

3月8日下午,各代表团全体会议、小组会议对全国人民代表大会关于修改立法法的决定草案进行了审议。代表们普遍认为,修改决定草案在认真研究并充分吸收代表提出意见的基础上,作了相应的修改完善,赞成将修改决定草案提请本次大会表决通过。同时,有些代表还提出了一些修改意见。宪法和法律委员会于3月8日晚召开会议,对修改决定草案进行认真审议,对代表提出的修改意见逐条研究。宪法和法律委员会认为,修改决定草案是可行的,同时,根据各代表团的审议意见,提出以下修改意见:

有些代表提出,基层立法联系点是践行全过程人民民主重大理念的一个生动实践,不仅全国人大常委会工作机构设立了基层立法联系点,多数省级和设区的市级人大常委会也设立了基层立法联系点,建议补充相关内容。宪法和法律委员会经研究,建议采纳这一意见,增加规定:“省、自治区、直辖市和设区的市、自治州的人民代表大会常务委员会根据实际需要设立基层立法联系点,深入听取基层群众和有关方面对地方性法规、自治条例和单行条例草案的意见。”

宪法和法律委员会经研究,建议将本决定的施行时间确定为 2023 年 3 月 15 日。

此外,根据代表们的审议意见,还对修改决定草案作了一些文字修改。

修改决定草案表决稿已按上述意见作了修改,建议经主席团审议通过后,提请大会全体会议表决。

修改决定草案表决稿和以上报告,请审议。

第十四届全国人民代表大会
宪 法 和 法 律 委 员 会
2023 年 3 月 9 日

第十四届全国人民代表大会第一次会议关于全国人民代表大会常务委员会工作报告的决议

（2023年3月13日第十四届全国人民代表大会第一次会议通过）

第十四届全国人民代表大会第一次会议听取和审议了栗战书委员长受全国人大常委会委托所作的工作报告。会议充分肯定十三届全国人大常委会过去五年的工作，高度评价人民代表大会制度建设和人大工作取得的新的重大进展，同意报告提出的今后一年工作的建议，决定批准这个报告。

会议要求，十四届全国人大常委会要在以习近平同志为核心的党中央坚强领导下，坚持以习近平新时代中国特色社会主义思想为指导，全面贯彻党的二十大和二十届一中、二中全会精神，深刻领悟“两个确立”的决定性意义，增强“四个意识”、坚定“四个自信”、做到“两个维护”，坚持党的领导、人民当家作主、依法治国有机统一，践行全过程人民民主，坚持好、完善好、运行好人民代表大会制度，紧紧围绕新时代新征程党和国家中心任务依法履职、担当尽责，不断提高宪法实施和监督水平，推动中国特色社会主义法律体系更加科学完备、统一权威，健全人大对行政机关、监察机关、审判机关、检察机关监督制度，充分发挥人大代表作用，全面加强自身建设，继往开来，守正创新，努力开创人大工作新局面，为全面建设社会主义现代化国家、全面推进中华民族伟大复兴作出新的贡献。

全国人民代表大会
常务委员会工作报告

——2023年3月7日在第十四届全国
人民代表大会第一次会议上

全国人大常委会委员长　栗战书

各位代表：

现在，我受十三届全国人民代表大会常务委员会委托，向大会报告工作，请予审议。

过去一年及五年的主要工作

党的十八大以来，面对严峻复杂的国际形势和接踵而至的风险挑战，以习近平同志为核心的党中央团结带领全党全军全国各族人民，采取一系列战略性举措，推进一系列变革性实践，实现一系列突破性进展，取得一系列标志性成果，推动我国迈上全面建设社会主义现代化国家新征程。我们党胜利召开举世瞩目的第十九次、第二十次全国代表大会，深刻回答新时代新征程坚持和发展中国特色社会主义一系列重大理论和实践问题，为全面建设社会主义现代化国家、全面推进中华民族伟大复兴指明了前进方向、确立了行动指南，以其在政治上、理论上、实践上的一系列重大成果载入史册，也为做好新时代人大工作进一步指明了方向，提供了遵循。

过去一年，在以习近平同志为核心的党中央坚强领导下，全国人大常委会认真贯彻党的十九大、二十大精神，坚持高质量做好立法工作，制定法律5件，修改法律9件，通过有关法律问题和重大问题的决定4件，作出法律解释1件；坚持高质量做好监督工作，检查5件法律的实施情况，听取审议23个监督工作报告，开展专题询问，进行8项专题调研；坚持高质量做好代表工作，办理代表议案487件、建议9349件，共有100多人次代表参与常委会、专门委员会、工作委员会的工作；坚持高质量做好外事工作，决定批准或者加入条约和重要协定14项，举行双边视频活动、线上出席国际会议116场，开展线下外事活动38场，外交信函往来近600件；依法任免国家机关工作人员393人次，圆满完成十三届全国人大五次会议确定的任务。

各位代表！

十三届全国人大常委会的五年任期，正逢党和国家事业蓬勃发展的伟大历史变革时期。常委会深刻领悟“两个确立”的决定性意义，增强“四个意识”、坚定“四个自信”、做到“两个维护”，始终坚定维护党中央权威和集中统一领导，坚决贯彻党的理论和路线方针政策，牢牢把握人大工作正确方向，紧跟党中央重大决策部署，紧贴人民群众对美好生活的期盼，紧扣推进国家治理体系和治理能力现代化的需求，贯彻全过程人民民主重大理念，紧紧依靠全体代表，依法行使立法权、监督权、决定权、任免权，切实履行党和人民赋予的光荣职责，努力做到不负党中央重托、不负人民期望的庄严承诺。

五年来，最重要的成果是，以习近平同志为核心的党中央指导推动人大制度理论和人大工作实践取得了重要进展：习近平总书记提出全过程人民民主重大理念，深刻阐释我国社会主义民主的基本内涵、本质特征、重大原则，对马克思主义民主政治理论作出了原创性贡献；习近平总书记关于坚持和完善人民代表大会制度的重要思想，明确人大“四个机关”的定位，标志着人民代表大会制度更加成熟定型、更加巩固完善；党中央首次召开人大工作会议，习近平总书记发表重要讲话，对新时代坚持和完善人民代表大会制度、加强和改进人大工作作出系统部署；人民代表大会制度把坚持党的领导、人民当家作主、依法治国三者真正打通、有机统一起来，发挥支撑国家治理体系和治理能力的根本政治制度作用；人民代表大会制度的整体功效得到充分彰显，在实践中显示出强大的生命力和巨大的优越性，确保人民依法通过各种途径和形式管理国家事务，管理经济和文化事业，管理社会事务。

五年来，通过宪法修正案，制定法律 47 件，修改法律 111 件次，作出法律解释、有关法律问题和重大问题的决定决议

53件，已经审议尚未通过的法律案、决定案19件；听取审议182个监督工作报告和其他报告，检查30件法律和决定实施情况，开展11次专题询问、33项专题调研；2282件代表议案、43750件代表建议已全部办理完毕，代表对议案建议办理工作满意度达到98%；决定批准或者加入条约和重要协定36项，组派、接待出来访团组261个，举行和参加双多边线上外事活动400余场；依法任免国家机关工作人员1515人次。主要开展了以下工作。

一、全面贯彻实施宪法，维护宪法权威和尊严

在现行宪法公布施行40周年之际，习近平总书记发表重要文章，深刻阐释宪法的崇高地位，强调坚持和加强党对宪法工作的全面领导，要求把宪法实施贯穿到治国理政各方面全过程，为全面贯彻实施宪法指明了方向。

（一）*完善宪法及宪法相关法*。十三届全国人大一次会议通过宪法修正案，明确中国共产党领导是中国特色社会主义最本质的特征，确立习近平新时代中国特色社会主义思想在国家政治和社会生活中的指导地位。健全人大组织制度、选举制度和运行机制，修改选举法、全国人大常委会议事规则，提请代表大会审议修改全国人大组织法、全国人大议事规则、地方组织法，审议立法法修正草案并提请大会审议。制定监察法、监察官法、公职人员政务处分法，作出关于国家监察委员会制定监察法规的决定。修改人民法院组织法、人民检察院组织法、法官法、检察官法，制定人民陪审员法。修改公务员法、工会法、村民委员会组织法、城市居民委员会组织法。制定英雄烈士保护法，修改国旗法、国徽法，推动落实国歌法有关规定，依法维护英雄烈士尊严和合法权益，维护国家象征和标志尊严，弘扬社会主义核心价值观和爱国主义精神，承担起依法维护国家意识形态安全的政治责任。

（二）维护特别行政区宪制秩序。十三届全国人大三次会议根据宪法通过关于建立健全香港特别行政区维护国家安全的法律制度和执行机制的决定，常委会根据大会授权制定香港特别行政区维护国家安全法，并决定将其列入香港基本法附件三，明确由香港特别行政区在当地公布实施，扭转香港在国家安全领域长期不设防的严峻局面。对香港国安法有关条款作出解释，进一步明确香港国安委和行政长官在处理国家安全问题上的地位和职责。十三届全国人大四次会议根据宪法通过关于完善香港特别行政区选举制度的决定，常委会根据大会授权修订香港基本法附件一和附件二，完善行政长官和立法会两个产生办法，作出关于香港特别行政区立法会议员资格问题的决定等，形成一套有效的民主选举制度。先后就澳门特别行政区对横琴口岸澳方口岸区及相关延伸区实施管辖、在粤港澳大湾区内地九市开展香港法律执业者和澳门执业律师从业试点等事项作出决定，推动香港、澳门更好融入国家发展大局。关于特别行政区的一系列立法和决定，落实“一国两制”、“港人治港”、“澳人治澳”、高度自治方针和“爱国者治港”、“爱国者治澳”原则，充分体现中央全面管治权，为推动香港进入由乱到治走向由治及兴的新阶段、保持香港澳门长期繁荣稳定提供了有力法治保障。

（三）加强合宪性审查工作、提高备案审查工作质量。建立健全合宪性审查工作机制，在立法修法的事前、事中、事后开展全过程、常态化的合宪性审查。就人口与计划生育法修正草案中的合宪性问题，形成涉及宪法规定问题的研究意见。及时回应、妥善处理保护公民通信自由和通信秘密、统一城乡人身损害赔偿标准、民族地区推广使用国家通用语言文字等社会关切，确保法律法规和政策举措符合宪法规定、宪法原则、宪法精神。制定法规、司法解释备案审查工作办法，建立健全备案审查衔接联动机制、常委会听取审议备案审查年度工作情况报告制度，成立备案审查专家委员会，备案审查工作制度化、规范化、专业化水平显著提升。坚持有件必备、有备必审、有错必纠，对报送备案的 7261 件规范性文件逐件进行审查，对公民、组织提出的 17769 件审查建议逐件进行研究，认真提出处理意见；对涉及生态环境保护、优化营商环境、食品药品安全、人口与计划生育、民法典贯彻实施、行政处罚等 20 多个领域的规范性文件开展专项审查和清理，督促推动制定机关修改或废止 2.5 万多件，维护了公民合法权益和国家法治统一。

（四）推动宪法实施和宣传教育。认真组织开展每年的国家宪法日活动，召开国家宪法日座谈会，推动宪法实施成为全体人民的自觉行动。实施宪法规定的相关制度，两次作出关于授予国家勋章和国家荣誉称号的决定，表彰为新中国建设和发展建立卓越功勋的杰出人士和为促进中外交流合作作出杰出贡献的国际友人，表彰在抗击新冠肺炎疫情斗争中作出杰出贡献的人士；作出关于对部分服刑罪犯予以特赦的决定，经法定程序特赦服刑罪犯 23593 人，彰显了社会主义的人道主义精神。组织常委会任命的 132 人次国家工作人员进行宪法宣誓，增强公职人员贯彻实施宪法的自觉性、主动性。

在推动实施宪法的实践中，我们更加深刻认识到，宪法集中体现了党和人民的统一意志和共同愿望，是国家意志的最高表现形式，具有根本性、全局性、稳定性、长期性。宪法规定的是国家的重大制度和重大事项，在国家和社会生活中具有总括性、原则性、纲领性、方向性。宪法的生命在于实施，宪法的权威也在于实施。要与时俱进完善和发展宪法，健全保证宪法全面实施的制度体系，完善宪法相关法律制度和机制，确保在法治轨道上推进国家治理体系和治理能力现代化、建设社会主义现代化国家。

二、完善中国特色社会主义法律体系，以良法促进发展、保障善治

适应新时代对立法工作提出的新要求，紧扣实现国家治理体系和治理能力现代化的重大部署，聚焦法治领域短板和弱项，加强重点领域、新兴领域、涉外领域立法，增强立法系统性、整体性、协同性、时效性。

（一）围绕促进高质量发展立法。常委会会议 7 次审议民法典草案有关内容并 7 次公开征求意见，十三届全国人大三次会议审议通过我国首部法典民法典。制定外商投资法、海南自由贸易港法，推动新一轮高水平对外开放。及时制定乡村振兴促进法，修改种子法、农村土地承包法、土地管理法、农产品质量安全法、畜牧法，审议农村集体经济组织法草案等，助推乡村振兴、农业农村优先发展。制定电子商务法、期货和衍生品法，修改反垄断法、证券法、安全生产法、审计法、城市房地产管理法、台湾同胞投资保护法、对外贸易法，审议金融稳定法草案、公司法修订草案等，推动形成更加公平合理的市场经济法律制度。修改专利法、著作权法、科学技术进步法，助力科技强国建设，推动实现科技自立自强。落实税收法定原则，制定耕地占用税法、车辆购置税法、资源税法、城市维护建设税法、契税法、印花税法，修改个人所得税法，审议增值税法草案，现行 18 个税种中已有 12 个税种制定法律，进一步完善税收法律制度体系。

（二）加快国家安全领域立法。把维护国家安全放在立法工作的重要位置，制定生物安全法、数据安全法、密码法、陆地国界法、反有组织犯罪法，修改反恐怖主义法、国家情报法、档案法、海上交通安全法，审议反间谍法修订草案。加强涉外领域立法，制定反外国制裁法、出口管制法，审议对外关系法草案、外国国家豁免法草案，健全完善反制裁、反干涉、反“长臂管辖”的法律制度，为维护国家和人民利益提供法律保障。批准引渡、刑事司法协助、反极端主义、移管被判刑人、武器贸易、联合军事演习、反恐怖、民用航空等领域的条约和重要协定。制定国际刑事司法协助法，修改刑事诉讼法，为境外追逃追赃工作提供法律手段。制定海警法、军人地位和权益保障法、预备役人员法、消防救援衔条例，修改国防法、人民武装警察法、兵役法、军事设施保护法，作出关于深化国防动员体制改革期间暂时调整适用相关法律规定、中国人民解放军现役士兵衔级制度、军队战时调整适用刑事诉讼法部分规定等决定，推动提高国防和军队建设法治化水平。

（三）形成生态环保法律制度体系。围绕深化生态文明建设，加强生态环保立法，制定土壤污染防治法、噪声污染防治法、湿地保护法，修改固体废物污染环境防治法、野生动物保护法、森林法，制定长江保护法、黄河保护法、黑土地保护法，起草审议青藏高原生态保护法草案、海洋环境保护法修订草案，通过关于全面加强生态环境保护、依法推动打好污染防治攻坚战的决议。通过不懈努力，生态环保领域形成了由1部基础性、综合性的环境保护法，若干部涉及大气、水、固体废物、土壤、噪声、海洋、湿地、草原、森林、沙漠等专门法律，长江保护法、黄河保护法、黑土地保护法及正在审议中的青藏高原生态保护法草案等4部特殊区域法律组成的“1+N+4”法律制度体系，有力推动了人与自然和谐共生的美丽中国建设。

（四）做好社会建设和民生领域立法。保障公民受教育的权利，制定家庭教育促进法，修改教育法、职业教育法，推动提高教育现代化水平。制定强化公共卫生法治保障立法修法工作计划，制定基本医疗卫生与健康促进法、疫苗管理法、医师法，修改动物防疫法、药品管理法，作出关于全面禁止野生动物非法交易和食用的决定。回应人民群众反映强烈的问题，制定个人信息保护法、反电信网络诈骗法、法律援助法、社区矫正法、反食品浪费法，修改民事诉讼法、行政处罚法、社会保险法、人口与计划生育法、体育法，作出关于废止有关收容教育法律规定和制度的决定，审议行政诉讼法修正草案等，用法治保障人民权益、增进民生福祉。通过刑法修正案（十一）。制定退役军人保障法，修改妇女权益保障法、未成年人保护法、预防未成年人犯罪法，加强特殊群体权益保障。

（五）作出授权决定或改革决定。回应全面深化改革提出的立法需求，确保国家发展、重大改革于法有据。围绕深化国家机构改革，就国务院机构改革涉及法律规定的行政机关职责调整问题、全国人大宪法和法律委员会职责问题、中国海警局行使海上维权执法职权作出决定。修改 57 件次相关法律，3 次授权国务院在自由贸易试验区暂时调整适用有关法律规定，授权国务院提前下达部分新增地方政府债务限额、开展房地产税改革试点、在营商环境创新试点城市暂时调整适用计量法有关规定，延长授权国务院开展农村土地改革、药品上市许可持有人制度等试点期限，授权上海市人大及其常委会制定浦东新区法规，保证相关改革举措和试点工作顺利推进。围绕深化司法体制综合配套改革，先后决定设立上海、北京、成渝金融法院和海南自由贸易港知识产权法院。授权最高人民法院开展民事诉讼程序繁简分流改革和四级法院审级职能定位改革试点工作，就专利等知识产权案件诉讼程序若干问题作出决定。听取审议10个授权决定和改革决定实施情况的有关报告。

五年来，在党中央集中统一领导下，形成了党委领导、人大主导、政府依托、各方参与的立法工作格局，有效发挥人大在立法选题、评估、论证、立项、协调、起草、征求意见、审议等环节的主导作用；丰富立法形式，既注重"大块头"，也注重"小快灵"，广泛采用专项立法修法计划、立法工作专班、"小切口"立法、"一事一法"、推动区域协同立法和共同立法等方式和模式；深入推进科学立法、民主立法、依法立法，开展立法论证、立法协商工作，实施法律案通过前评估和立法后评估，共有154件次法律草案向社会公布征求意见，109万多人次参与，有效促进了立法质量和效率的提升。五年来推进高质量立法，进一步完善了中国特色社会主义法律体系，为全面建设社会主义现代化国家提供了更为完备的法律保障。

三、用好宪法赋予人大的监督权，实行正确监督、有效监督、依法监督

更好发挥人大监督在党和国家监督体系中的重要作用，统筹运用法定监督方式，确保宪法法律得到有效实施，确保行政权、监察权、审判权、检察权依法正确行使。

（一）做好规划计划、预算决算审查监督和国有资产管理监督。修订常委会关于加强经济工作监督的决定，听取审议

国民经济和社会发展计划执行情况报告、“十三五”规划纲要实施中期评估报告，审查批准“十四五”规划和2035年远景目标纲要。定期召开季度经济形势分析座谈会，加强对计划规划初步审查、重大事项的监督。修订关于加强中央预算审查监督的决定，深入落实人大预算审查监督重点拓展改革。连续五年听取审议中央决算报告、预算执行情况报告、中央预算执行和其他财政收支的审计工作报告，听取审议审计查出问题整改情况报告，督促整改问题的落实。围绕特定重点领域财政资金监督，听取审议财政医疗卫生资金、财政生态环保资金、财政农业农村资金、财政交通运输资金、财政社会保障资金分配和使用情况报告，重点跟踪监督政策实施和资金使用情况。加强对国有资产管理情况的监督是党中央的决策，是赋予全国人大常委会的一项新职责。常委会作出关于加强国有资产管理情况监督的决定，制定实施国有资产管理情况监督工作五年规划，在定期听取审议年度国有资产管理情况综合报告的基础上，每年选取重点领域开展监督，分别听取审议金融企业国有资产、行政事业性国有资产、企业国有资产、国有自然资源资产管理情况的专项报告，推动国有资产管理科学化、规范化。

（二）听取审议专项工作报告。在高质量发展领域，围绕创新驱动发展、发展海洋经济、外贸转型升级、减税降费、金融工作、股票发行注册制改革、建设现代综合交通运输体系、数字经济发展等听取审议报告，推动解决制约重点领域、新兴行业改革发展的突出矛盾和问题。在农业农村领域，听取审议脱贫攻坚工作、深化农业供给侧结构性改革、乡村产业发展、农村集体产权制度改革、构建新型农业经营体系、巩固拓展脱贫攻坚成果同乡村振兴有效衔接等报告，为全面推进乡村振兴发挥积极作用。在生态环保领域，连续五年听取审议年度环境状况和环保目标完成情况报告，聚焦大气污染防治、水污染防治、土壤污染防治、固体废物污染环境防治、长江流域生态环境保护、雄安新区和白洋淀生态保护等重点领域、重点区域和重点流域的环保工作听取审议报告，以法治力量、法律武器推动污染防治、守护绿水青山。在社会事业领域，听取审议就业工作、推动城乡义务教育一体化发展、医师队伍管理、文化产业发展、学前教育事业改革和发展、社会保障体系建设、文物工作和文物保护法实施、教师队伍建设和教师法实施、儿童健康促进工作、加强和推进老龄工作、有效减轻过重作业负担和校外培训负担等报告，推动解决人民群众反映强烈的问题。突出社会治理重点问题，听取审议公安机关执法规范化建设、开展反腐败国际追逃追赃工作、深化“三非”外国人治理等报告。听取审议华侨权益保护工作情况报告。

（三）加强法律实施情况的监督。制定执法检查工作办法，从选题、组织开展、报告和审议、处理和反馈等各个环节作出全面规范。紧紧围绕法律规定、法律条文，2018 年检查大气污染防治法、统计法、传染病防治法、防震减灾法、农产品质量安全法、海洋环境保护法实施情况，2019 年检查水污染防治法、中小企业促进法、就业促进法、高等教育法、可再生能源法、渔业法实施情况,2020 年检查土壤污染防治法、关于全面禁止野生动物非法交易和食用的决定和野生动物保护法、农业机械化促进法、慈善法、反不正当竞争法、公共文化服务保障法实施情况,2021 年检查固体废物污染环境防治法、中医药法、企业破产法、畜牧法、公证法、消防法实施情况,2022 年检查环境保护法、长江保护法、科学技术普及法、乡村振兴促进法、外商投资法实施情况。结合听取审议专项工作报告和执法检查报告,就大气污染防治、解决判决"执行难"、加强民事诉讼和执行活动法律监督、财政医疗卫生资金分配和使用、促进中小企业发展、水污染防治、公益诉讼检察、土壤污染防治、预算执行和其他财政收支审计查出问题整改、建设现代综合交通运输体系、固体废物污染环境防治、环境保护等方面工作开展专题询问。

(四)加强司法普法工作监督。围绕促进司法公正,对"两高"开展常态化监督。听取审议最高人民法院解决判决"执行难"、刑事审判、民事审判、知识产权审判、涉外审判等工作情况报告。听取审议最高人民检察院加强民事诉讼和执行活动法律监督、开展公益诉讼检察、适用认罪认罚从宽制度、办理控告申诉案件、未成年人检察等工作情况报告。围绕推进法治宣传教育,开展"七五"普法专题调研,听取审议"七五"普法决议贯彻落实情况报告,作出"八五"普法决议,为全面建设社会主义现代化国家营造良好法治环境。

（五）推进专题调研成果运用。紧密结合立法、监督工作，开展脱贫攻坚、乡村振兴、粮食安全、生态环保、污染防治、设区的市地方立法、应对人口老龄化、珍惜粮食反对浪费等领域专题调研，推动解决事关人民群众切身利益的热点难点问题。开展国家安全法实施、监察体制改革和监察法实施情况专题调研，拓展新的领域监督工作。开展国民经济和社会发展第十四个五年规划纲要编制工作若干重要问题、财政补贴管理与改革、完善有利于调节收入分配的个人所得税制度、发挥海外侨胞在共建“一带一路”中的重要作用、以国家公园为主体的自然保护地体系建设、加强种质资源保护和育种创新情况等专题调研，推动解决经济社会发展中的重点问题。开展民族教育发展工作、民族地区兴边富民行动“十三五”规划实施、民族团结进步创建工作、人口较少民族经济社会发展情况等专题调研，助力民族地区的发展进步。开展地方政府隐性债务、社会基本养老保险基金预算管理与改革、防范化解系统性金融风险、社会保险制度改革和社会保险法实施、政府投资基金管理与改革、地方政府专项债务管理与改革情况等专题调研，加强财政金融领域的有效监督。

人大监督是具有法定权威、代表人民的监督。常委会始终坚持把“依法”二字贯穿监督工作全过程，依照法定职责、限于法定范围、遵守法定程序、抠住法律规定进行监督，确保宪法法律有效实施和各国家机关依法履职；坚持跟踪监督问效，聚焦党中央重大决策部署、聚焦人民群众所思所盼所愿，持续跟进生态环保、公共资金资产管理、执法司法等领域的突出问题，久久为功，一抓到底，推动改进工作、完善制度；坚持完善监督工作机制和监督方式，推动专项工作报告审议结果的落实，在执法检查中引入第三方评估，采用抽查暗访、大数据分析、问卷调查等方式，实现委托检查全覆盖，把执法检查与立法评估、法律普及结合起来，注重从制度上、法律上推动解决普遍性、规律性问题。在生态环保领域执法检查中，近90万人次参加问卷调查，1.78亿人次参加答题。本届以来，实现了监督领域的全覆盖，首次听取审议国有资产管理情况综合报告，首次听取审议金融工作情况报告，首次听取审议国家监委有关专项工作报告，首次开展对"两高"专项工作报告的专题询问。在监督工作实践中，我们进一步找准人大监督的性质和定位，有力推动了宪法法律规定的实施和"一府一委两院"正确行使职权、依法履行职责，确保任何国家机关及其工作人员的权力都要受到监督和制约。

四、发挥人大代表作用，做到民有所呼、我有所应

贯彻习近平总书记"密切常委会同人大代表的联系，密切人大代表同人民群众的联系"重要指示精神，全面加强和改进代表工作，服务、支持和保障代表更好依法履职，使发挥代表作用成为人民当家作主的重要体现。

（一）提升代表议案、建议办理水平。坚持内容高质量、办理高质量，实行交办情况和办理结果"一人一函"、"一件一函"的反馈机制，做到议案建议办理既重结果、也重过程。代表提出的所有议案，交由专门委员会审议，常委会每年听取审议关于代表议案审议结果的报告，推动一批经济社会发展急需的重要法律相继出台。对代表在大会和闭会期间提出建议的办理情况，做到件件有反馈，建议所提问题74%得到解决或正在解决。

（二）支持代表参与常委会工作。邀请1026人次代表列席常委会会议，基本实现基层全国人大代表在任期内列席一次常委会会议。建立常委会会议期间召开列席代表座谈会机制，组织召开17次座谈会，770人次代表参加，就人大工作、民主法治建设、经济社会发展等方面提出意见建议。提请代表大会审议的宪法修正案草案和监察法、外商投资法、民法典、全国人大组织法、全国人大议事规则、地方组织法、立法法等法律草案，都提前组织代表研读讨论。常委会会议审议的36部法律草案，提前征求相关领域或具有相关专业背景代表的意见建议。有400多人次代表参加立法调研、起草、论证、评估工作，2000多人次代表参加执法检查、专题调研、计划和预算审查监督、国有资产管理情况监督等工作。

（三）健全常委会联系代表机制。委员长会议组成人员和常委会委员直接联系432名代表，形成专门委员会、工作委员会联系相关领域、具有相关专业知识代表的工作机制，通过座谈、走访、电话、邮件、微信、邀请参加调研等多种方式，加强同代表的经常性联系，做到联系工作覆盖基层一线和专业人员代表、覆盖常委会各项工作。

（四）推动代表密切联系人民群众。组织8389人次代表开展专题调研和集中视察，形成497篇专题调研报告。有序开展和规范代表跨原选举单位调研视察。组织香港、澳门、台湾、解放军和武警部队代表赴有关省（区、市）开展调研视察。采用视频连线的方式，组织香港代表视察新疆维吾尔自治区。规范代表参加"一府一委两院"活动程序，根据代表职责，9100余人次代表参加了国务院及其有关部门、最高人民法院、最高人民检察院组织的有关活动，240余人次代表担任特约监察员、监督员。充分发挥代表之家、代表联络站的作用，鼓励全国人大代表就近参加联系群众的活动。

（五）加强代表履职能力建设。认真做好十四届全国人大代表选举工作，指导县乡人大换届选举，依法民主选举产生277万名各级人大代表，彰显社会主义民主的人民性、广泛性和真实性。制定关于加强和改进全国人大代表工作的35条具体措施，加强代表联络机构建设，全方位为代表履职提供服务保障。通过线上线下举办26期全国人大代表学习班，累计1.6万人次代表参加学习，基本实现新任基层代表履职学习全覆盖。创建全国人大网络学院，2539名全国人大代表参加网络学习。

五年来，代表工作的实践使我们加深了对习近平总书记关于代表工作重要论述的认识。"两个密切联系"体现的是人民当家作主的国家性质和全过程人民民主的制度优势，深刻揭示了代表工作的根本目的、内在要求和工作规律。我们认真落实“两个密切联系”，使代表更好成为党和国家联系人民群众的重要桥梁和渠道。本届以来，**代表的履职意识更强了**。通过出席代表大会，提出议案建议，参与常委会和专门委员会、工作委员会工作，开展调研视察，深入了解和反映群众诉求，代表人民参加行使国家权力。**代表的职责定位更准了**。人大代表不是政治光环，而是重要职务，是要讲担当、有作为的。人大代表由选民或选举单位选举产生，但不能仅代表选区或选举单位利益，更不能代表任何特殊利益，而是代表最广大人民群众的根本利益，要把人民群众的心声、意愿反映上来，把党中央重大决策部署宣传贯彻到人民群众中去。**代表的作用发挥更好了**。人大代表是国家权力机关的组成人员，来自人民、扎根人民，既有“本职”工作，也有“履职”工作。代表立足岗位，不负重托，在本职工作中展现了人大代表的时代风采，以履职工作的实际行动践行了代表人民、为了人民、服务人民的光荣使命。

五、发挥人大对外交往优势，服务党和国家外交大局

坚持以习近平外交思想为指引，以推动落实元首共识为首要任务，立足国家立法机构的职能定位，发挥在对外交往中的优势和效能，努力为服务国家战略、捍卫国家利益作出积极贡献。

（一）加强与外国议会的双边交流。与近190个国家和地区议会保持交往和联系，同有关国家和多边议会组织新签署11项友好合作协议。邀请接待111个团组访华，组派150

个团组出访。疫情发生后，积极运用“云外交”形式，举行双边线上活动260多场，组织线下外事活动98场，外交信函往来近2000件。推进与有关国家的法律合作项目，就法律草案起草中的合宪性审查、法律体系建立和完善、法律配套规定、立法技术规范等开展交流研讨。围绕制定修改体育法、医疗保障法等，赴有关国家进行立法交流。积极主动做好9个新建复交国家议会工作，举行会见会谈、视频会晤22场，实现同新建复交国家交往全覆盖。发挥全国人大驻外干部的作用，对有关国家和地区的立法经验开展调研。

（二）深入参与议会多边交往合作。发挥全国人大和外国议会高层交往引领作用，积极参与各国议会联盟、二十国集团议长会议、金砖国家议会论坛、欧亚国家议长会议、六国议长会议等多边机制，坚定发出中国声音，坚定维护国家利益。派团出席65次国际会议，出席视频国际会议137场，广泛接触各国议员，推动“一带一路”倡议、构建人类命运共同体、全球发展倡议、全球安全倡议等中国主张成为国际共识。举办6期面向发展中国家的线下议员研讨班，邀请25个国家的123名议员参加。举办同非洲四国、中亚五国、北非三国、非洲法语国家议会线上研讨会，加强在相关领域的交流合作。出席多边议会组织举办的立法交流活动，介绍中国立法制度与立法经验。

（三）发挥定期交流机制和友好小组作用。定期交流机制和友好小组，是人大对外工作的特有优势。全国人大与21

个国家议会和欧洲议会建立了定期交流机制和政治对话机制，同16个国家议会和欧洲议会举行35次机制交流会议，实现了多层次、宽领域的交流与合作。成立双边友好小组136个，疫情以来围绕香港国安法、反对病毒溯源政治化、介绍“十四五”规划、宣介党的二十大精神开展对外集体致函行动，有效配合国家外交行动。

（四）坚决维护国家主权、安全、发展利益。积极妥善运用国际规则维护国家利益，坚持对等原则对有关国家议员采取反制措施。建立健全全国人大各层级发言人机制，以全国人大常委会发言人谈话、外事委声明、外事委发言人和法工委发言人谈话等方式，就涉藏、涉疆、涉港、涉台、人权、疫情及其他涉华敏感问题48次及时响亮发出人大声音。

（五）积极做好对外宣介。交流治国理政经验，宣介习近平新时代中国特色社会主义思想，宣介中国改革开放成就和经验，宣介人民代表大会制度、人民当家作主的生动实践，展示中国特色社会主义民主政治的优势和特点。翻译出版中华人民共和国法律年度汇编英文本，通过中国人大网对外发布87部法律、决定英文译文，宣传阐释我国全面依法治国成就。建好用好中国人大网英文版，拓展运用新媒体表现形式，提升人大新闻宣传的国际传播力影响力。组织94名基层代表参加全国人大外事活动，用亲身履职实践讲述人民代表大会制度优势。

五年来，人大外事工作的实践使我们进一步认识到，中国特色社会主义进入新时代，人大对外工作的首要任务，就是聚焦国家外交总体布局，推动落实国家元首之间达成的重要共识，确保完成党中央交付的重大外交任务；就是找准人大在国家对外工作中的定位、任务、特点、优势，通过立法机构的交往，为国家发展争取良好国际环境，为维护国家利益赢得更多友华人士；就是在国家需要时，毫不犹豫地站到一线进行法律的、政治的、外交的斗争，伸出肩膀扛起立法机构应尽的政治责任，捍卫国家主权、安全、发展利益！

六、以政治建设为统领，切实加强常委会自身建设

坚持党对人大工作的全面领导，按照习近平总书记关于建设“四个机关”的要求，不断提高常委会的政治能力和履职水平，努力建设让党中央放心、让人民群众满意的人大机关。

（一）完善常委会运行机制。优化会议时间、程序和内容，落实民主集中制原则，召开5次代表大会和39次常委会会议，听取、审议1029项议题。发挥委员长会议作用，召开委员长会议136次。严格执行常委会议事规则，依法提出会议召开时间、出席列席人员和全体会议、分组会议安排，严格请假报批制度，出席率保持在96%以上。认真做好议案提出和审议工作，增设单月委员长会议专门研究讨论拟交付常委会会议表决通过的法律草案机制，提高听取审议工作报告、专题询问、发言和表决的规范化水平。

（二）充分发挥专门委员会和工作委员会作用。将原法律委员会、内务司法委员会分别更名为宪法和法律委员会、监察和司法委员会，增设社会建设委员会，对教育科学文化卫生委员会法定职能进行部分调整，更好适应新时代人大工作需要。推进专门委员会工作规范化、制度化，专门委员会召开会议500余次。委员长会议、专门委员会和工作委员会牵头起草或提请审议的法律案、决定案91件次，协调指导137件法律的起草工作，本届完成率达到92.7%。提请常委会会议审议的202个议案和171个报告，均先由专门委员会认真审议、提出报告。专门委员会承担执法检查、专题调研的具体组织实施工作。加强制度建设，在立法、监督、议案建议办理、代表工作、调研等方面，建立和修改了一系列制度规则，形成"立法—评估—修法"的动态闭环机制，确保专门委员会、工作委员会职能的有效发挥。

（三）加强工作机构服务能力建设。基层立法联系点达到32个，实现了全国31个省（区、市）全覆盖。推进"数字人大"建设。建成全国统一的备案审查信息平台，开通公民、组织审查建议在线提交平台。建成国家法律法规数据库。设立5个预算工委基层联系点，建成全国人大预算联网监督系统，覆盖全国31个省（区、市）、90%以上的地市和80%以上的县区。国有资产联网监督系统正式上线，服务常委会审议。建成并启用全国人大代表工作信息化平台，提升网络视频会议、"云听会"质量。开通全国人大机关专属政务微信，实现代表议案建议、调研成果转化全流程网上运行。健全人大信访工作机制，开通网上信访平台，处理信访总量43万多件次。提升人大新闻舆论工作水平，精心组织新闻发布会、记者会、“代表通道”、“部长通道”，设立各代表团新闻发言人、大会新闻中心视频采访室，强化立法监督全过程报道和代表履职宣传。发挥中国人民代表大会制度理论研究会、中国人大杂志作用，推进“刊网微端”融合向纵深发展，组织编写理论读物，研究阐释人大制度理论。做好疫情下大会和常委会会议的服务保障，确保人民大会堂正常运转。

（四）加强人大党的建设。全面加强政治建设、思想建设、组织建设、作风建设、纪律建设、制度建设，形成风清气正的干事创业环境。扎实开展“不忘初心、牢记使命”主题教育、党史学习教育，深入学习习近平新时代中国特色社会主义思想。连续五年召开学习贯彻习近平总书记关于坚持和完善人民代表大会制度的重要思想交流会。围绕学习习近平法治思想、习近平外交思想等主题，举办32次专题讲座。制定并实施全国人大机关五年学习规划。坚持政治坚定、服务人民、尊崇法治、发扬民主、勤勉尽责，打造高素质人大工作队伍。

（五）加强与地方人大的联系。召开纪念地方人大设立常委会40周年座谈会，召开省级人大立法工作交流会，连续五年每年召开一次地方立法工作座谈会，举办地方立法培训班，指导地方人大就区域生态环境保护等开展协同立法、共同立法，举办地方人大负责同志人大制度理论学习班，交流工作经验。地方人大协助全国人大常委会开展执法检查、立法调研、代表服务保障、对外交往等工作，为推动人大工作整体水平的提高作出了积极贡献。

五年来，常委会自身建设得到全面加强，人大作为政治机关的根基更牢固，作为国家权力机关的职责更鲜明，作为工作机关的运转更高效，作为代表机关的作用更显著，有力保证了人大制度建设的正确方向，有效提升了人大工作的质量水平，有序推进了全过程人民民主的发展实践。

各位代表！

十三届全国人大及其常委会的工作成绩，是在以习近平同志为核心的党中央坚强领导下取得的，是全国人大代表、常委会组成人员、各专门委员会组成人员和全国人大机关工作人员履职尽责、辛勤工作，国务院、国家监察委员会、最高人民法院、最高人民检察院和地方各级人大及其常委会密切配合、通力协作，全国各族人民充分信任、大力支持的结果。在此，我代表十三届全国人大常委会表示崇高的敬意和衷心的感谢！

总结五年，我们也深深感到，人大工作还有不少问题和诸多不足。在新时代新征程的伟大历史洪流中，在社会主要矛盾发生变化的历史背景下，人大工作在一些方面也存在不适应、跟不上的问题，特别是立法工作的质量仍需进一步提高，还存在法律的系统性、衔接性、可操作性不足的问题；监督工作的针对性和实效性仍需进一步增强，还存在力度不够、实效不够的问题；服务代表的能力仍需进一步提升，代表工作规范化、系统化有待增强。这些问题和不足,都需要在今后的工作中切实加以改进。

各位代表!

五年的实践,进一步深化了我们对人民代表大会制度科学内涵、基本特征和本质要求的认识,这就是:**必须坚持中国共产党的领导**,确保中国共产党领导是中国特色社会主义最本质的特征这一宪法原则得到全面落实,确保中国共产党始终成为中国特色社会主义的坚强领导核心;**必须坚持习近平新时代中国特色社会主义思想**,深入贯彻习近平总书记关于坚持和完善人民代表大会制度的重要思想,引领人大工作始终沿着正确的方向前进;**必须坚持中国特色社会主义政治发展道路**,把党的领导、人民当家作主、依法治国有机统一起来,保证党领导人民依法有效治理国家;**必须坚持全过程人民民主重大理念**,充分发挥人民代表大会制度作为实现我国全过程人民民主、体现人民当家作主的重要制度载体作用,确保党和国家在决策、执行、监督落实各个环节都能听到来自人民的声音;**必须坚持充分发挥人民代表大会制度作为党领导国家政权机关的重要制度载体作用**,使党的主张通过法定程序成为国家意志和人民共同行动;**必须坚持宪法确立的国家根本任务、发展道路、奋斗目标**,丰富和拓展人大工作的实践特色和时代特色,保证党的理论和路线方针政策的全面贯彻落实。

今后一年工作的建议

2023 年是全面贯彻落实党的二十大精神的开局之年。新的一年里，常委会工作的总体要求是：以习近平新时代中国特色社会主义思想为指导，在以习近平同志为核心的党中央坚强领导下，全面贯彻落实党的二十大精神，坚持党的领导、人民当家作主、依法治国有机统一，坚持和完善人民代表大会制度，坚持稳中求进工作总基调，扎实推进中国式现代化，完整、准确、全面贯彻新发展理念，依法行使宪法法律赋予的立法权、监督权、决定权、任免权，加强和改进新时代人大工作，为全面建设社会主义现代化国家开好局起好步作出应有贡献。

十三届全国人大常委会委员长会议原则通过了 2023 年度常委会工作要点和立法、监督、代表工作计划，对今后一年的工作作出了预安排。

（一）做好宪法实施和立法工作。推进合宪性审查制度化、规范化，完善和加强备案审查制度，维护宪法和基本法确定的特别行政区宪制秩序。坚持一个中国原则和“九二共识”，推动两岸关系和平发展，坚定不移推进祖国统一大业。发挥人大在立法工作中的主导作用，研究编制十四届全国人大常委会立法规划，统筹安排未来五年立法工作。健全社会主义市场经济法律制度，推动构建高水平社会主义市场经济体制。加快推进科技、民生、社会、文化、环保、安全、国防领域立法。统筹发展和安全，为推进中国式现代化提供法律保障。

（二）增强人大监督实效。改进监督工作方式方法，切实做到正确监督、有效监督、依法监督。聚焦党的二十大确定的目标任务和党中央重大决策部署，聚焦人民群众所思所盼所愿开展监督。围绕推动高质量发展，听取审议相关工作报告。监督大会批准的重大事项。加大对预算决算审查监督力度。强化国有资产管理情况监督。加强对执法、监察、司法工作的监督。

（三）提升代表工作水平。提高代表议案建议办理质量和实效，强化办理过程管理和跟踪督办力度，完善代表建议重点督办机制。完善常委会组成人员联系代表机制，健全专门委员会、工作委员会联系相关领域、具有相关专业知识代表的工作机制，扩大代表对常委会工作的参与。密切代表同人民群众的联系，加强和改进闭会期间代表活动，持续推进代表联系人民群众的工作机制和平台建设。加强代表履职学习培训，提升代表履职能力。

（四）做好人大对外交往。全力配合党和国家外交布局，完成党中央交给人大的外事工作任务。加强全国人大与外国议会的多层次多形式多领域交往，夯实双边关系的民意基础和法律保障。积极参与多边议会组织活动，展示中国形象，宣介中国主张。充分发挥全国人大各级发言人机制作用，在涉及国家核心利益和重大原则问题上勇于发声、敢于斗争。

（五）加强常委会自身建设。全面学习、全面把握、全面落实党的二十大精神，以政治建设为统领，提高政治判断力、政治领悟力、政治执行力。提升履职能力，增强法治观念，发挥专门委员会、工作委员会作用，加强机关服务保障能力建设。

各位代表，我们要更加紧密地团结在以习近平同志为核心的党中央周围，深入贯彻习近平新时代中国特色社会主义思想，坚定信心、同心同德，埋头苦干、奋勇前行，为全面建设社会主义现代化国家、全面推进中华民族伟大复兴而团结奋斗！

第十四届全国人民代表大会第一次会议关于最高人民法院工作报告的决议

（2023年3月13日第十四届全国人民代表大会第一次会议通过）

第十四届全国人民代表大会第一次会议听取和审议了最高人民法院院长周强所作的工作报告。会议充分肯定最高人民法院过去五年的工作，同意报告提出的2023年工作建议，决定批准这个报告。

会议要求，最高人民法院要以习近平新时代中国特色社会主义思想为指导，深入贯彻习近平法治思想，全面贯彻党的二十大和二十届一中、二中全会精神，深刻领悟"两个确立"的决定性意义，增强"四个意识"、坚定"四个自信"、做到"两个维护"，毫不动摇坚持党的绝对领导，坚持以人民为中心，坚持中国特色社会主义法治道路，践行全过程人民民主，忠实履行宪法法律赋予的职责，全面提升审判执行工作质效，深化司法体制综合配套改革，持续加强智慧法院建设，锻造过硬法院队伍，加快推进审判体系和审判能力现代化，全力维护国家政治安全、确保社会大局稳定、促进社会公平正义、保障人民安居乐业，为全面建设社会主义现代化国家、全面推进中华民族伟大复兴提供有力司法保障。

最高人民法院工作报告

——2023 年 3 月 7 日在第十四届全国
人民代表大会第一次会议上

最高人民法院院长　周　强

各位代表：

现在，我代表最高人民法院，向大会报告工作，请予审议，并请全国政协各位委员提出意见。

过去五年的主要工作

2022 年是党和国家发展史上极为重要的一年，党的二十大胜利召开，擘画了全面建设社会主义现代化国家、以中国式现代化全面推进中华民族伟大复兴的宏伟蓝图。在以习近平同志为核心的党中央坚强领导下，在全国人大及其常委会有力监督下，全国法院围绕迎接党的二十大、学习宣传贯彻党的二十大精神，坚决筑牢政治忠诚，坚定维护安全稳定，依法服务发展大局，切实保障民生权益，深化司法体制改革，着力锻造法院铁军，各项工作稳中有进。最高人民法院受理案件

18547 件，审结 13785 件；地方各级人民法院和专门人民法院受理案件 3370.4 万件，审结、执结 3081 万件，结案标的额 9.9 万亿元。

党的十九大以来的五年，我们党团结带领人民有效应对严峻复杂的国际形势和接踵而至的巨大风险挑战，推动党和国家事业取得举世瞩目的重大成就。五年来，最高人民法院坚持以习近平新时代中国特色社会主义思想为指导，深入贯彻习近平法治思想，全面贯彻党的十九大和十九届历次全会精神，认真学习贯彻党的二十大精神，贯彻落实《中国共产党政法工作条例》，认真落实十三届全国人大历次会议决议，深刻领悟“两个确立”的决定性意义，增强“四个意识”、坚定“四个自信”、做到“两个维护”，紧紧围绕“努力让人民群众在每一个司法案件中感受到公平正义”目标，坚持服务大局、司法为民、公正司法，忠实履行宪法法律赋予的职责，推动人民法院工作实现新变革新发展。认真落实习近平主席特赦令和全国人大常委会特赦决定，在新中国成立 70 周年前夕依法裁定特赦罪犯 23593 人。2018 年至 2022 年，最高人民法院受理案件 14.9 万件，审结 14.5 万件，比上一个五年分别上升 81.4%和 81.5%，制定司法解释 114 件，发布指导性案例 119 件，加强对全国法院审判工作监督指导；地方各级人民法院和专门人民法院受理案件 1.47 亿件，审结、执结 1.44 亿件，结案标的额 37.3 万亿元，比上一个五年分别上升 64.9%、67.3%和 84.7%。通过发挥审判职能作用，推动建设更高水平的平安中国、法治中国，为全面建成小康社会、全面建设社会主义现代化国家提供有力司法服务和保障。

一、坚决维护国家安全、社会安定、人民安宁

全面贯彻总体国家安全观，坚持宽严相济刑事政策，五年来审结一审刑事案件590.6万件，判处罪犯776.1万人。

坚决维护国家政治安全。严惩各种渗透颠覆破坏、暴力恐怖、民族分裂、宗教极端等犯罪，坚定维护国家政权安全、制度安全、意识形态安全。审理施正屏、李孟居、李亨利、沙塔尔·沙吾提等案件，严惩间谍、窃密、资助危害国家安全犯罪活动、妄图分裂国家的犯罪分子。依法反制非法制裁和"长臂管辖"，坚定捍卫国家主权、安全、发展利益。

坚决维护社会稳定。持续开展扫黑除恶斗争，依法审结涉黑涉恶案件3.9万件26.1万人。对孙小果、杜少平、陈辉民、黄鸿发等依法判处并执行死刑。"黑财"执行到位2461亿元。一批为害一方的"村霸"、"街霸"、"矿霸"被绳之以法。依法惩治涉疫犯罪，维护正常防疫秩序，优化调整司法政策。从严惩治暴力伤医、扰医、闹医等侵害医务人员权益的违法犯罪，切实维护救死扶伤的白衣天使安全和尊严。依法惩治袭警犯罪，让暴力抗法者付出代价。审结故意杀人、强奸、抢劫、绑架、放火、爆炸等严重暴力犯罪案件23.8万件27.4万人，审结毒品犯罪案件34.7万件44.2万人，对高承勇、张维平、陈宇萍等一批罪行极其严重的犯罪分子依法判处死刑。我国刑事犯罪案件、严重暴力犯罪案件总体呈持续下降态势，

人民群众安全感显著增强。

依法惩治腐败犯罪。配合国家监察体制改革，完善监察执法与刑事司法衔接机制。审结贪污贿赂等职务犯罪案件11.9万件13.9万人。依法从严惩处孙政才等92名原中管干部，对赵正永、孙力军、王立科、傅政华、刘彦平等依法适用终身监禁，对赖小民依法判处并执行死刑，彰显党中央有腐必惩、有贪必肃的坚定决心。坚决惩治侵害群众利益的"蝇贪"、"蚁腐"，对挪用惠农资金、克扣征地补偿款、贪污危房改造补助等腐败犯罪严惩不贷。审结行贿犯罪案件1.2万件1.3万人，严惩多次行贿、巨额行贿、长期"围猎"干部的行贿犯罪。审理许超凡等外逃人员回国受审案件979件，对长期外逃的程三昌缺席审判，裁定没收张正欣、彭旭峰等死亡或外逃腐败分子境内外违法所得，追逃追赃"法网"越织越紧，对腐败分子产生极大震慑。

依法惩治信息网络犯罪。审结电信网络诈骗及关联犯罪案件22.6万件，千方百计帮助受骗群众挽回损失，"10·18"、"11·20"等一批特大跨境电信网络诈骗犯罪分子被绳之以法。依法惩治侵犯公民个人信息、帮助信息网络犯罪活动等犯罪，加大全链条打击力度。通过审理刷单返利、虚假理财、交友陷阱等网络诈骗案件，揭露花样翻新的诈骗套路，助力全民反诈。严厉打击网络赌博犯罪，对张宁宁等跨境赌博犯罪集团案被告人依法从严惩处。审理涉网络"水军"、网络"黑公关"等案件，严惩散布虚假信息、危害网络生态的犯罪行为，决不允许网络空间沦为法外之地。

依法惩治危害群众切身利益的犯罪。审结危害食品药品安全犯罪案件3万件4.6万人，严惩利欲熏心的造假者，对制售有毒有害食品的犯罪分子依法宣告从业禁止，守护百姓餐桌安全、用药安全。开展打击医保骗保犯罪专项行动，严惩幕后组织者和职业骗保人。严厉打击整治养老诈骗，审结“老庆祥”、“夕阳红”、“长者屋”等针对老年人的非法集资案件，判处罪犯4523人，追赃挽损31.9亿元，守护群众养老钱。

依法维护公共安全。审结危害生产安全犯罪案件1.1万件2万人，对一批重特大生产安全事故责任人依法判处重刑，维护人民群众生命财产安全。针对高空抛物、偷盗窨井盖、妨害安全驾驶等公众担忧的安全问题，出台司法政策，促进综合治理，有力维护群众“头顶上”、“脚底下”和出行中的安全。

二、依法服务构建新发展格局、推动高质量发展

完整、准确、全面贯彻新发展理念，审结一审商事案件2472.3万件，维护市场秩序，优化法治环境，服务经济社会高质量发展。

依法助力稳经济增信心。新冠疫情防控三年来，人民法院竭尽所能为企业减负纾困，帮群众排忧解难。出台助力中小微企业发展20条，推动解决挤压生存发展空间、拖欠账款等中小微企业急难愁盼问题。出台促进消费30条，严厉整治“霸王条款”、消费欺诈、预付式消费陷阱等行为，依法保护新零售业态、新个体经济，支持、规范社交电商等多样化经营模

式,促进增强消费信心。出台稳定就业14条,明确居家办公或灵活办公工资裁判标准,维护高校毕业生就业见习、试用期合法权益,平衡保护用人单位和劳动者权益。妥善化解合同履行、商铺租赁、物流运输等涉疫纠纷77.9万件,多数通过调解、和解方式解决,帮助大中小微企业互谅互让、守望相助、共渡难关。运用民法典不可抗力、情势变更等条款,积极协调受疫情影响的中小企业、个体工商户以延期付款、分期付款等方式履行债务,鼓励业主或债权人减免租金、减免逾期利息。坚持善意文明司法,对应当采取查封、保全的财产,依法采用"活封活扣",有效释放361万件案件所涉查封财产的使用价值和融资功能。及时修复企业信用179万件次,对13万个企业暂缓适用强制措施,通过一系列"放水养鱼"柔性措施,让守信的企业摆脱困境、轻装上阵。内蒙古、辽宁、湖北、湖南、广西等法院推行涉企案件经济影响评估机制,天津、河北、上海、浙江、山东、广东等法院主动为出海"抢订单"企业提供法律服务,竭力为市场主体拼经济创造"暖环境"。

*依法服务创新驱动发展。*加强知识产权司法保护,激发创新动力。审结一审知识产权案件219.4万件,同比增长221.1%。审理涉5G通信、新能源新材料、高端装备制造等高新技术案件,加大对关键核心技术及新兴产业、重点领域等知识产权保护力度。出台植物新品种权司法解释,审理"金粳818"水稻、"丹霞红"梨树等案件1585件,激励育种创新。海南法院强化"南繁硅谷"司法保障,陕西法院建立种业知识产

权司法保护基地，甘肃法院设立种子法庭，守护“农业芯片”。出台加强中医药知识产权保护意见，天津、江西等法院完善司法措施，保障中医药传承创新发展。加大惩罚性赔偿力度，2022年侵犯知识产权案件判赔额较2018年增长153%。我国知识产权专业化审判体系基本形成。

依法服务优化营商环境。司法程序质量保持全球领先，为我国营商环境世界排名大幅跃升作出积极贡献。加强产权司法保护，落实平等保护原则，不论国有民营、内资外资、大中小微企业，一律平等对待、一视同仁。依法再审纠正张文中案等重大涉产权刑事冤错案件209件283人，对6250名在押企业经营者变更适用取保候审、监视居住等强制措施，对290名涉案企业经营者依法宣告无罪，坚决防止将经济纠纷当作犯罪处理，坚决保护市场主体合法的财产权益、合同权益。通过司法裁判弘扬契约精神，在买卖合同、股权转让等案件审理中依法认定合同效力，鼓励诚信交易。加强合同执行，降低交易成本。严防通过虚假诉讼逃废债，对恶意拖欠账款、减损资产、扩张债务行为坚决追究法律责任。依法惩治合同诈骗、串通投标、虚假破产等破坏市场经济秩序犯罪。依法审理行政协议案件，促进行政机关完善守信践诺机制，保障民营经济和社会资本合作方合法权益。

依法维护市场公平竞争。审结垄断和不正当竞争案件2.9万件。审理医药、电信、建材、文化消费等领域垄断案件，依法惩处垄断协议、滥用市场支配地位行为，保护市场竞争活力和消费者合法权益。依法惩治侵犯商业秘密、恶意抢注商标等违背诚信原则和商业道德的行为。加强传统品牌、老字号、驰名商标司法保护，审理涉“五常大米”、“沁州黄小米”、“云南白药”等商标权、不正当竞争案，制止“傍名牌”、“搭便车”。对“青花椒”等“碰瓷式维权”说不，为合法经营者撑腰，让违法经营者受罚。

依法促进数字经济健康发展。审理大数据权属交易、公共数据不正当竞争等案件，明确数据权利司法保护规则。惩处滥用数据、算法等排除、限制竞争的行为，坚决制止“大数据杀熟”、强制“二选一”等“店大欺客”行为。规范直播带货、付费点播等新业态新模式，保护创新经营，惩处非法逐利。浙江温州法院积极探索数据资源专业审判机制。北京、天津、上海法院对盗播北京冬奥会、世界杯等行为及时作出禁令，促进优化数字文化市场环境。

营造良好金融法治环境。审结金融犯罪案件 10.1 万件、金融民商事案件 1037.7 万件，助力服务实体经济、防控金融风险。大幅下调民间借贷利率司法保护上限，依法否定变相高息条款效力，降低实体经济融资成本。审慎处理涉连环担保和 P2P 网络借贷等案件，以市场化法治化手段防范化解金融风险。出台惩治非法集资、操纵证券期货市场等犯罪司法解释，对财务造假、“老鼠仓”等资本市场违法犯罪零容忍。出台证券集体诉讼司法解释，保护中小投资者合法权益，康美药业案 5.5 万名投资者通过特别代表人诉讼获赔 24.59 亿元。先后就科创板、创业板、北交所出台司法保障意见，服务资本市场基础性制度改革。

促进市场要素资源高效配置。审结破产案件4.7万件，涉及债权6.3万亿元，对仍有市场潜力的高负债企业通过依法重整实现重生，对资不抵债、拯救无望的企业宣告破产，实现市场出清。探索个人破产制度，让诚实而不幸的债务人能有重归市场打拼的机会。推进“执破直通”，办理执行转破产案件1.5万件。审结破产重整案件2801件，盘活资产3.4万亿元，帮助3285个企业摆脱困境，稳住92.3万名员工就业岗位。海航集团破产重整案成功化解1.1万亿元债务风险，北大方正、紫光集团、永泰能源、大船海工、“建工系”、中孚实业、贵阳大数据交易所、青海盐湖股份等一批有价值有前景的企业通过破产重整获得新生。

依法服务乡村振兴和区域协调发展。出台司法政策，服务脱贫攻坚、乡村振兴和农业农村现代化。依法审理涉农村土地“三权分置”案件，支持土地经营权依法有序流转，保障进城落户农民合法土地权益。妥善化解涉农产品产销、特色产业投资、农村电商、乡村旅游等纠纷，优化农村营商环境。黑龙江法院开设绿色通道保障春耕生产。山东法院以专业法庭促进寿光蔬菜等产业发展。江苏法院化解万亩养殖水面清退纠纷，吸引企业追加投资4亿元。跟进京津冀协同发展、长江经济带发展、长三角一体化发展、西部大开发新格局、东北全面振兴、中部地区高质量发展、雄安新区建设、成渝地区双城经济圈建设等重大战略,制定司法服务政策。支持南京法治园区和吉林、福建、四川等地法务区建设。支持河北法院与国家体育总局共建冰雪运动法律问题研究基地,助力后奥运经济发展。

依法服务生态文明建设。深入践行"两山"理念,审结环境资源案件129.3万件,审结检察机关和社会组织提起的环境公益诉讼案件1.7万件。贯彻保护优先、预防为主、损害担责等原则,制定生态环境侵权禁止令、惩罚性赔偿等司法解释。审理非法进口"洋垃圾"、环境监测数据造假、非法围填海域等案件,助力打好蓝天碧水净土保卫战。云南法院审理绿孔雀预防性保护公益诉讼案,加强生物多样性司法保护。完善长江、黄河生态保护修复司法政策,流域内法院司法协作"串珠成链",携手保护"母亲河"。江苏法院跨省移交"长江特大非法采砂案"生态修复金,落实全流域一体化保护。创新适用补植复绿、增殖放流等恢复性司法举措,判令补植树木超过9085万株,放流鱼苗超过5.1亿尾。贵州法院支持认购碳汇修复生态,福建法院创新林业碳汇损失计量及赔偿机制,促进绿色低碳发展。河南、湖北、重庆、陕西、宁夏法院在黄河湿地、丹江、三峡库区、秦岭、贺兰山等建设生态司法修复基地,让受损生态得以修复。江西法院依法审理三清山巨蟒峰损毁案,对故意损毁自然遗迹的行为予以严惩。加强文物和文化遗产司法保护,"章公祖师"肉身坐佛像案开创以国内民事诉讼追索流失海外文物新途径,河北山海关、山西右玉法院建立长城文化遗产司法保护机制。基本建成中国特色环境资源审判组织体系，中国环境司法在全球环境治理中发挥越来越重要的作用。

依法服务高水平对外开放。审结涉外商事案件 9.5 万件、海事案件 7.6 万件。坚定不移贯彻对外开放基本国策，围绕高质量共建“一带一路”和自由贸易试验区、海南自由贸易港建设等出台司法服务政策。落实外商投资准入前国民待遇加负面清单制度，审理外商投资企业股东资格确认纠纷等案件，平等保护中外投资者合法权益。在南宁等地设立 10 个国际商事法庭。审理铁路提单物权纠纷案，促进陆上国际贸易规则创新。完善中欧班列等国际铁路运输案件专业化审判机制。推进国际海事司法中心建设，维护国家海洋权益，服务海洋经济发展。审理“普拉利斯”轮扣押案、“天使力量”轮船员劳务合同案等案件，我国海事司法公正、高效、透明等优势充分彰显，越来越多外国当事人主动选择中国法院管辖。恪守国际条约，尊重国际惯例，积极参与国际规则制定。上海合作组织成员国最高法院院长会议、中国—东盟大法官论坛、世界执行大会、世界互联网法治论坛、世界环境司法大会等成果丰硕，中国司法国际影响力日益提升。

三、坚持走好中国特色司法为民之路

坚持以人民为中心的发展思想，深入践行司法为民宗旨，贯彻实施民法典，审结一审民事案件 4583.3 万件，着力解决人民群众在司法领域的难点堵点问题，切实维护人民群众合法权益。

全面加强人格权保护。审结人格权纠纷案件87.5万件。在司法政策中完善人格权侵害禁令、人身安全保护令等规定,让人格权更有保障。出台人脸识别司法解释,审理可视门铃侵害邻里隐私、扫码点餐侵犯个人信息、社交软件私自收集用户信息等案件,为隐私权和个人信息保护构筑“防火墙”。审理侵害“两弹一星”功勋于敏、“杂交水稻之父”袁隆平等名誉案,让人格尊严免遭网络暴力侵害。审理“AI陪伴”软件侵害人格权案,认定擅自使用他人形象创设虚拟人物构成侵权。审理请求返还冷冻胚胎案,保护丧偶妻子辅助生育权益,作出“人伦和情理胜诉”的温情判决。通过一系列司法政策和公正裁判,让人脸安全得到保障,隐私安宁免遭侵扰,名誉荣誉不被诋毁,人格利益更受重视,让人的价值、尊严受到法律充分尊重和保护。

保障人民安居乐业。审结涉教育、就业、医疗、养老、住房等民生案件2224.1万件。联合有关部门出台维护新就业形态劳动者权益意见,推动破解劳动关系难认定、工伤无赔偿、社保零缴纳等问题,让快递小哥、外卖骑手等新业态从业者有尊严、有保障。制定网络消费司法解释,保护涉网约车、网络购物、新型旅游等网络消费者合法权益。加强消费公益诉讼案件审判,探索适用惩罚性赔偿,对损害消费者生命健康等行为依法追究责任。妥善审理房地产纠纷案件460.4万件,依法优先保障刚需和改善性需求购房人合法权益,助力保交楼、保民生、保稳定。

维护家庭和谐幸福。审结婚姻家庭案件896.1万件，努力守“小家”和谐、护“大家”安定。会同全国妇联等深化家事审判改革，完善家事调解、家事调查、心理辅导等制度，健全妇女儿童权益保护机制。加大对家暴案件依职权调取证据力度，及时签发人身安全保护令1.3万份，联动各方推动保护令落地执行。出台服务应对人口老龄化国家战略司法措施，加强老年人权益保护，健全适老型诉讼服务机制。审理“空巢”老人、再婚老人赡养案，支持老年人精神赡养请求，让老人晚年幸福自由受到尊重，让子女常回家看看成为自觉，弘扬中华民族孝亲敬老的传统美德。

呵护少年儿童健康成长。落实最有利于未成年人原则，推行圆桌审判、轻罪犯罪记录封存、合适成年人到场、回访帮教等制度机制，完善中国特色社会主义少年司法制度。努力教育感化挽救失足未成年人，判处未成年人罪犯由2013年的5.6万人减少到2022年的2.8万人。宽容但不纵容，对主观恶性深、手段残忍、屡教不改的依法予以惩处。对侵害未成年人犯罪零容忍，该判处重刑的坚决依法判处。会同教育部等出台意见，依法严格执行侵害未成年人犯罪人员从业禁止制度，判处202名被告人终身禁止从事密切接触未成年人的工作。落实家庭教育促进法，发出家庭教育令10308份，督促甩手家长依法履行家庭教育责任。会同有关单位共同防治中小学生欺凌和暴力，积极预防未成年人沉迷网络或遭受网络侵害。开展司法与行政、家庭、学校、社区保护联动机制试点，共同保护祖国的明天。

依法维护国防利益和军人军属合法权益。审结破坏军事设施、冒充军人招摇撞骗、破坏军婚等涉军犯罪案件 2503 件。如期完成涉军停偿司法服务保障任务，助力实现军队资产不流失、群众利益不受损。军事法院贯彻依法治军战略，推进军事行政审判试点。全面推广涉军维权“信阳模式”、“鄂豫皖模式”。河北、安徽、湖南法院妥善解决边防战士家庭涉法问题，为保家卫国的边防官兵减少后顾之忧。江苏、江西法院会同当地政府依法维护革命烈士遗孀、退役军人遗属权益。对诋毁“抗美援朝冰雕连”、亵渎卫国戍边英雄的犯罪分子依法严厉制裁，坚决捍卫英烈尊严荣光，在全社会高扬尊崇英雄的浩然正气。

维护港澳台侨同胞合法权益。审结涉港澳台案件 12.1 万件，办理涉港澳台司法协助互助案件 4.6 万件，审结涉侨案件 4.4 万件。基本实现内地与港澳民商事司法协助全覆盖。出台服务粤港澳大湾区建设意见、支持和保障横琴粤澳深度合作区建设意见、支持和保障全面深化前海深港现代服务业合作区改革开放意见，服务港澳融入国家发展大局。制定司法惠台 36 条，平等保护台胞台企合法权益。接收港澳台学生实习参访，让港澳台青年感受祖国法治建设成就。推行跨境网上立案和涉侨纠纷在线多元化解，架起维护侨胞权益“连心桥”。举办海峡两岸暨香港澳门司法论坛，发挥中华司法研究会作用，传承中华优秀传统法律文化，共同推动中华法治发展。

方便群众高效化解矛盾。紧扣群众所盼所需，迎难而上，持续攻坚，一一破解难题。在全面实行立案登记制、破解长期以来群众解纷立案“门难进”问题后，还要让群众化解矛盾“事好办”。各级法院坚持和发展新时代“枫桥经验”，贯彻“推进案件繁简分流、轻重分离、快慢分道”要求，建成中国特色一站式多元纠纷解决和诉讼服务体系，提供菜单式、集约式、一站式纠纷解决服务，真正把方便留给群众。**构建多元化纠纷解决机制**。与全国总工会、全国工商联、退役军人事务部、中国银保监会、中小企业协会等单位协作，形成覆盖12个领域的“总对总”在线多元调解新格局。人民法院调解平台开通以来，9.6万个调解组织和37.2万名调解员入驻，在线调解纠纷3832万件，2022年平均每分钟75件成功在诉前在线化解。加强诉源治理，调解平台在线对接7.6万个基层治理单位，嵌入乡村、社区、网格，及时把矛盾纠纷化解在基层、化解在萌芽状态，努力实现案结事了人和。**提供普惠均等的现代化诉讼服务**。人民法院在线服务平台提供立案、交费、调解、开庭、执行等“一网通办”服务，司法服务全天候“不打烊”，群众办事可以全流程“掌上办”。12368热线实质办理诉讼事务，接听群众来电3250万件次。跨域立案服务网点覆盖城乡，提供跨域立案服务16.7万件，减轻群众异地诉讼往返奔波之苦。44.8万名律师、基层法律服务工作者注册使用律师服务平台，在线办理申请立案、阅卷、调查收集证据等事项884万件次。**优化在线集约的审判辅助服务**。网上保全平台办理保全123万件，标的额达4万亿元，2022年93%的诉前保全48小时内作出裁定。委托鉴定系统平均鉴定周期26个工作日，较线下缩短1/3。文书电子送达1.7亿次，336个邮政集约送达中心基本实现全国主要城市目的地法律文书“次日达”。一站式多元纠纷解决和诉讼服务体系真正实现为群众解忧、帮法官减负、让正义提速。

加强新时代人民法庭建设。大力创建“枫桥式人民法庭”，10050个人民法庭扎根基层，充分发挥处在服务人民群众第一线的优势，积极促进城乡基层治理和平安法治乡村建设。继承和发扬马锡五审判方式，内蒙古、重庆、西藏、甘肃、宁夏等法院依托马背法庭、车载法庭开展巡回审判，畅通司法服务群众“最后一公里”。吉林梨树、黑龙江建三江“田间法庭”守护“黑土粮仓”，福建平潭“海岛法庭”服务海岛渔村向海而兴，云南西双版纳“国门法庭”保护边民侨胞合法权益，安徽安庆、新疆福海的人民法庭用“六尺巷调解法”、“冬不拉调解法”化解矛盾，让人民群众切实感受到公平正义就在身边。

巩固拓展“基本解决执行难”成果。紧紧依靠党委领导，打赢为期三年的“基本解决执行难”攻坚战，2019年向十三届全国人大二次会议报告“基本解决执行难”目标如期实现。持续巩固攻坚成果，保持执行工作高水平运行，努力兑现群众胜诉权益。五年来，受理执行案件 4577.3 万件，执结 4512.1 万件，执行到位金额 9.4 万亿元，2022 年首次突破 2 万亿元。网络执行查控系统对被执行人全国范围内 16 类财产一键查询、线上控制，累计查控案件 8535 万件次，有效解决查人找物难。网络司法拍卖成交超过 2 万亿元，为当事人节约佣金 621.4 亿元，有力破解财产变现难。联合信用惩戒体系让失信被执行人"一处失信、处处受限"，918 万人迫于信用惩戒压力主动履行了义务。在加强失信惩戒的同时，强化守信激励。浙江丽水法院邀请耄耋之年创业还债的守信老人为"诚信履行"代言，带动 1260 多名被执行人主动履行债务。规范执行标准流程，强化监督管理，健全规范体系。连续多年开展涉民生保障、涉拖欠农民工工资、涉拖欠民营企业账款等专项执行行动，其中执行到位涉民生案款 626.8 亿元。健全解决执行难长效机制，持续推进执行难综合治理、源头治理。经过不懈努力，中国特色执行制度机制更加健全，执行模式发生根本性变革，有力促进了法治社会和诚信社会建设。

加强法治宣传教育。全面落实普法责任制，充分利用互联网等媒体平台，强化以案释法，引导全民增强法治观念，在全社会营造尊法学法守法用法的良好氛围。广泛开展法院开放日和送法进机关、进校园、进乡村、进社区、进企业、进军营等活动。举办"现在开庭"、"正在执行"等全媒体直播，让群众"零距离"感受司法公正。指导创作电视剧《底线》、《阳光下的法庭》和纪录片《家事如天》等作品，用群众喜闻乐见的方式呈现人民法院对公平正义的执着追求，展现新时代法治中国建设成就。

四、坚决守住维护社会公平正义的最后一道防线

牢记公平正义是司法的灵魂和生命，始终以事实为根据、以法律为准绳，坚持严格公正司法，保障和促进社会公平正义。

坚持法理情相结合。坚持以法为据、以理服人、以情感人，牢固树立新时代社会主义司法理念，牢牢站稳人民立场，坚决纠正机械司法、就案办案等错误做法，努力实现案件办理政治效果、法律效果、社会效果有机统一。坚持罪责刑相适应原则，依法改判并核准百香果女童被害案被告人死刑，妥善审理“鹦鹉案”、“兰草案”、“为筹办抗战纪念展收购枪支案”，做到重罪重罚、轻罪轻罚、无罪不受刑事追究，使司法裁判真正符合人民群众心中朴素的公平正义观。

坚决捍卫法律尊严和权威。贯彻党和国家死刑政策，对挑战法律和道德底线、严重危害群众和社会安全的罪行决不姑息，论罪当判死刑的，坚决依法判处并核准死刑。严把死刑案件质量关，对事实不清、证据不足的陶雪案、范太应案一审依法作出无罪判决，对熊秋保案依法不予核准死刑，之后真凶均出现，有效防范重大冤错案件发生。对因徇私枉法、假立功等导致“重罪轻判”的案件依法启动再审，改判张成功等人死刑，做到不枉不纵。全面排查 1990 年以来的 1334.5 万件“减假暂”案件，对存在问题或瑕疵的 5.9 万件逐案整改，加强减刑假释案件实质化审理，坚决防止“纸面服刑”、“提钱出狱”。

加强人权司法保障。坚持实事求是、有错必纠，对冤错案件发现一起、查实一起、纠正一起，依法纠正五周案、张玉环案等重大刑事冤错案件 26 件 53 人。健全冤错案件有效防范和及时纠正机制，坚决守住防止冤错案件底线。贯彻罪刑法定、疑罪从无、证据裁判等原则，落实公开审判、法庭辩论制度，对死刑包括死缓二审案件一律开庭审理，对 2675 名公诉案件被告人和 2097 名自诉案件被告人依法宣告无罪。加强被告人辩护权和律师执业权利保障，畅通律师协会维护律师执业权利渠道，推进律师辩护全覆盖，全面落实死刑复核案件法律援助制度。完善国家赔偿和司法救助制度，加强冤错案件国家赔偿工作。“依法纠正冤错案件”写入党的第三个历史决议。

弘扬社会主义核心价值观。审理朱振彪追赶肇事逃逸者案、医生电梯内劝阻吸烟案、小区保安陪同送医案、救助老人压断肋骨案，面对矛盾冲突、是非曲直，不回避、不含糊、不迁就，旗帜鲜明支持见义勇为，坚决反对“和稀泥”，着力破解长期困扰群众的“扶不扶”、“劝不劝”、“追不追”、“救不救”等法律和道德风险，引领良好社会风尚，推动法治建设。审理私自上树摘杨梅坠亡案、高铁霸座案、吃“霸王餐”逃单摔伤索赔案，让自甘风险者自负其责，让失德乱序者承担后果，引导社会成员增强公共意识、规则意识。新时代司法定分止争、明辨是非、激浊扬清、惩恶扬善，努力让法安天下、德润人心。

维护和促进社会公平。加强裁判尺度统一，切实防止公

平正义因地域、城乡、行业差异而打折扣。修改司法解释，将人身损害赔偿统一按城镇居民标准计算，消除城乡居民赔偿标准差异。会同人力资源社会保障部等发布促进妇女平等就业政策文件，加强新冠病毒感染康复者平等就业权保障，审理女员工怀孕被解雇、毕业生求职遭地域歧视等案件，坚决纠正影响平等就业的不合理限制和就业歧视。会同中国残联等出台加强残疾人司法保护意见，加大对残疾人平等参与社会生活的保障力度。

*监督、支持依法行政。*审结一审行政案件138.4万件，审查行政非诉执行案件107.4万件，强化行政行为合法性审查，服务"放管服"改革和法治政府建设。加大对房屋土地、社会保障等关系群众切身利益案件审判力度，推动解决群众急难愁盼问题。依法审理涉国有土地出让、政府采购、招投标、招商引资等行政案件，保护行政相对人合法权益，促进诚信政府建设。探索行政案件集中管辖，破除行政诉讼"主客场"现象。推进行政机关负责人出庭应诉，天津、上海、浙江、山东、宁夏、兵团等法院加强行政争议多元化解中心建设，辽宁、吉林、河南、贵州、新疆等法院推动构建府院联动机制，促进行政争议实质性化解。

*以公开促公正树公信。*审判流程、庭审活动、裁判文书、执行信息四大公开平台让司法活动在阳光下运行，让公平正义以看得见的方式实现。中国裁判文书网公开文书1.4亿份、访问量逾千亿次，中国庭审公开网直播庭审超过2100万

场。越是公众关注案件,越是依法主动公开,让人民群众监督司法活动、见证司法公正,让热点案件审判成为全民共享的法治公开课。开放、动态、透明、便民的阳光司法机制已经形成。

五、司法体制改革和智慧法院建设取得重大进展

坚决贯彻党中央改革部署,实施 140 项改革举措,推动司法审判和现代科技深度融合,实现审判体系和审判能力深刻重塑。

*司法体制综合配套改革深入推进。*全面准确落实司法责任制,推动实现"让审理者裁判、由裁判者负责",坚持法定审判组织依法行权和严格执行民主集中制相结合,健全权责清晰、权责统一、监督有序、制约有效的审判权力运行体系。深化法官员额制改革,落实入额必办案,推动法官员额能进能出、动态调整。建立法官惩戒制度,让违法审判必被问责、依法办案不受追究。加强和规范司法解释、案例指导,推行类案强制检索制度,促进法律适用统一。推进以审判为中心的诉讼制度改革,推行庭前会议、排除非法证据、法庭调查三项规程。深入推进量刑规范化。正确实施认罪认罚从宽制度。根据全国人大常委会授权,完成民事诉讼程序繁简分流改革试点,有序开展四级法院审级职能定位改革试点。完善人民陪审员制度,人民陪审员增至 32.7 万人,参审案件 1266.4 万件。

*法院组织体系更趋完善。*深化最高人民法院巡回法庭改革,6 个巡回法庭审理了一大批重大行政和民商事案件,较好

实现最高审判机关重心下移、就地解决纠纷、方便群众诉讼等目标，被群众称为“家门口的最高人民法院”。在深圳、西安设立最高人民法院第一、第二国际商事法庭，创立国际商事专家委员会制度，创新诉讼与仲裁、调解有机衔接的一站式国际商事纠纷多元化解决机制。最高人民法院知识产权法庭统一审理全国范围内专利等技术类知识产权和垄断上诉案件，更好保护和激励科技创新。增设南京海事法院、海南自由贸易港知识产权法院，高起点高标准建设北京、上海、成渝金融法院，加强跨行政区划法院建设，人民法院组织体系更加适应国家发展战略需要。

智慧法院加速司法模式变革。全面推进智慧服务、智慧审判、智慧执行、智慧管理，建成全业务网上办理、全流程依法公开、全方位智能服务的智慧法院。智慧法院经受住世纪疫情大考，新冠疫情防控以来全国法院网上立案 2996 万件、开庭 504 万场、证据交换 819 万件次、异地执行 593 万件次、接访 15 万件次，实现“审判执行不停摆、公平正义不止步”。广泛应用类案识别推送、智能合约执行等技术，为审判执行工作赋能增效。建成全球最大的司法审判信息资源库，围绕社会治理热点形成 1317 份司法大数据报告。智慧法院成为中国司法在国际上的鲜明亮色。

互联网司法开创新模式新规则。率先出台人民法院在线诉讼、在线调解、在线运行“三大规则”，使各类在线司法活动有规可依、规范运行。制定区块链司法应用意见，司法区块链统一平台完成超过28.9亿条数据上链存证固证。发布人工智能司法应用意见，提出人工智能司法应用五大原则，明确人工智能只能辅助、不能代替法官裁判。北京、杭州、广州互联网法院在技术创新、规则确立、网络治理等方面探索不断深入，形成一批可复制可推广的经验。中国互联网司法从技术领先迈向规则引领。

全国法院坚持司法体制改革和智慧法院建设双轮驱动，在案件压力不断增大情况下，审判质效持续稳中向好。2018年以来，全国法院结案总量年均增长5.2%；法官人均办案从2017年的187件增至2022年的242件；2022年一审服判息诉率为89.3%，二审后达98%；在线诉讼审理周期比传统模式缩短22天；涉诉信访、涉诉进京访年均下降8.4%和44.5%，司法公信力明显提升，人民群众对司法公正的获得感不断增强。中国司法体制改革和智慧法院建设成果在国际上产生广泛影响。

六、锻造忠诚干净担当的法院铁军

贯彻新时代党的建设总要求，旗帜鲜明讲政治，持之以恒推进全面从严治党、从严治院，加强法院队伍革命化、正规化、专业化、职业化建设。

*加强政治建设，筑牢政治忠诚。*坚持不懈用习近平新时代中国特色社会主义思想凝心铸魂，推动习近平法治思想学习培训、党的二十大精神学习培训全员覆盖，坚持把党的创新理论作为干警入职教育第一课和青年理论武装必修课，帮助

扣好从事司法工作的“第一粒扣子”。扎实开展“不忘初心、牢记使命”主题教育和党史学习教育。在法院系统组织开展“两个坚持”专题教育、“两个确立”主题教育。大力弘扬以“忠诚为民、崇法尚德、公正廉洁、刚正不阿、改革创新”为主要内容的新时代人民法院文化。五年来，全国法院涌现出一大批司法为民、公正司法的先进典型，2363 个集体、2799 名个人受到中央和国家机关表彰奖励。李庆军、胡国运、周春梅、魏晶晶、杨军、滕启刚、鲍卫忠等 95 名法官牺牲在工作岗位上，他们是共和国审判事业的忠诚卫士，他们用无私奉献乃至生命捍卫了公平正义。

*加强能力建设，提升司法水平。*贯彻实施法官法，修订法官教育培训工作条例，通过“人民法院大讲堂”等线上线下培训干警 975.6 万人次。加强知识产权、互联网、金融、涉外等领域司法人才培养。最高人民法院 3 名法官分别当选联合国上诉法庭、争议法庭和国际劳工组织行政法庭法官。支持海南自由贸易港、雄安新区等地法院队伍建设。加强援藏、援疆、援青工作，通过干部选派、巡回授课等方式，支持西部和民族地区法院队伍建设。内蒙古、广西、四川、云南、西藏、甘肃、青海、新疆等法院培养双语法官 2373 人，满足民族地区群众司法需求。

*加强纪律作风建设，确保廉洁司法。*坚持刀刃向内、刮骨疗毒，深入开展法院队伍教育整顿，坚决清除沉疴积弊和害群之马，一体推进顽疾整治和建章立制，法院队伍得到前所未有

的淬炼。严格落实中央八项规定及其实施细则精神，强化司法巡查、审务督察，全国法院查处违反中央八项规定精神干警3462人。转变司法作风，从最高人民法院到基层人民法院，全国四级法院院长、班子成员深入乡镇人民法庭驻庭蹲点，向群众学习，帮群众解纷。严格执行防止干预司法“三个规定”，2022年全国法院干警记录报告有关信息15.3万条，有干预就报告、有过问就上报正在成为干警习惯。以零容忍态度严惩司法腐败，五年来，最高人民法院查处本院违纪违法干警61人，各级法院查处利用审判执行权违纪违法干警8589人，追究刑事责任1727人。深刻汲取沈德咏等法院系统违纪违法案件教训，以案促改、以案促治。扎牢制度笼子，严肃铁规禁令，深化标本兼治，坚持不懈涵养清风正气。

各位代表，自觉接受监督，是践行全过程人民民主的必然要求，是实现司法公正的重要保障。**依法接受人大监督**。认真落实十三届全国人大历次会议精神，严格执行全国人大及其常委会制定的法律和作出的决议决定。向全国人大常委会报告解决执行难情况并接受专题询问，报告新时代刑事、民事、知识产权、涉外等审判工作情况，根据审议意见改进工作。办理代表建议涵盖947名代表，把1965件代表建议和1861件日常建议，逐项转化为推动法院工作高质量发展的具体举措。最高人民法院邀请全国人大代表视察法院37批次，通过邀请列席审委会、参加座谈会等方式听取意见3605人次。就保障食品药品安全、惩治暴力伤医、防治家庭暴力、保护商业秘密等,充分采纳代表意见,完善司法政策。**自觉接受民主监督**。坚持社会主义协商民主,自觉接受人民政协和各民主党派、工商联、无党派人士民主监督。办理政协提案 819 件,走访接待全国政协委员 1211 人次,及时采纳各方面意见建议。参加全国政协双周协商座谈会,就提高涉外执法司法质效、保护未成年人权益等共商良策。走访各民主党派中央,就法院工作广泛听取意见、凝聚共识。与全国工商联等举办四届民营经济法治建设峰会,共同优化民营经济发展法治环境。**依法接受检察机关法律监督**。认真审理抗诉案件,及时办理检察建议,共同维护司法公正。**广泛接受社会监督**。邀请特约监督员、特邀咨询员参加调研座谈等 1228 人次。主动接受舆论监督,召开新闻发布会 155 场,及时回应社会关切。

各位代表,新时代人民法院工作的新变革新发展,根本在于有习近平总书记作为党中央的核心、全党的核心掌舵领航,根本在于有习近平新时代中国特色社会主义思想科学指引,是习近平法治思想在司法领域的生动实践。成绩的取得,是全国人大及其常委会有力监督,国务院大力支持,全国政协民主监督,国家监察委员会、最高人民检察院监督,各民主党派、工商联、人民团体、无党派人士民主监督支持,地方各级党政机关、全国人大代表、全国政协委员、社会各界和广大人民群众关心帮助的结果。在此,我代表最高人民法院表示衷心的感谢!

回顾过去五年和新时代十年人民法院走过的历程,我们更加坚信:中国特色社会主义法治道路越走越宽广,法治中国前景无限光明。我们坚持守正创新、与时俱进,对做好人民法院工作有了更深刻的认识和体会:**必须坚持**党对司法工作的绝对领导,深刻领悟"两个确立"的决定性意义,增强"四个意识"、坚定"四个自信"、做到"两个维护",坚定不移沿着习近平法治思想指引的方向前进;**必须坚持**服务大局、司法为民、公正司法,紧紧围绕党和国家中心工作履职尽责,努力让人民群众在每一个司法案件中感受到公平正义;**必须坚持**依法治国和以德治国相结合,以公正裁判弘扬社会主义核心价值观;**必须坚持**司法体制改革和智慧法院建设双轮驱动,加快推进审判体系和审判能力现代化;**必须坚持**一刻不停推进全面从严治党、从严治院,确保公正廉洁司法;**必须坚持**自觉接受监督,让审判权始终在监督下行使、为党和人民服务。

我们清醒认识到,人民法院工作还存在一些问题和困难:**一是**司法能力水平与中国式现代化要求和人民群众日益增长的公平正义需求相比还有差距,实现审判体系和审判能力现代化还需下更大气力。**二是**司法体制综合配套改革存在不平衡不到位问题,审判权力运行制约监督机制还存在短板。**三是**有的案件审判执行质量效率不高、效果不佳,存在机械司法、就案办案问题。推进切实解决执行难仍需久久为功。**四是**党风廉政建设和反腐败斗争形势依然严峻复杂,彻底铲除滋生司法腐败的土壤还任重道远,有的干警司法作风不正甚至发生腐败问题,严重影响司法公信力。**五是**部分中级、基层法院办案压力大，一些审判领域专业化人才短缺。对这些问题和困难，人民法院将采取有力措施，努力加以解决。

2023 年工作建议

2023 年，人民法院要坚持以习近平新时代中国特色社会主义思想为指导，深入贯彻习近平法治思想，全面贯彻落实党的二十大和二十届一中、二中全会精神，认真贯彻中央政法工作会议精神，认真落实本次大会决议，深刻领悟“两个确立”的决定性意义，增强“四个意识”、坚定“四个自信”、做到“两个维护”，忠实履行宪法法律赋予的职责，敢于斗争、善于斗争，稳中求进、守正创新，以审判体系和审判能力现代化服务中国式现代化，为全面建设社会主义现代化国家开好局起好步提供有力司法服务。

一是以习近平法治思想为指引，坚定不移走中国特色社会主义法治道路。在全国法院扎实开展党中央部署的主题教育，用习近平新时代中国特色社会主义思想统一思想、统一意志、统一行动。全面加强党的政治建设，坚决做到维护核心、绝对忠诚、听党指挥、勇于担当。紧密结合法院实际，全面贯彻党的二十大精神，确保党中央决策部署在人民法院不折不扣落实见效。坚持党的领导、人民当家作主、依法治国有机统一，创造更高水平的社会主义司法文明，在法治轨道上全面建设社会主义现代化国家。

二是更好统筹发展和安全，依法服务高水平安全和高质量发展。严厉打击境内外敌对势力渗透、破坏、颠覆、分裂活动。坚决依法惩治一切分裂国家的犯罪分子，维护国家统一。坚定不移反制非法制裁、“长臂管辖”，坚决捍卫我国司法主权和人民利益。严惩严重暴力、涉枪涉爆、跨境赌博、毒品等犯罪。持续推进扫黑除恶常态化。依法惩治粮食、金融、能源资源等领域犯罪，服务防范化解重大风险。依法惩治腐败犯罪，加大行贿犯罪惩处力度。加强个人信息保护，严惩信息网络犯罪。服务更好统筹疫情防控和经济社会发展。切实落实“两个毫不动摇”，发布优化法治环境促进民营经济发展壮大意见，全面贯彻平等保护原则，坚决防止以刑事手段干预经济纠纷，坚决制止侵害企业家人格权的违法行为，坚决保护民营企业和企业家合法财产权益，以司法手段保障中小企业回收应收账款，支持诚信经营，依法保障公平竞争，促进民营经济健康发展、高质量发展。对侵犯民营企业产权和企业家权益的案件，加大监督指导力度，对错案一经发现、坚决予以纠正。完善产权保护、市场准入、公平竞争、社会信用等方面司法政策，服务构建全国统一大市场。加大知识产权司法保护力度，加强反垄断和反不正当竞争司法，健全国家层面知识产权案件上诉审理机制。完善数字经济司法政策。服务区域协调发展战略实施。深化“枫桥式人民法庭”创建。加强环境资源审判，促进绿色发展。建设更高水平的涉外审判体系，服务高水平对外开放。坚持以高质量司法服务高质量发展，让产权和知识产权更有司法保障，契约履行更加有效，创新活力更加得到激发。

三是坚持以人民为中心，扎实推进司法为民、公正司法。倾听群众呼声，坚持问题导向，奔着问题去，真正解决问题，实质化解纠纷，不断满足群众公平正义需要。严惩侵害妇女、儿童、老年人权益的犯罪，切实保障妇女、儿童、老年人、残疾人合法权益。加强劳动权益保障和新就业形态劳动者保护。切实维护消费者合法权益。践行和弘扬社会主义核心价值观。提升一站式多元纠纷解决和诉讼服务体系综合效能。配合推进民事强制执行立法，向着切实解决执行难目标迈进。加强行政审判，服务法治政府建设。推动完善国家赔偿制度。用心用情做好涉军维权工作，坚定维护国防利益和军人军属、退役军人合法权益，促进巩固军政军民团结。加强港澳台侨同胞权益保护。推动完善公益诉讼制度，依法维护公共利益。加强审判监督指导，强化人权司法保障，保障律师执业权利，确保严格公正司法。加大普法宣传力度，推动司法维护公平正义更加深入人心。

四是深化司法体制改革，加快推进审判体系和审判能力现代化。始终以改革的思维和办法解决改革中出现的新情况新问题，坚持改革不停步，敢啃硬骨头。深化司法体制综合配套改革，全面准确落实司法责任制，加强司法改革创新实践，加快建设公正高效权威的社会主义司法制度。深化以审判为中心的诉讼制度改革。规范司法权力运行，强化对司法活动的制约监督。深化智慧法院建设，完善中国特色互联网司法模式，努力创造更高水平的数字正义。

五是坚持全面从严治党、从严治院，加强法院队伍建设。强化政治监督，巩固法院队伍教育整顿成果，坚决筑牢政治忠诚。自觉接受人大监督、民主监督和各方面监督。优化司法人员分类管理，加大涉外审判等领域紧缺司法人才培养力度。加强基层基础建设，支持革命老区、民族地区、边疆地区基层法院建设。深入调查研究，深入群众，深入一线，扑下身子抓落实。坚定不移从严正风肃纪，加大惩处司法腐败力度，一体推进不敢腐、不能腐、不想腐。贯彻“五个过硬”要求，坚持不懈锻造堪当重任的人民法院铁军。

各位代表，新时代新征程上，我们要更加紧密地团结在以习近平同志为核心的党中央周围，全面贯彻习近平新时代中国特色社会主义思想，弘扬伟大建党精神，牢记“三个务必”，团结奋斗、苦干实干，充分发挥审判职能作用，为全面建设社会主义现代化国家、全面推进中华民族伟大复兴作出新的贡献！

第十四届全国人民代表大会第一次会议关于最高人民检察院工作报告的决议

（2023 年 3 月 13 日第十四届全国人民代表大会第一次会议通过）

第十四届全国人民代表大会第一次会议听取和审议了最高人民检察院检察长张军所作的工作报告。会议充分肯定最高人民检察院过去五年的工作，同意报告提出的 2023 年工作建议，决定批准这个报告。

会议要求，最高人民检察院要以习近平新时代中国特色社会主义思想为指导，深入贯彻习近平法治思想，全面贯彻党的二十大和二十届一中、二中全会精神，深刻领悟“两个确立”的决定性意义，增强“四个意识”、坚定“四个自信”、做到“两个维护”，毫不动摇坚持党的绝对领导，坚持以人民为中心，坚持中国特色社会主义法治道路，践行全过程人民民主，忠实履行宪法法律赋予的职责，依法能动推进刑事、民事、行政、公益诉讼检察工作全面协调充分发展，深化司法体制综合配套改革，积极推动诉源治理，锻造过硬检察队伍，加快推进检察工作现代化，全力维护国家政治安全、确保社会大局稳定、促进社会公平正义、保障人民安居乐业，为全面建设社会主义现代化国家、全面推进中华民族伟大复兴提供有力司法保障。

最高人民检察院工作报告

——2023年3月7日在第十四届全国
人民代表大会第一次会议上

最高人民检察院检察长　张　军

各位代表：

现在，我代表最高人民检察院，向大会报告工作，请予审议，并请全国政协各位委员提出意见。

过去五年工作回顾

党的十九大以来，伴随党和国家事业取得举世瞩目的重大成就，法治中国建设开创新局面。习近平总书记对检察工作作出系列重要指示，党中央专门印发《中共中央关于加强新时代检察机关法律监督工作的意见》，党的二十大报告特别强调"加强检察机关法律监督工作"，指引人民检察事业前进方向。

五年来，在以习近平同志为核心的党中央坚强领导下，在全国人大及其常委会有力监督下，最高人民检察院坚持以习近平新时代中国特色社会主义思想为指导，深入贯彻习近平法治思想，全面贯彻党的十九大和二十大精神，认真落实十三届全国人大历次会议决议，深刻领悟“两个确立”的决定性意义，增强“四个意识”、坚定“四个自信”、做到“两个维护”，讲政治、顾大局、谋发展、重自强，创新构建刑事、民事、行政、公益诉讼“四大检察”新格局，践行人民至上，能动履行宪法法律赋予的法律监督职责，人民检察事业实现新的跨越发展。2018 年至 2022 年，全国检察机关共办理各类案件 1733.6 万件，比前五年上升 40%；其中，2022 年受理审查逮捕 83.7 万人，受理审查起诉 209.2 万人，比 2018 年分别下降 38.6%、上升 2.8%；办理民事案件 31.6 万件、行政案件 7.8 万件、公益诉讼案件 19.5 万件，比 2018 年分别上升 1.5 倍、3.3 倍和 72.6%。最高人民检察院制定司法解释和司法解释性质文件 170 件，制发指导性案例 136 件，比前五年分别上升 78.9%和 3.5 倍。

一、维护安全稳定，以能动检察助力中国之治

坚定不移贯彻总体国家安全观，积极投入更高水平的平安中国建设，既抓末端治已病，更抓前端治未病，在深化诉源治理中践行人民至上。

坚决维护国家安全和社会安定。批准逮捕各类犯罪嫌疑人 428.3 万人，比前五年下降 7.1%；起诉 827.3 万人，比前五年上升 12%。严厉打击敌对势力渗透、破坏、颠覆、分裂活动。支持新疆等地反恐维稳法治化常态化。坚决贯彻香港特

别行政区维护国家安全法。全力投入扫黑除恶专项斗争,坚持“是黑恶犯罪一个不放过、不是黑恶犯罪一个不凑数”,进入常态化后以打早打小促常治长效。起诉涉黑涉恶犯罪26.5万人,其中组织、领导、参加黑社会性质组织犯罪6.4万人。从严惩治、有效遏制严重暴力犯罪和涉枪涉爆、毒品犯罪,起诉81.4万人,比前五年下降31.7%。对已过追诉期限但犯罪情节特别严重的310起陈年命案,最高人民检察院依法核准追诉。严惩拐卖人口犯罪,2021年起协同公安机关以专项行动深挖历史积案,两年间起诉拐卖和收买被拐卖的妇女儿童犯罪3152人,比前两年上升16%,其中发生在五年前的积案占31%。依法惩治促社会秩序持续向好,2022年受理审查起诉杀人、放火、爆炸、绑架、抢劫、盗窃犯罪为近二十年来最低,人民群众收获实实在在的安全感。

依法有力服务疫情防控大局。面对突如其来的新冠疫情,会同相关部门出台系列办案规范,突出惩治严重危害疫情防控秩序、严重危害群众生命健康和财产安全的犯罪。创新以案释法,持续发布101件典型案例,第一时间指导依法战疫,有力维护社会秩序。起诉借疫情诈骗、哄抬物价犯罪从2020年5176人降至2022年197人,起诉制售伪劣口罩等防疫物资、不符合标准医用器材、假药劣药犯罪从954人降至192人。疫无情,法有度。对拒绝执行疫情防控措施致病毒传播、造成严重后果的,以妨害传染病防治罪起诉542人;情节轻微的,不起诉167人,重在教育疏导,社会效果更好。今年初疫情防控政策优化调整后，及时牵头对相关办案规范依法作出调整。

积极促推依法治网。针对网络犯罪持续大幅上升，2020年建立专项办案工作指导机制，明确检察办案65条规范；2022年协同最高人民法院、公安部出台23条办案指导意见。五年间，起诉利用网络实施诈骗、赌博、传播淫秽物品等犯罪71.9万人，年均上升43.3%。协同公安机关从严惩治电信网络诈骗犯罪，深挖幕后金主、严惩团伙骨干、全力追赃挽损，起诉19.3万人。一跨国犯罪集团虚构网络投资平台，诈骗数百名受害人1.4亿元，四川检察机关依法起诉582人，其中12名骨干分子被判处十年以上有期徒刑。坚持全链条打击，起诉非法买卖电话卡和银行卡、提供技术支持、帮助提款转账等犯罪从2018年137人增至2022年13万人；对情节较轻或受骗、胁从参与帮助信息网络犯罪的，从宽处理、教育为主。8所院校57名学生跨省实习，误入诈骗团伙，检察机关依法不起诉或督促撤案，涉案学生均回归正常学习生活。会同教育部开展校园反诈，发布典型案例，警示犯罪、关护学生。向工业和信息化部发出第六号检察建议，促进源头整治网络黑灰产业链。

少捕慎诉慎押促治理。2020年全国两会上，我们分析二十年间重罪持续下降、轻罪持续上升的重大变化，提出全面贯彻宽严相济刑事政策，严惩严重犯罪决不动摇，较轻犯罪少捕慎诉慎押。2021年，这一办案理念被确定为刑事司法政策。

政法机关协同落实,诉前羁押率从2018年54.9%降至2022年26.7%,为有司法统计以来最低;不捕率从22.1%升至43.4%,不诉率从7.7%升至26.3%,均为有司法统计以来最高。同时,2022年公安机关对不捕不诉提出复议复核、当事人提出申诉比2018年分别下降63.2%和25%。运用大数据有效监管,轻罪不“关”也能管住;不起诉但应予行政处罚的,移送主管机关处理。当宽则宽、该严则严,促进犯罪治理更有效、人权保障更有力。

认罪认罚从宽利改造。会同有关部门出台系列文件,依法严格落实认罪认罚从宽制度,检察环节适用率已超过90%。主导落实中,检察官以确实充分的证据促犯罪嫌疑人自愿认罪认罚;与在场律师充分沟通,准确提出量刑建议;同时认真听取被害方意见,重视维护其权益,工作量和难度倍增,但诉讼质效明显提升。2022年量刑建议采纳率98.3%;一审服判率97%,高出未适用该制度案件29.5个百分点。上诉、申诉大幅减少,更利罪犯改造、促进社会和谐。

典型案例推动法治进步。落实“谁执法谁普法”责任,发布典型案例1704件,弘扬社会主义法治精神。**法不能向不法让步**。指导办理“昆山反杀案”等一批正当防卫案,连续三年发布17件典型案例,引领、重塑正当防卫理念。认定属正当防卫不捕不诉1370人,是前五年的5.8倍。**网络空间不是法外之地**。指导浙江检察机关办理取快递女子被造谣出轨案,建议公安机关以诽谤罪立案,推动自诉转公诉,确立网络人格

权保护公诉原则；坚决惩治网暴“按键伤人”，从严追诉网络侮辱、诽谤、侵犯公民个人信息犯罪 1.4 万人；办理个人信息保护领域公益诉讼 9109 件，协同有关部门综合治理。**恶意损害公益必须惩罚性赔偿**。指导江西检察机关办理民法典实施后首例污染环境惩罚性赔偿案，侵权人依法承担相关损害赔偿款数倍的惩罚性赔偿责任。安徽、广西、重庆、陕西等地检察机关在生态环境保护、食品药品安全领域积极适用该制度，让以身试法者承担重罚，警示潜在违法犯罪。

检察建议推动诉源治理。从个案办理到类案监督再溯源促标本兼治，是法治中国建设更高要求。最高人民检察院紧盯老百姓身边的安全，研析司法数据、典型案例，向有关部门发出第一至八号检察建议；地方检察机关联动，以检察履责“我管”促职能部门依法“都管”，共发出检察建议 18 万余份，推动社会治理谋在前、预在先。针对办案中发现的窨井伤人问题，向住房和城乡建设部发出第四号检察建议，该部牵头 6 部门联手共治，整改窨井安全隐患 101 万余处。针对寄递毒品等违禁品问题向国家邮政局发出第七号检察建议，该局与 11 部门携手治理；2022 年起诉寄递毒品案 1769 件，同比上升 2.8%。认真总结危害生产安全犯罪发案规律，向应急管理部发出第八号检察建议，助推抓早抓小抓苗头，促进公共安全治理模式向事前预防转型。

二、聚焦服务大局，以能动检察促推高质量发展

完整、准确、全面贯彻新发展理念，充分履行法律监督职能，在服务高质量发展中践行人民至上。

守好经济安全法治防线。依法惩治破坏市场经济秩序犯罪，起诉62.1万人，比前五年上升32.3%。护航金融安全，从严追诉集资诈骗、非法吸收公众存款等金融犯罪，起诉18.5万人，比前五年上升28.2%。向中央有关部门发出第三号检察建议，助推将各类金融活动纳入有效监管。聚焦资本市场安全，向中国证监会派驻检察室，强化协作机制，指导办理49起重大财务造假、操纵市场案。协同中国人民银行等开展专项行动，起诉洗钱犯罪4713人。依法惩治骗取出口退税、虚开增值税专用发票等涉税犯罪，起诉5.8万人，比前五年上升29.3%。一些不法加油站、黑加油点购销“非标油”，隐匿收入、偷逃税款、危害生态环境。浙江、北京检察机关在公益诉讼调查中，运用大数据筛查涉案油罐车行驶轨迹、装卸油时间等信息，发现违法犯罪线索移送主管部门处置，追缴税款3.6亿元。最高人民检察院与税务总局协作推广该监督模型，合力破解监管难题。

积极稳妥推进涉案企业合规改革。做实对国企民企、内资外资等各类企业依法平等保护，营造法治化营商环境，把企业产权和企业家合法权益保护落到实处，促进保就业保民生。2018年发布11项检察政策，明确对企业负责人涉经营类犯罪依法能不捕的不捕、能不诉的不诉、能不判实刑的提出适用缓刑建议。2020年起探索涉案企业合规改革试点：对依法可不捕、不诉的，责成涉案企业作出合规承诺、切实整改；会同国务院国资委、全国工商联等12部门共建第三方监督评估机制，强化监管落实。试点以来，共办理相关案件5150件，已有1498家企业整改合格，3051名责任人被依法不起诉；另有67家企业整改不实，243名责任人被依法追诉。某网络公司非法爬取一外卖平台数据涉嫌犯罪。检察机关审查认为，涉案行为情节较轻，并考虑该公司为成长型科创企业，管理粗放致涉案，可启动合规整改。严格落实监管、认定整改合格后，检察机关依法不起诉。结案当年，公司新增员工700余人，营收增加1.6亿元，纳税增加1000万余元。惩治促矫治，企业获新生。

*以知识产权综合司法保护助力创新发展。*最高人民检察院及天津、山西、山东、海南等29个省级检察院组建知识产权检察办公室，一体履行刑事、民事、行政检察职能。与国家知识产权局、国家版权局共建协同保护机制，挂牌督办重大、影响性案件。2022年起诉侵犯商标权、专利权、著作权及商业秘密等犯罪1.3万人，比2018年上升51.2%；办理知识产权民事行政诉讼监督案件937件，是2018年的6.7倍。最高人民检察院依法抗诉“蒙娜丽莎”商标行政纠纷案，再审改判，十年争议画上句号，并促进统一了类似商品、近似商标认定等法律适用标准。开展知识产权恶意诉讼专项监督。绍兴轻纺城300余家经营户遭假冒纺织花型著作权人恶意起诉敲诈，检察机关深挖黑灰产业链，监督纠正62起民事虚假诉讼案件，从严追诉背后犯罪，严惩假维权真敛财。

在反腐败斗争中充分发挥检察作用。受理各级监委移送职务犯罪8.8万人，已起诉7.8万人，其中原省部级以上干部104人。检察机关提前介入职务犯罪案件从2018年1470件增至2022年1.1万件，自行补充侦查从19件增至2913件，不起诉从278人增至534人，监检配合有力、制约有效。坚持受贿行贿一起查，出台指导意见，会同国家监委发布典型案例，起诉行贿犯罪1.4万人，震慑"围猎者"。携手开展职务犯罪追逃追赃工作，对48名归案"红通人员"提起公诉，对54名逃匿、死亡贪污贿赂犯罪嫌疑人启动违法所得没收程序。

持续服务脱贫攻坚、乡村振兴。与国家乡村振兴局联合开展专项活动、发布典型案例，对因案致生活陷入困境的受害方加大司法救助力度，共救助19.9万人23.2亿元，分别是前五年的3.9倍和5.4倍。指导辽宁、吉林、黑龙江检察机关持续开展黑土地公益保护专项监督；推广江苏、贵州经验，促推7部门出台专项规范，整治电捕蚯蚓严重破坏土壤生态行为；与自然资源部建立协作机制，协同整治乱占耕地，监督怠于申请强制执行、不规范执行等案件2.9万件，涉土地30万余亩。

服务保障区域协调发展。制发6个检察意见，精准服务海南自由贸易港、粤港澳大湾区建设，保障浙江建设共同富裕示范区、深圳建设法治先行示范城市，支持贵州在新时代西部大开发上闯新路。京津冀检察机关常态化服务协同发展，助推法治雄安建设。辽吉黑、沪苏浙皖、赣鄂湘、川渝深化检察协作，服务东北全面振兴、长三角一体化发展和长江中游城市群、成渝双城经济圈建设。西北五省区检察机关携手助力丝绸之路经济带建设。

*助力更高水平对外开放。*深化双边多边检察国际合作，依托国际检察官联合会以及中国—东盟成员国、上海合作组织成员国、金砖国家总检察长会议平台，在参与全球治理中展现中国检察担当，服务共建"一带一路"；参加世界自然保护大会等国际会议，讲好中国公益保护故事。五年来，办理涉外刑事案件2万余件、刑事司法协助案件885件，依法保障中外当事人合法权益。

三、坚持司法为民，以能动检察保障民生福祉

牢记人民检察为人民，在办好检察为民实事中践行人民至上。

*用心呵护未成年人安全幸福成长。*扎实履行修订后未成年人保护法、预防未成年人犯罪法赋予检察机关的更重责任。四级检察院设立未成年人检察专门机构或专门办案组织，全面推行未成年人检察业务统一集中办理，加强未成年人权益综合司法保护。**对侵害未成年人犯罪"零容忍"**。从严追诉性侵、虐待、暴力伤害等侵害未成年人犯罪29万人。出台检察政策：成年人拉拢、诱迫未成年人参与有组织犯罪一律从严追诉；网络猥亵等同线下犯罪追诉。会同教育部、公安部等建立侵害未成年人强制报告、密切接触未成年人单位入职查询制度，被纳为法律规定。已通过强制报告追诉犯罪5358件，对不予报告的督促追责719人；推动入职查询2003万余人

次，不予录用1830人，6814名有前科劣迹人员被解聘。**最大限度教育挽救涉罪未成年人**。涉罪未成年人身心尚不成熟，用心挽救可促其改恶向善。对涉嫌轻微犯罪、有悔罪表现的，附条件不起诉7.1万人，适用率由2018年12.2%升至2022年36.1%；对犯罪较严重的起诉17.9万人，比前五年下降36.9%。**创新履职融通家庭、学校、社会、网络、政府、司法“六大保护”**。针对严重监护失职，发出督促监护令7.6万份；协同民政部等出台意见，推动将35.5万名事实无人抚养儿童纳入制度保障范围；以公益诉讼推动禁止为未成年人文身，国家就此出台专项治理规范；指导河北、上海、江苏等地检察机关提起民事公益诉讼，推动国家有关部门对电竞酒店、盲盒、密室逃脱、剧本杀等新业态予以规范。3.9万名检察官在7.7万所中小学担任法治副校长，携手落实法治教育从娃娃抓起。针对一起强奸、猥亵多名女童案暴露的校园安全问题，2018年向教育部发出第一号检察建议，各级检察院与教育行政部门协同落实，共建平安校园。一号检察建议融合“六大保护”，要在社会各界支持下“没完没了”抓下去。

持续做实群众信访件件有回复。这是2019年全国两会上我们作出的庄严承诺。四年来，检察机关收到的353.9万件信访均在7日内告知“已收到、谁在办”，3个月内办理过程或结果答复率超过95%。回复不是目的，根本在案结事了。践行新时代“枫桥经验”，42名大检察官带头办理疑难信访积案475件，基层检察院受理的首次信访全部由院领导包案办理；对争议大、影响性案件，开展公开听证 4.4 万件，让公正可感受、被认同，化解率超过 80%。内蒙古两牧民因草场划界讼争多年，检察官实地走访，在争议草场主持听证，持续二十余载、跨越两代人的纠纷终以现场打桩定界、双方握手言和了结。

做深做实行政争议实质性化解。针对一些行政诉讼案件程序已结但讼争未解、长期申诉，2019 年起持续开展专项监督，综合运用抗诉、检察建议、司法救助等方式，实质性化解行政争议 3.3 万件，其中争议 10 年以上的 2134 件。45 名当事人因 18 年前购买的违建房被拆除，先后提起行政诉讼 144 件，因不符合起诉条件被驳回，后申请检察监督。北京检察机关审查认为，拆除并无不当，当事人诉请赔偿亦合情合理，经多轮磋商促违建方退还购房款并赔偿损失，案结事了。“按程序办”决不能躺平为“程序空转”“结案了事”。

坚决维护国防利益和军人军属、英烈合法权益。会同中央军委政法委制定军地检察协作意见，服务强军目标。起诉危害国防利益、侵犯军人军属合法权益犯罪 2178 人，比前五年上升 33.2%；办理涉军公益诉讼 781 件，年均上升 86.7%。采纳代表建议，专项开展空军机场净空保护公益诉讼，并向应急跑道、舰艇航道、军事设施保护等领域延伸，督促整治一批安全隐患。对 3470 名遭不法侵害的军人军属、退役军人给予司法救助。发布惩治破坏军婚典型案例，推广云南“军娃”司法保护经验，让军人安心保家卫国。对侵害英烈权益行为提起公益诉讼63件，刑事追诉20人。协同退役军人事务部开展专项监督，推动修缮烈士纪念设施2.3万处，做实尊崇英烈、永远铭记英烈。

切实维护港澳台同胞、海外侨胞和归侨侨眷合法权益。依法办理涉港澳台和涉侨案件。编写检察机关服务台胞台企手册，福建等地检察机关在台商投资区设立检察联络室，聘请台胞担任检察联络员，及时妥处涉法诉求。支持港澳台同胞担任广东检察机关人民监督员。与中国侨联携手维护侨胞侨企合法权益。以公益诉讼保护涉台涉侨文物，让乡愁有寄托、家国驻心怀。

用法治力量护卫特殊群体。助力平安医院建设成效明显，起诉暴力伤医、聚众扰医等犯罪从2018年3202人降至2022年467人。会同全国妇联对涉案困难妇女开展司法救助。专项打击整治养老诈骗，起诉8516人。携手中国残联开展无障碍环境建设公益诉讼，重庆、四川、福建等地检察机关针对残疾未成年人受教育、残疾人康复和就业权益等开展公益司法保护。最高人民检察院直接立案办理外卖骑手权益保障公益诉讼案，指导天津、辽宁、江苏等地检察机关同步跟进。对权益受损但不敢或不懂起诉的老年人、残疾人、农民工和受家暴妇女等，支持提起民事诉讼16.7万件，是前五年的11.5倍；起诉拒不支付劳动报酬犯罪9431人，比前五年上升18.5%。老弱妇幼残需格外护好，法律特别保护必须落实。

四、加强诉讼监督，以能动检察维护司法公正

充分发挥融入式监督的优势，一体推进执法司法制约监督机制建设，在监督办案中践行人民至上。五年来，共办理诉讼监督案件 316.8 万件，是前五年的 1.9 倍。

深化刑事立案、侦查、审判监督。2021 年起会同公安部在所有市、县设立侦查监督与协作配合办公室，通过信息共享，把制约监督做实、协作配合做好。2022 年监督立案 3.7 万件、督促撤案 4.6 万件、纠正侦查活动违法 20.1 万件，比 2018 年分别上升 66.3%、1.5 倍和 2.3 倍；介入重大疑难案件侦查 21.3 万件，对证据收集和法律适用等提出意见，上升 6.8 倍。会同公安部持续清理既未撤案又未移送起诉、长期搁置的涉企"挂案"，督促办结 1.2 万件。推进行政执法与刑事司法衔接，五年间督促行政执法机关移送涉嫌犯罪案件 3.2 万件。对认为确有错误的刑事裁判提出抗诉 4.1 万件，比前五年上升 18.9%；法院已审结 3.2 万件，其中改判、发回重审 2.2 万件，改变率 69.6%。

坚决纠正和防止冤错案件。检察官既是犯罪追诉者也是无辜保护者。坚决防止错捕错诉，对不构成犯罪或证据不足的依法不批捕 81.8 万人、不起诉 21.1 万人，比前五年分别上升 30%和 69.4%。坚持疑罪从无、有错必纠，对 10 件原判十年以上的重大冤错案件提出抗诉或再审检察建议，法院均改判无罪。谭修义因一起灭门惨案被判处死缓，羁押 29 年。最高人民检察院抗诉后改判无罪，同时督促公安机关继续追查

真凶。有罪则决不允许逃刑。辛龙杀害女友后制造坠亡假象被判无罪，最高人民检察院受理申诉，全面复勘现场、重新鉴定、完善证据，依法提出抗诉，法院以故意杀人罪改判其死缓。每一起刑事冤错案件，检察机关都难辞其咎。组织排查 2018 年以来再审改判的 325 件刑事错案，以“纠错不能止于国家赔偿、追责必须落到责任主体”的严肃态度，对 551 名检察人员追责问责。

强化刑事执行监督。2018 年创设巡回检察制度，被纳入修订后人民检察院组织法，“派驻+巡回”让监督更有力。最高人民检察院和省、市级检察院开展监狱巡回检察 4973 次，覆盖全国所有监狱，发现并督促整改狱内涉毒、涉赌等突出问题；开展看守所巡回检察 2597 次，覆盖全国 87.2%的看守所，监督纠正混管混押、所内斗殴等问题。探索社区矫正巡回检察，核查纠正社区矫正对象脱管漏管 8.5 万人，比前五年上升 19%。持续整治“纸面服刑”“提钱出狱”，对判处实刑未执行或监外执行条件消失的，监督收监执行 7.3 万人，纠正不当减刑、假释、暂予监外执行 24.5 万人。推动查处监管人员职务犯罪 235 人，对监督不力的 42 名派驻检察人员和 6 个派驻单位问责，力促日常监督落实。

做强民事检察监督。对认为确有错误的民事裁判提出抗诉 2.4 万件，比前五年上升 22.7%，法院已审结 1.8 万件，其中改判、发回重审、调解及和解撤诉 1.5 万件，改变率 83.5%；提出再审检察建议 4 万余件，比前五年上升 69.7%，采纳率

77.3%。对民事审判和执行活动中的违法情形提出检察建议38.4万件，比前五年上升88.5%，采纳率98.7%。专项监督民间借贷、破产清算、离婚析产等领域打“假官司”问题，依法纠正4万余件，起诉虚假诉讼犯罪5121人。就民事公告送达不尽规范和虚假诉讼问题向最高人民法院发出第二号、第五号检察建议，得到积极回应。探索对纷争不止案件开展民事检察和解，促成当事人和解6847件。

做实行政检察监督。强化精准监督，对认为确有错误的行政裁判提出抗诉872件，比前五年下降9.9%，法院已审结566件，其中改判、发回重审、调解及和解撤诉338件，比前五年上升4%，改变率59.7%；提出再审检察建议1059件，比前五年上升43.5%，采纳率56.9%。一公司员工下班后被指派自驾送货，途中撞伤致残，未被认定工伤，诉讼、申诉历时8年，湖北省人民检察院、最高人民检察院接续抗诉获改判。针对以冒名顶替或弄虚作假方式办理婚姻登记后离不了、撤销难问题，在妥善办好个案基础上，会同民政部等制定专项规范，推动处理类案1100余件。对行政审判和执行活动中的违法情形提出检察建议14.3万件，是前五年的7.2倍，采纳率98.9%。对履行职责中发现的行政机关违法行使职权或不行使职权行为，提出检察建议7.7万件，助力法治政府建设。

严查司法工作人员相关职务犯罪。出台专门规定，严格规范办理司法工作人员利用职权实施的侵犯公民权利、损害司法公正犯罪案件，立案侦查5993人。辽宁检察机关深挖扫黑除恶和教育整顿发现的线索，从压案不查、重罪轻判等问题入手，查处司法工作人员职务犯罪392人，所涉30起“漏罪”被立案侦查，15起“前案”被撤销原判，对65起关联民事行政案件提出监督纠正意见。

*亲清检律关系共促司法公正。*2020年与司法部、全国律协建立年度会商机制，地方检察机关同步推进；近期联合发布10条意见，尊重、保障律师依法执业。针对执法司法中阻碍律师依法执业问题，监督纠正8741件，比前五年上升43.6%。全面推开律师互联网阅卷，试点律师异地阅卷，查阅案卷更便捷。与司法部等出台意见，规范检律交往行为，“亲”不逾矩、“清”不远疏。

五、拓展公益诉讼，以能动检察守护公共利益

牢记党和人民嘱托，在履行“公共利益代表”神圣职责中践行人民至上。

*以制度优势实现最佳办案效果。*立案办理民事、行政公益诉讼75.6万件，年均上升14.6%。行政公益诉讼本质是助力依法行政，共同维护人民根本利益。检察机关提出双赢多赢共赢办案理念，把诉前实现维护公益目的作为最佳司法状态。针对公益损害具体事项，先与职能部门磋商、促请主动履职，再以检察建议督促落实，绝大多数案件在诉前解决了公益损害问题，彰显中国特色社会主义司法制度独特优势。检察建议不能落实的，依法提起诉讼4万件，99.8%获裁判支持，切实维护公共利益和法治尊严。

构建协同高效的公益司法保护体系。会同32家行政机关制定工作意见13个，推动协同履职。办理国有财产保护、国有土地使用权出让领域公益诉讼5.9万件，促请追偿受损国有财产、追缴土地出让金533.7亿元。办理食品药品安全领域公益诉讼15.4万件。针对一些“消”字号抗(抑)菌制剂非法添加化学药物危害健康，组织公益诉讼专项监督，促请查处涉案问题产品61万余件。加强文物和文化遗产公益保护，指导河北、湖南、甘肃、宁夏等地检察机关开展红色资源、长城、古城遗址等公益保护；指导贵州、云南、西藏、新疆等地检察机关加强少数民族传统村落和非物质文化遗产公益保护。与中央统战部和各民主党派中央共建“益心为公”志愿者检察云平台，依靠公众力量发现和解决公益损害问题。27个省区市党委、政府专门发文，29个省区市人大常委会作出专项决定，促进、支持检察机关在公益保护中履职尽责。

公益诉讼守护美丽中国。持续投入蓝天、碧水、净土保卫战，主动衔接中央生态环境保护督察整改，办理生态环境和资源保护领域公益诉讼39.5万件，年均上升12.5%。万峰湖、南四湖水域连接多省，上下游、左右岸治理不一，污染多年。最高人民检察院直接立案，四级检察院合力，助推地方政府联手共治，再现一湖碧水。贯彻长江保护法，制定实施服务长江经济带发展10项检察举措；立案推动多部门协同解决船舶污染顽疾。围绕黄河流域生态保护和高质量发展制定18项检察举措，会同水利部开展专项行动，山西、河南、陕西等沿黄9

省区检察机关共护黄河安澜。西藏、青海等6省区检察机关建立协作机制,合力保护雪域高原。开展“守护海洋”专项监督,山东、广西、海南等地检察机关办理海洋环境保护公益诉讼4562件,服务海洋强国战略。

公益保护领域不断拓宽。民事诉讼法、行政诉讼法明确4个检察公益诉讼领域。党的十九届四中全会部署拓展公益诉讼范围,全国人大常委会制定、修改法律,增加军人荣誉名誉权益保障、安全生产、妇女权益保障等9个检察公益诉讼新领域。检察机关聚焦群众反映强烈的公益损害问题,办理各类新领域案件14.8万件。党的二十大报告强调“完善公益诉讼制度”,中国特色公益司法保护之路必将越走越宽广。

六、坚持从严治检,以能动检察锤炼过硬队伍

建设忠诚干净担当的检察队伍,把践行人民至上更优落实。

一体推进政治建设、业务建设和职业道德建设。坚持用习近平新时代中国特色社会主义思想凝心铸魂,精心组织学习党的二十大精神政治轮训,扎实开展“不忘初心、牢记使命”主题教育、党史学习教育。编写、用好贯彻习近平法治思想检察履职教科书,深化政治与业务融合培训。积极推动检察官与监察官、法官、行政执法人员、律师同堂培训76.4万人次,促进统一执法司法理念。聘请2.5万名行政机关专业人员兼任检察官助理,借智借力提升监督办案能力。弘扬新时代检察英模精神,“最美奋斗者”张飚、方工引领忠诚奉献;

“新时代最美检察官”施净岚、王勇等彰显法治担当；“全国模范检察官”王朝阳、蒋春尧、曹艳群等66名检察人员为党和人民献出宝贵生命，激励我们不断奋斗前行。

持续推动司法责任制落实。制定完善“四大检察”办案规则，动态修订检察官权力清单，规范依法履职保障和追责惩戒机制，确保用权有依据、放权不放任，把“谁办案谁负责、谁决定谁负责”落到实处。各级检察院领导干部带头办理重大疑难影响性案件178.4万件、列席法院审委会会议6.6万次。以提升质量、效率、效果为导向，完善检察人员考核机制；2199名检察官在扎实考核下退出员额，能进能出成常态。

创设“案-件比”做实科学管理。针对不少案件程序反复、增加讼累，2019年首创“案-件比”质效评价标准，以实际发生的“案子”与经过若干办案环节、程序统计的“案件”相比，考核首办负责、案结事了。共压减95.9万个程序性和内生案件。办案质效明显提升，与2018年相比，2022年退回补充侦查、延长审查起诉期限分别下降80%和95.8%，自行补充侦查上升264.6倍，个案平均审查起诉时间减少6.9天。公正是质量与效率的统一。

坚持严管就是厚爱。勇于刀刃向内，以自我革命精神抓实检察队伍教育整顿。自觉接受中央巡视监督，对省级检察院党组实现巡视和“回头看”全覆盖。坚定支持纪检监察机关监督执纪问责，五年来，最高人民检察院机关10人因违纪违法被查处；地方检察机关3403人因利用检察权违纪违法被查处，其中追究刑事责任340人，杨克勤、蒙永山、张本才等严重违纪违法案件教训十分深刻。司法腐败多为人情案关系案金钱案，中央和有关部门早有“三个规定”，过问或干预、插手司法办案须记录报告。为做实“有问必录”，2019年起全员覆盖、逐月报告、季度通报，推动如实填报渐成自觉。2022年检察人员记录报告有关事项16.9万件，是2019年的15.4倍。整治顽瘴痼疾，重在抓、要在实。

坚持不懈夯实基层基础。落实强基导向，2020年制定新时代基层检察院建设25条意见。最高人民检察院全员培训薄弱基层检察院检察长，省、市级检察院定点帮扶，以点带面、压茬推进。制定检察对口援助28项举措，支持民族地区、革命老区检察工作加快发展。实施数字检察战略，研发车险欺诈骗保、医保基金诈骗等大数据监督模型800余个，批量发现类案监督线索20万余条，监督成案6.1万件，科技助法律监督更加有力。

各位代表，监督者必受监督。我们在自觉接受监督中践行人民至上，落实全过程人民民主。**自觉接受人大监督**。认真贯彻民法典等新颁布、修订的法律。向全国人大常委会专题报告民事检察、控告申诉检察、认罪认罚从宽等工作，四级检察院一体落实审议意见。聘请98名全国人大代表担任特约监督员，邀请全国人大代表视察检察工作、参与检察活动2800余人次。精心办好1044件代表建议；落实审议报告、视察座谈提出的1.8万条意见建议，转化为检察工作发展的

"源动力"。**自觉接受民主监督**。参加全国政协双周协商座谈会,助推公益诉讼、未成年人检察工作扎实开展。认真办理政协提案 313 件。连续五年走访各民主党派中央,省级检察院跟进走访民主党派省级组织,接受监督更实、效果更好。与全国工商联健全工作机制,务实推进非公经济平等保护。**自觉接受履职制约**。对公安机关提请复议复核案件,依法重新审查。对法院宣告无罪的公诉案件逐案阅卷复查、总结教训。**自觉接受社会监督**。常态化发布检察办案数据、典型类案。12309 检察服务中心、检察开放日覆盖四级检察院。邀请人民监督员监督检察办案 19.2 万件次。以舆论监督为镜,对媒体反映的问题认真检视、反思,积极改进工作,维护公平正义。

五年来,各级党委全面加强对检察工作的领导。30 个省区市党委制定加强新时代检察机关法律监督工作实施意见,16 个省区市将检察建议落实情况纳入平安建设、法治建设考核,一些省区市建立府检联动机制、党委政法委执法监督与检察机关法律监督衔接机制,保障、促进检察履职更加有力。

各位代表,过去五年、新时代十年,人民检察事业欣逢最好发展时期,实现职能重塑、机构重组、机制重构,这根本在于有习近平总书记作为党中央的核心、全党的核心掌舵领航,根本在于有习近平新时代中国特色社会主义思想科学指引,得益于全国人大及其常委会有力监督、国务院大力支持、全国政协民主监督,国家监察委员会、最高人民法院配合与制约,各民主党派、工商联和无党派人士、各人民团体及地方各级党政机关、各位代表、各位委员和社会各界热忱关心、支持和帮助。我谨代表最高人民检察院表示衷心感谢！

我们深切体会到，做好新时代检察工作**必须**坚持党的绝对领导，把“两个确立”“两个维护”融于检察血脉；**必须**坚持以习近平新时代中国特色社会主义思想为指导，全面贯彻习近平法治思想；**必须**坚持为大局服务、为人民司法，在服务经济社会发展中守初心担使命；**必须**坚持国家法律监督机关的宪法定位，敢于监督、善于监督、勇于开展自我监督，努力让人民群众在每一个司法案件中感受到公平正义；**必须**坚持依法能动履职，以诉源治理助力国家治理；**必须**坚持守正创新，深化司法体制综合配套改革，不断完善中国特色社会主义检察制度；**必须**坚持深化自我革命，确保检察队伍绝对忠诚、绝对纯洁、绝对可靠。

我们清醒认识到，与党和人民更高要求相比，检察工作还有不小差距。**一是**学思践悟习近平法治思想还需持续走深做实，一些检察理念、政策、措施落得还不实。**二是**服务保障高质量发展针对性不够，就案办案、机械司法等现象仍然存在。**三是**法律监督职能作用发挥不够充分，不敢、不愿、不善监督问题不同程度存在，基层检察工作仍然薄弱。**四是**统筹推进司法体制综合配套改革不够。**五是**检察队伍教育、管理和监督需持续强化，专业化人才短缺，司法不公、司法腐败问题时有发生。我们将坚持问题导向，着力破难题解新题。

2023 年工作建议

党的二十大擘画以中国式现代化全面推进中华民族伟大复兴宏伟蓝图。2023 年是全面贯彻党的二十大精神的开局之年。全国检察机关要坚持以习近平新时代中国特色社会主义思想为指导,以学习贯彻党的二十大精神为统领,深刻领悟“两个确立”的决定性意义,增强“四个意识”、坚定“四个自信”、做到“两个维护”,持续落实《中共中央关于加强新时代检察机关法律监督工作的意见》,践行人民至上,深化能动履职,做实诉源治理,加快推进检察工作理念、体系、机制、能力现代化,为全面推进中国式现代化提供有力法治保障。

第一,深入学习贯彻习近平新时代中国特色社会主义思想。坚持把学习宣传贯彻党的二十大精神作为首要政治任务,深入开展学习贯彻习近平新时代中国特色社会主义思想主题教育,持之以恒学思践悟习近平法治思想,不断提高检察履职的政治判断力、政治领悟力、政治执行力。

第二,坚决维护国家安全和社会稳定。深入贯彻总体国家安全观,以新安全格局保障新发展格局。坚决惩治危害国家安全犯罪,坚定维护国家政权安全、制度安全、意识形态安全。以人民安全为宗旨,推进扫黑除恶常态化,严惩严重危害社会秩序犯罪。加大惩治网络犯罪力度,持续严惩电信网络诈骗、网络诽谤、侵犯公民个人信息等犯罪。依法全面贯彻宽严相济刑事政策，统筹落实少捕慎诉慎押刑事司法政策和认罪认罚从宽制度。深化公开听证，实质性化解讼争，用心纾解人民群众急难愁盼，把新时代"枫桥经验"做实。积极参与市域社会治理，融入更高水平的平安法治乡村建设，深化用好检察建议，促进提升社会治理法治化水平。助力加强涉外法治工作，坚决捍卫国家主权、安全、发展利益。

第三，充分运用法治力量服务高质量发展。平等保护国企民企、内资外资、大中小微企业等各类市场主体合法权益，依法严惩严重经济犯罪。服务创新驱动发展，深化知识产权综合司法保护。推动创建中国特色涉案企业合规司法制度。完善金融证券检察机制。履职反腐败斗争，助力营造风清气正政治环境。坚定维护国防利益和军人军属、退役军人合法权益。强化生态文明司法保护，加强就业、食品药品安全、安全生产等民生领域司法保障。强化老年人、妇女儿童、残疾人、新就业形态劳动者等特殊群体权益司法保护。落实"谁执法谁普法"普法责任制，继续做实检察官担任法治副校长等工作，结合办案深入开展法治宣传教育。

第四，提升法律监督能力。以更有力监督办案推动"四大检察"全面协调充分发展。强化对司法活动制约监督，促进司法公正。深化侦查监督与协作配合机制建设，坚决防止以刑事手段插手民事、经济纠纷。加强行政执法与刑事司法双向衔接。全面深化巡回检察。强化对民事、行政诉讼活动监督。健全虚假诉讼惩防机制。加强查办司法工作人员相关职务犯罪工作。积极稳妥推进行政违法行为检察监督。突出抓好法律明确赋权领域公益诉讼办案工作,积极稳妥办理新领域案件。促进立法,完善检察公益诉讼制度。

第五,深化司法体制综合配套改革。坚持顶层设计与实践探索相统一,研究制定《2023—2027年检察改革工作规划》。全面准确落实司法责任制,强化科学监督管理,严肃司法责任追究。不断完善案件质量评价指标、检察人员考核机制,引领勤勉高效、担当作为。深化智慧检务,加快推进数字检察,着力提升法律监督质效。

第六,建设堪当重任的检察铁军。落实新时代党的建设总要求,全面加强政治建设与业务建设,大力提升政治素质、业务素质和职业道德素质。深化全面从严治检,坚决惩治司法腐败,巩固检察队伍教育整顿成果,持续狠抓“三个规定”落实,确保忠诚、干净、担当。坚持强基导向,深化基层检察院创先争优,夯实检察工作发展根基。

各位代表,新时代新征程,我们将更加紧密团结在以习近平同志为核心的党中央周围,锚定党的二十大擘画的宏伟蓝图,落实本次会议要求,更加自觉接受人大监督、民主监督和社会监督,忠实履行宪法法律赋予的法律监督职责,守正创新、开拓进取,奋力开创人民检察事业新局面,为全面建设社会主义现代化国家、全面推进中华民族伟大复兴贡献力量!

第十四届全国人民代表大会第一次会议关于国务院机构改革方案的决定

（2023 年 3 月 10 日第十四届全国人民代表大会第一次会议通过）

第十四届全国人民代表大会第一次会议听取了国务委员兼国务院秘书长肖捷受国务院委托所作的关于国务院机构改革方案的说明，审议了国务院机构改革方案，决定批准这个方案。

会议要求，国务院要坚持党中央集中统一领导，周密部署，精心组织，确保完成国务院机构改革任务。实施机构改革方案需要制定或修改法律的，要及时启动相关程序，依法提请全国人民代表大会常务委员会审议。

国务院机构改革方案

党的二十届二中全会通过了《党和国家机构改革方案》，深化国务院机构改革是其中的一项重要任务。必须以习近平新时代中国特色社会主义思想为指导，以加强党中央集中统一领导为统领，以推进国家治理体系和治理能力现代化为导向，坚持稳中求进工作总基调，适应统筹推进“五位一体”总体布局、协调推进“四个全面”战略布局的要求，适应构建新发展格局、推动高质量发展的需要，加强科学技术、金融监管、数据管理、乡村振兴、知识产权、老龄工作等重点领域的机构职责优化和调整，转变政府职能，加快建设法治政府，为全面建设社会主义现代化国家、全面推进中华民族伟大复兴提供有力保障。

一、重新组建科学技术部。加强科学技术部推动健全新型举国体制、优化科技创新全链条管理、促进科技成果转化、促进科技和经济社会发展相结合等职能，强化战略规划、体制改革、资源统筹、综合协调、政策法规、督促检查等宏观管理职责，保留国家基础研究和应用基础研究、国家实验室建设、国家科技重大专项、国家技术转移体系建设、科技成果转移转化和产学研结合、区域科技创新体系建设、科技监督评价体系建设、科研诚信建设、国际科技合作、科技人才队伍建设、国家科技评奖等相关职责，仍作为国务院组成部门。

将科学技术部的组织拟订科技促进农业农村发展规划和政策、指导农村科技进步职责划入农业农村部。将科学技术部的组织拟订科技促进社会发展规划和政策职责分别划入国家发展和改革委员会、生态环境部、国家卫生健康委员会等部门。将科学技术部的组织拟订高新技术发展及产业化规划和政策，指导国家自主创新示范区、国家高新技术产业开发区等科技园区建设，指导科技服务业、技术市场、科技中介组织发展等职责划入工业和信息化部。将科学技术部的负责引进国外智力工作职责划入人力资源和社会保障部，在人力资源和社会保障部加挂国家外国专家局牌子。

深化财政科技经费分配使用机制改革，完善中央财政科技计划执行和专业机构管理体制，调整科学技术部的中央财政科技计划（专项、基金等）协调管理、科研项目资金协调评估等职责，将科学技术部所属中国农村技术开发中心划入农业农村部，中国生物技术发展中心划入国家卫生健康委员会，中国 21 世纪议程管理中心、科学技术部高技术研究发展中心划入国家自然科学基金委员会。

国家自然科学基金委员会仍由科学技术部管理。

科学技术部不再保留国家外国专家局牌子。

二、组建国家金融监督管理总局。统一负责除证券业之外的金融业监管，强化机构监管、行为监管、功能监管、穿透式监管、持续监管，统筹负责金融消费者权益保护，加强风险管理和防范处置，依法查处违法违规行为，作为国务院直属机构。

国家金融监督管理总局在中国银行保险监督管理委员会基础上组建，将中国人民银行对金融控股公司等金融集团的日常监管职责、有关金融消费者保护职责，中国证券监督管理委员会的投资者保护职责划入国家金融监督管理总局。

不再保留中国银行保险监督管理委员会。

三、深化地方金融监管体制改革。建立以中央金融管理部门地方派出机构为主的地方金融监管体制，统筹优化中央金融管理部门地方派出机构设置和力量配备。地方政府设立的金融监管机构专司监管职责，不再加挂金融工作局、金融办公室等牌子。

四、中国证券监督管理委员会调整为国务院直属机构。中国证券监督管理委员会由国务院直属事业单位调整为国务院直属机构。强化资本市场监管职责，划入国家发展和改革委员会的企业债券发行审核职责，由中国证券监督管理委员会统一负责公司（企业）债券发行审核工作。

五、统筹推进中国人民银行分支机构改革。撤销中国人民银行大区分行及分行营业管理部、总行直属营业管理部和省会城市中心支行，在31个省（自治区、直辖市）设立省级分行，在深圳、大连、宁波、青岛、厦门设立计划单列市分行。中国人民银行北京分行保留中国人民银行营业管理部牌子，中国人民银行上海分行与中国人民银行上海总部合署办公。

不再保留中国人民银行县（市）支行，相关职能上收至中国人民银行地（市）中心支行。对边境或外贸结售汇业务量大的地区，可根据工作需要，采取中国人民银行地（市）中心支行派出机构方式履行相关管理服务职能。

六、完善国有金融资本管理体制。按照国有金融资本出资人相关管理规定，将中央金融管理部门管理的市场经营类机构剥离，相关国有金融资产划入国有金融资本受托管理机构，由其根据国务院授权统一履行出资人职责。

七、加强金融管理部门工作人员统一规范管理。中国人民银行、国家金融监督管理总局、中国证券监督管理委员会、国家外汇管理局及其分支机构、派出机构均使用行政编制，工作人员纳入国家公务员统一规范管理，执行国家公务员工资待遇标准。

八、组建国家数据局。负责协调推进数据基础制度建设，统筹数据资源整合共享和开发利用，统筹推进数字中国、数字经济、数字社会规划和建设等，由国家发展和改革委员会管理。

将中央网络安全和信息化委员会办公室承担的研究拟订数字中国建设方案、协调推动公共服务和社会治理信息化、协调促进智慧城市建设、协调国家重要信息资源开发利用与共享、推动信息资源跨行业跨部门互联互通等职责，国家发展和改革委员会承担的统筹推进数字经济发展、组织实施国家大数据战略、推进数据要素基础制度建设、推进数字基础设施布局建设等职责划入国家数据局。

九、优化农业农村部职责。为统筹抓好以乡村振兴为重心的"三农"各项工作，加快建设农业强国，将国家乡村振兴局的牵头开展防止返贫监测和帮扶，组织拟订乡村振兴重点帮扶县和重点地区帮扶政策，组织开展东西部协作、对口支援、社会帮扶，研究提出中央财政衔接推进乡村振兴相关资金分配建议方案并指导、监督资金使用，推动乡村帮扶产业发展，推动农村社会事业和公共服务发展等职责划入农业农村部，在农业农村部加挂国家乡村振兴局牌子。

全国脱贫攻坚目标任务完成后的过渡期内，有关帮扶政策、财政支持、项目安排保持总体稳定，资金项目相对独立运行管理。

不再保留单设的国家乡村振兴局。

十、完善老龄工作体制。实施积极应对人口老龄化国家战略，推动实现全体老年人享有基本养老服务，将国家卫生健康委员会的组织拟订并协调落实应对人口老龄化政策措施、承担全国老龄工作委员会的具体工作等职责划入民政部。全国老龄工作委员会办公室改设在民政部，强化其综合协调、督促指导、组织推进老龄事业发展职责。

中国老龄协会改由民政部代管。

十一、完善知识产权管理体制。加快推进知识产权强国建设，全面提升知识产权创造、运用、保护、管理和服务水平，将国家知识产权局由国家市场监督管理总局管理的国家局调整为国务院直属机构。商标、专利等领域执法职责继续由市场监管综合执法队伍承担，相关执法工作接受国家知识产权局专业指导。

十二、国家信访局调整为国务院直属机构。贯彻落实新时代党的群众路线，加强和改进人民信访工作，更好维护人民根本利益，将国家信访局由国务院办公厅管理的国家局调整为国务院直属机构。

十三、精减中央国家机关人员编制。中央国家机关各部门人员编制统一按照5%的比例进行精减，收回的编制主要用于加强重点领域和重要工作。

改革后，除国务院办公厅外，国务院设置组成部门仍为26个。根据国务院组织法规定，科学技术部、农业农村部等国务院组成部门的调整和设置，由全国人民代表大会审议批准。

国家市场监督管理总局、国家金融监督管理总局、中国证券监督管理委员会、国家信访局、国家知识产权局、国家数据局、国家乡村振兴局等国务院组成部门以外的国务院所属机构的调整和设置，将由新组成的国务院审查批准。

关于国务院机构改革方案的说明

——2023 年 3 月 7 日在第十四届全国
人民代表大会第一次会议上

国务委员兼国务院秘书长　肖　捷

各位代表：

我受国务院委托，根据党的二十届二中全会通过的《党和国家机构改革方案》，就国务院机构改革方案向大会作说明，请予审议。

党的二十大对深化党和国家机构改革作出重要部署，党的二十届二中全会审议通过《党和国家机构改革方案》。这次党和国家机构改革的总体要求是，贯彻落实党的二十大精神，以习近平新时代中国特色社会主义思想为指导，以加强党中央集中统一领导为统领，以推进国家治理体系和治理能力现代化为导向，坚持稳中求进工作总基调，适应统筹推进“五位一体”总体布局、协调推进“四个全面”战略布局的要求，适应构建新发展格局、推动高质量发展的需要，坚持问题导向，统筹党中央机构、全国人大机构、国务院机构、全国政协机构，统筹中央和地方，深化重点领域机构改革，推动党对社会主义现代化建设的领导在机构设置上更加科学、在职能配置上更加优化、在体制机制上更加完善、在运行管理上更加高效。

国务院机构改革作为党和国家机构改革的一项重要任务，重点是加强科学技术、金融监管、数据管理、乡村振兴、知识产权、老龄工作等重点领域的机构职责优化和调整，转变政府职能，加快建设法治政府。

这次国务院机构改革的具体内容如下。

一、重新组建科学技术部。科技创新在我国现代化建设全局中居于核心地位。面对国际科技竞争和外部遏制打压的严峻形势，必须进一步理顺科技领导和管理体制，更好统筹科技力量在关键核心技术上攻坚克难，加快实现高水平科技自立自强。这次党和国家机构改革，加强党中央对科技工作的集中统一领导，组建中央科技委员会，中央科技委员会办事机构职责由重组后的科学技术部整体承担。根据《党和国家机构改革方案》精神，强化科学技术部的战略规划、体制改革、资源统筹、综合协调、政策法规、督促检查等宏观管理职责，推动健全新型举国体制、优化科技创新全链条管理、促进科技成果转化、促进科技和经济社会发展相结合。

划转科学技术部具体管理职责。把组织拟订科技促进农业农村发展规划和政策、指导农村科技进步职责划入农业农村部。把组织拟订科技促进社会发展规划和政策职责分别划入国家发展和改革委员会、生态环境部、国家卫生健康委员会等部门。把组织拟订高新技术发展及产业化规划和政策，指导国家自主创新示范区、国家高新技术产业开发区等科技园区建设,指导科技服务业、技术市场、科技中介组织发展等职责划入工业和信息化部。把负责引进国外智力工作职责划入人力资源和社会保障部,在人力资源和社会保障部加挂国家外国专家局牌子。科学技术部不再保留国家外国专家局牌子。

深化财政科技经费分配使用机制改革,完善中央财政科技计划执行和专业机构管理体制,调整科学技术部的中央财政科技计划(专项、基金等)协调管理、科研项目资金协调评估等职责。重组后的科学技术部不再参与具体科研项目评审和管理,主要负责指导监督科研管理专业机构的运行管理,加强对科研项目实施情况的督促检查和科研成果的评估问效。相应把科学技术部所属中国农村技术开发中心划入农业农村部,中国生物技术发展中心划入国家卫生健康委员会,中国21世纪议程管理中心、科学技术部高技术研究发展中心划入国家自然科学基金委员会。国家自然科学基金委员会仍由科学技术部管理。

二、组建国家金融监督管理总局。党的二十大作出明确部署,要依法将各类金融活动全部纳入监管。为解决金融领域长期存在的突出矛盾和问题,在中国银行保险监督管理委员会基础上组建国家金融监督管理总局,统一负责除证券业之外的金融业监管,强化机构监管、行为监管、功能监管、穿透式监管、持续监管,统筹负责金融消费者权益保护,加强风险管理和防范处置,依法查处违法违规行为,作为国务院直属机构。为加强金融消费者合法权益保护,统一规范金融产品和服务行为,把中国人民银行对金融控股公司等金融集团的日常监管职责、有关金融消费者保护职责，中国证券监督管理委员会的投资者保护职责划入国家金融监督管理总局。不再保留中国银行保险监督管理委员会。

三、深化地方金融监管体制改革。针对地方金融监管部门存在的监管手段缺乏、专业人才不足等问题，强化金融管理中央事权，建立以中央金融管理部门地方派出机构为主的地方金融监管体制，统筹优化中央金融管理部门地方派出机构设置和力量配备。同时，压实地方金融监管主体责任，地方政府设立的金融监管机构专司监管职责，不再加挂金融工作局、金融办公室等牌子。

四、中国证券监督管理委员会调整为国务院直属机构。为强化资本市场监管职责，中国证券监督管理委员会由国务院直属事业单位调整为国务院直属机构。理顺债券管理体制，将国家发展和改革委员会的企业债券发行审核职责划入中国证券监督管理委员会，由中国证券监督管理委员会统一负责公司（企业）债券发行审核工作。

五、统筹推进中国人民银行分支机构改革。调整中国人民银行大区分行体制，按照行政区设立分支机构。撤销中国人民银行大区分行及分行营业管理部、总行直属营业管理部和省会城市中心支行，在31个省（自治区、直辖市）设立省级分行，在深圳、大连、宁波、青岛、厦门设立计划单列市分行。中国人民银行北京分行保留中国人民银行营业管理部牌子，中国人民银行上海分行与中国人民银行上海总部合署办公。不再保留中国人民银行县（市）支行，相关职能上收至中国人民银行地（市）中心支行。对边境或外贸结售汇业务量大的地区，可根据工作需要，采取中国人民银行地（市）中心支行派出机构方式履行相关管理服务职能。

六、完善国有金融资本管理体制。国有金融资本是推进国家现代化、维护国家金融安全的重要保障，是我们党和国家事业发展的重要物质基础和政治基础。为厘清金融监管部门、履行国有金融资本出资人职责的机构和国有金融机构之间的权责关系，推进管办分离、政企分开，把中央金融管理部门管理的市场经营类机构剥离，相关国有金融资产划入国有金融资本受托管理机构，由其根据国务院授权统一履行出资人职责，促进国有金融机构持续健康发展。

七、加强金融管理部门工作人员统一规范管理。为促进金融管理部门依法合规履行金融管理职责，解决金融系统队伍管理的统一性、规范性问题，把中国人民银行、国家金融监督管理总局、中国证券监督管理委员会、国家外汇管理局及其分支机构、派出机构的工作人员纳入国家公务员统一规范管理，使用行政编制，执行国家公务员工资待遇标准。

八、组建国家数据局。当今社会，数字资源、数字经济对经济社会发展具有基础性作用，对于构建新发展格局、建设现代化经济体系、构筑国家竞争新优势意义重大，必须加强对数据的管理、开发、利用。在保持数据安全、行业数据监管、信息化发展、数字政府建设等现行工作格局总体稳定前提下，把数据资源整合共享和开发利用方面的有关职责相对集中，组建国家数据局，作为国家发展和改革委员会管理的国家局，负责协调推进数据基础制度建设，统筹推进数字中国、数字经济、数字社会规划和建设等。把中央网络安全和信息化委员会办公室承担的研究拟订数字中国建设方案、协调推动公共服务和社会治理信息化、协调促进智慧城市建设、协调国家重要信息资源开发利用与共享、推动信息资源跨行业跨部门互联互通等职责，国家发展和改革委员会承担的统筹推进数字经济发展、组织实施国家大数据战略、推进数据要素基础制度建设、推进数字基础设施布局建设等职责划入国家数据局。

九、优化农业农村部职责。为统筹抓好以乡村振兴为重心的“三农”各项工作，加快建设农业强国，整体推动农业全面升级、农村全面进步、农民全面发展，把国家乡村振兴局的牵头开展防止返贫监测和帮扶，组织拟订乡村振兴重点帮扶县和重点地区帮扶政策，组织开展东西部协作、对口支援、社会帮扶，研究提出中央财政衔接推进乡村振兴相关资金分配建议方案并指导、监督资金使用，推动乡村帮扶产业发展，推动农村社会事业和公共服务发展等职责划入农业农村部，在农业农村部加挂国家乡村振兴局牌子。不再保留单设的国家乡村振兴局。

国家乡村振兴局职责划入农业农村部，要继续加大对脱贫地区和脱贫群众的帮扶力度，全国脱贫攻坚目标任务完成后的过渡期内，有关帮扶政策、财政支持、项目安排保持总体稳定，资金项目相对独立运行管理。

十、完善老龄工作体制。为实施积极应对人口老龄化国家战略，更好发展养老事业和养老产业，推动实现全体老年人享有基本养老服务，把国家卫生健康委员会的组织拟订并协调落实应对人口老龄化政策措施、承担全国老龄工作委员会的具体工作等职责划入民政部。全国老龄工作委员会办公室改设在民政部，强化其综合协调、督促指导、组织推进老龄事业发展职责。中国老龄协会改由民政部代管。

十一、完善知识产权管理体制。为适应推进创新型国家建设、推动高质量发展、扩大高水平对外开放的内在需要，加快推进知识产权强国建设，全面提升知识产权创造、运用、保护、管理和服务水平，将国家知识产权局由国家市场监督管理总局管理的国家局调整为国务院直属机构。商标、专利等领域执法职责继续由市场监管综合执法队伍承担，相关执法工作接受国家知识产权局专业指导。

十二、国家信访局调整为国务院直属机构。为贯彻落实新时代党的群众路线，加强和改进人民信访工作，更好维护人民根本利益，将国家信访局由国务院办公厅管理的国家局调整为国务院直属机构。

十三、精减中央国家机关人员编制。中央国家机关各部门人员编制统一按照5%的比例进行精减，收回的编制主要用于加强重点领域和重要工作。对于精减后少数部门超编问题，给予5年过渡期逐步消化。

各位代表，按照上述方案调整后，除国务院办公厅外，国务院设置组成部门仍为26个。根据国务院组织法规定，科学技术部、农业农村部等国务院组成部门的调整和设置，请大会审议。

国家市场监督管理总局、国家金融监督管理总局、中国证券监督管理委员会、国家信访局、国家知识产权局、国家数据局、国家乡村振兴局等国务院组成部门以外的国务院所属机构的调整和设置，将由新组成的国务院审查批准。

下一步在机构改革实施工作中，我们将深刻认识“两个确立”的决定性意义，增强“四个意识”、坚定“四个自信”、做到“两个维护”，坚决维护党中央权威和集中统一领导，认真贯彻落实党中央关于党和国家机构改革的决策部署，抓好改革关键环节，做好思想政治工作，严肃改革纪律，确保机构、职责、人员等按要求及时调整到位，做到思想不乱、工作不断、队伍不散、干劲不减。

各位代表，今年是全面贯彻党的二十大精神的开局之年，是实施“十四五”规划承前启后的关键一年。我们要高举中国特色社会主义伟大旗帜，紧密团结在以习近平同志为核心的党中央周围，统一思想、统一行动，锐意改革、苦干实干，为全面建设社会主义现代化国家、全面推进中华民族伟大复兴而团结奋斗！

中华人民共和国
全国人民代表大会公告

第　一　号

第十四届全国人民代表大会第一次会议于2023年3月10日选举习近平为中华人民共和国主席。

现予公告。

中华人民共和国第十四届全国人民代表大会
第　一　次　会　议　主　席　团
2023年3月10日于北京

中华人民共和国
全国人民代表大会公告

第　二　号

第十四届全国人民代表大会第一次会议于2023年3月10日选举习近平为中华人民共和国中央军事委员会主席。

现予公告。

中华人民共和国第十四届全国人民代表大会
第　一　次　会　议　主　席　团

2023年3月10日于北京

中华人民共和国
全国人民代表大会公告

第　三　号

第十四届全国人民代表大会第一次会议于 2023 年 3 月 10 日选举韩正为中华人民共和国副主席。

现予公告。

中华人民共和国第十四届全国人民代表大会
第　一　次　会　议　主　席　团
2023 年 3 月 10 日于北京

中华人民共和国
全国人民代表大会公告

第　四　号

第十四届全国人民代表大会常务委员会委员长、副委员长、秘书长已由第十四届全国人民代表大会第一次会议于2023年3月10日选出,第十四届全国人民代表大会常务委员会委员已由第十四届全国人民代表大会第一次会议于2023年3月11日选出。第十四届全国人民代表大会常务委员会委员长、副委员长、秘书长、委员共175人。

委员长

赵乐际

副委员长

李鸿忠　王东明　肖　捷　郑建邦　丁仲礼　郝明金
蔡达峰　何　维　武维华　铁　凝(女)　彭清华
张庆伟　洛桑江村(藏族)
雪克来提·扎克尔(维吾尔族)

秘书长

刘　奇

委　员（按姓名笔划为序）

丁来杭　于伟国　于忠福　万立骏　卫小春　马立群
王　可　王　刚　王　红（女，满族）　王志民
王希勤　王学成　王宝山　王建武　王洪祥　王　超
王瑞贺　王　毅　王　巍　方　向　巴音朝鲁（蒙古族）
巴莫曲布嫫（女，彝族）　邓秀新　古小玉
布小林（女，蒙古族）　叶赞平　史耀斌
冉　博（苗族）　白尚成（回族）　丛　斌　包信和
吕世明　吕忠梅（女）　吕　建　吕彩霞（女）
朱明春　刘仓理　刘修文　刘俊臣　闫傲霜（女）
江天亮（土家族）　江金权　汤维建　安立佳
安兆庆（锡伯族）　许为钢　许达哲　许安标　孙其信
孙宪忠　孙菊生　杜小光（白族）　杜家毫　李　宁
李纪恒　李钺锋　李敬泽　李锦斌　李静海
李慧琼（女）　李　毅　李　巍　杨永英（女，布依族）
杨关林（锡伯族）　杨振武　杨晓超　束　为
肖开提·依明（维吾尔族）　吴一戎　吴立新　吴杰明
吴　晶（女）　吴普特　邱学强　何　平　何　新
谷振春　汪铁民　沙尔合提·阿汗（哈萨克族）
沈金龙　沈金强　沈春耀　沈政昌　宋秀岩（女）
宋　锐　张太范（朝鲜族）　张　伟（女）　张守攻
张　轩（女）　张妹芝（女）　张　勇　张　涛
张道宏　张嘉极　陈福利　武　增（女）
苻彩香（女，黎族）　范骁骏　林　锐　欧阳昌琼
罗　琦　周亚宁　周光权　周　敏（女）

庞丽娟（女）　底青云（女，回族）　郑卫平
郑功成　郑军里（瑶族）　郑建闽　郝　平　胡晓犁
钟　山　钟志华　段春华　信春鹰（女）　侯建国
娄勤俭　骆　源　秦生祥　袁誉柏　袁曙宏　夏　光
钱　前　徐玉善（女，傣族）徐永军　徐　晓　徐　辉
翁杰明　高开贤　高友东　高　松　郭树清　郭振华
郭　雷　唐华俊　黄志贤　黄　明　黄俊华（壮族）
曹鸿鸣　鄂竟平　鹿心社　彭金辉（彝族）　蒋卓庆
蒋超良　景汉朝　程　林　程　京　程学源　傅自应
谢经荣　甄占民
嘉木样·洛桑久美·图丹却吉尼玛（藏族）　赫　捷
鲜铁可　雒树刚　谭天星　谭　琳（女）
颜　珂（女）

现予公告。

中华人民共和国第十四届全国人民代表大会
第一次会议主席团
2023 年 3 月 11 日于北京

中华人民共和国
全国人民代表大会公告

第　五　号

根据中华人民共和国中央军事委员会主席习近平的提名,第十四届全国人民代表大会第一次会议于 2023 年 3 月 11 日决定:

张又侠、何卫东为中华人民共和国中央军事委员会副主席;

李尚福、刘振立、苗华、张升民为中华人民共和国中央军事委员会委员。

现予公告。

中华人民共和国第十四届全国人民代表大会
第　一　次　会　议　主　席　团

2023 年 3 月 11 日于北京

中华人民共和国
全国人民代表大会公告

第　六　号

第十四届全国人民代表大会第一次会议于 2023 年 3 月 11 日选举刘金国为中华人民共和国国家监察委员会主任。

现予公告。

中华人民共和国第十四届全国人民代表大会
第　一　次　会　议　主　席　团
2023 年 3 月 11 日于北京

中华人民共和国
全国人民代表大会公告

第 七 号

第十四届全国人民代表大会第一次会议于 2023 年 3 月 11 日选举张军为中华人民共和国最高人民法院院长。

现予公告。

中华人民共和国第十四届全国人民代表大会
第 一 次 会 议 主 席 团

2023 年 3 月 11 日于北京

中华人民共和国
全国人民代表大会公告

第　八　号

第十四届全国人民代表大会第一次会议于 2023 年 3 月 11 日选举应勇为中华人民共和国最高人民检察院检察长。

现予公告。

中华人民共和国第十四届全国人民代表大会
第　一　次　会　议　主　席　团

2023 年 3 月 11 日于北京

中华人民共和国
全国人民代表大会公告

第　九　号

第十四届全国人民代表大会宪法和法律委员会、财政经济委员会主任委员、副主任委员、委员已由第十四届全国人民代表大会第一次会议于 2023 年 3 月 5 日表决通过，第十四届全国人民代表大会民族委员会、监察和司法委员会、教育科学文化卫生委员会、外事委员会、华侨委员会、环境与资源保护委员会、农业与农村委员会、社会建设委员会主任委员、副主任委员、委员已由第十四届全国人民代表大会第一次会议于 2023 年 3 月 12 日表决通过。

民族委员会

主任委员

巴音朝鲁（蒙古族）

副主任委员

王志民　安兆庆（锡伯族）　肖开提·依明（维吾尔族）

沙尔合提·阿汗(哈萨克族)　　白尚成(回族)

黄俊华(壮族)　苻彩香(女,黎族)　　林　锐

委　　员(按姓名笔划为序)

王　红(女,满族)　　巴莫曲布嫫(女,彝族)

冉　博(苗族)　江天亮(土家族)　汤越强(侗族)

杜小光(白族)　杨永英(女,布依族)

杨晓明(藏族)　张太范(朝鲜族)　金汝彬(回族)

周　敏(女)　郑军里(瑶族)　赵瑞宝　顾祥兵

徐玉善(女,傣族)　　郭正耀(哈尼族)　郭振华

嘉木样·洛桑久美·图丹却吉尼玛(藏族)

熊远明(壮族)

宪法和法律委员会

主任委员

信春鹰(女)

副主任委员

黄　明　袁曙宏　沈春耀　何　平　丛　斌　徐　辉

王洪祥　骆　源　周光权

委　员(按姓名笔划为序)

王瑞贺　冯建华　汤维建　许安标　孙宪忠

李玉萍(女)　　张　勇　武　增(女)　　高子程

监察和司法委员会

主任委员

杨晓超

副主任委员

邱学强　张　轩(女)　李钺锋　王建武　蒋卓庆
彭金辉(彝族)　谷振春　高友东

委　员(按姓名笔划为序)

亓延军　叶赞平　田义祥　许山松　李　宁　李　季
李宪法　吴杰明　赵保林　唐　朝　鲜铁可

财政经济委员会

主任委员

钟　山

副主任委员

郭树清　沈金龙　史耀斌　翁杰明　田国立　陈雨露
于春生　安立佳　谢经荣

委　员(按姓名笔划为序)

朱明春　庄毓敏(女)　刘国强　刘修文　许宏才
张兴敏　张育林　欧阳昌琼　赵海英(女)
侯永志　韩胜延　骞芳莉(女)　蔡　玲(女)
蔡继明

教育科学文化卫生委员会

主任委员

雒树刚

副主任委员

郑卫平　许达哲　侯建国　李静海　张道宏　田学军
古小玉　杨关林（锡伯族）　王希勤

委　员（按姓名笔划为序）

马　旭（满族）　王春法　王晓真　方　向　刘云志
刘国永　江　涌　孙泽洲　李敬泽　李　斌　李　巍
束　为　肖天亮　吴一戎　何　新　陈众议　罗　琦
庞丽娟（女）　钟志华　徐永军　程　京　赫　捷

外事委员会

主任委员

娄勤俭

副主任委员

傅自应　周亚宁　郝　平　王　超　郭　雷　许甘露
王　可

委　员（按姓名笔划为序）

于旭波　马宜明　王　巍　邢广程　李义虎　何华武
张　立　林尚立　胡晓犁　秦　天　柴方国　蒋成华
谭成旭

华侨委员会

主任委员

于伟国

副主任委员

黄志贤　李玉妹（女）　万立骏　丁来杭　郑建闽

曹鸿鸣

委　员（按姓名笔划为序）

丁　毅　王贻芳　闫傲霜（女）　杜　江　李国强

李　毅　杨万明　陈云英（女）　徐安祥　阎晓明

程学源　颜　珂（女）

环境与资源保护委员会

主任委员

鹿心社

副主任委员

鄂竟平　于忠福　李锦斌　布小林（女，蒙古族）

吕忠梅（女）　王　宏　吕彩霞（女）

委　员（按姓名笔划为序）

王　赤　王　毅　朱永官　向　巧（女，苗族）

刘振芳　刘家国　李　勇（军队）　李　高（壮族）

李海生　沈政昌　宋　锐　张守攻　张　涛　张福锁

底青云（女，回族）　贺　泓　蒋云钟

谭　琳（女）

农业与农村委员会

主任委员

杜家毫

副主任委员

李纪恒　蒋超良　范骁骏　江金权　段春华　王　刚
唐华俊　邓秀新

委　员（按姓名笔划为序）

王小鸣　尤海涛　许为钢　孙其信　吴普特　陈福利
周学文　赵立欣（女）　洪天云（土家族）　夏　光
钱　前　甄占民　魏后凯

社会建设委员会

主任委员

杨振武

副主任委员

宋秀岩（女）　袁誉柏　秦生祥　景汉朝　谭天星
孙菊生　李　勇（中央和国家机关工委）　刘　伟
汪铁民

委　员（按姓名笔划为序）

王小云（女）　吕世明　杜航伟　邹　铭　辛向阳
张　翼　陈学斌　季福绥　金红光（朝鲜族）　周佑勇
郑功成　徐　晓　董经纬　詹文龙　詹成付

现予公告。

中华人民共和国第十四届全国人民代表大会
第　一　次　会　议　主　席　团
2023年3月12日于北京

中华人民共和国主席令

第　一　号

根据中华人民共和国第十四届全国人民代表大会第一次会议的决定，任命李强为中华人民共和国国务院总理。

中华人民共和国主席　习　近　平

2023 年 3 月 11 日

中华人民共和国主席令

第 二 号

根据中华人民共和国第十四届全国人民代表大会第一次会议的决定：

任命丁薛祥、何立峰、张国清、刘国中为国务院副总理；

任命李尚福、王小洪、吴政隆、谌贻琴（女，白族）、秦刚为国务委员；

任命吴政隆（兼）为国务院秘书长；

任命秦刚（兼）为外交部部长；

任命李尚福（兼）为国防部部长；

任命郑栅洁为国家发展和改革委员会主任；

任命怀进鹏为教育部部长；

任命王志刚为科学技术部部长；

任命金壮龙为工业和信息化部部长；

任命潘岳为国家民族事务委员会主任；

任命王小洪（兼）为公安部部长；

任命陈一新为国家安全部部长；

任命唐登杰为民政部部长；

任命贺荣（女）为司法部部长；

任命刘昆为财政部部长；

任命王晓萍（女）为人力资源和社会保障部部长；

任命王广华为自然资源部部长；

任命黄润秋为生态环境部部长；

任命倪虹为住房和城乡建设部部长；

任命李小鹏为交通运输部部长；

任命李国英为水利部部长；

任命唐仁健为农业农村部部长；

任命王文涛为商务部部长；

任命胡和平为文化和旅游部部长；

任命马晓伟为国家卫生健康委员会主任；

任命裴金佳为退役军人事务部部长；

任命王祥喜为应急管理部部长；

任命易纲为中国人民银行行长；

任命侯凯为审计署审计长。

中华人民共和国主席　习 近 平

2023 年 3 月 12 日

第十四届全国人民代表大会第一次会议选举和决定任命的办法

（2023年3月10日第十四届全国人民代表大会第一次会议通过）

根据《中华人民共和国宪法》和有关法律的规定，制定第十四届全国人民代表大会第一次会议选举和决定任命办法。

一、本次会议选举中华人民共和国主席、副主席，选举中华人民共和国中央军事委员会主席，选举第十四届全国人民代表大会常务委员会委员长、副委员长、秘书长、委员，决定国务院总理的人选，决定国务院副总理、国务委员、各部部长、各委员会主任、中国人民银行行长、审计长、秘书长的人选，决定中华人民共和国中央军事委员会副主席、委员的人选，选举国家监察委员会主任，选举最高人民法院院长，选举最高人民检察院检察长。

二、中华人民共和国主席、副主席的人选，中华人民共和国中央军事委员会主席的人选，全国人民代表大会常务委员会委员长、副委员长、秘书长、委员的人选，国家监察委员会主任的人选，最高人民法院院长的人选，最高人民检察院检察长的人选，由主席团提名，经各代表团酝酿协商后，再由主席团根据多数代表的意见确定正式候选人名单。其中,全国人民代表大会常务委员会委员长、副委员长、秘书长、委员的人选,须在代表中提名。

国务院总理的人选,由中华人民共和国主席提名;国务院副总理、国务委员、各部部长、各委员会主任、中国人民银行行长、审计长、秘书长的人选,由国务院总理提名;中华人民共和国中央军事委员会副主席、委员的人选,由中华人民共和国中央军事委员会主席提名。

三、中华人民共和国主席、副主席,中华人民共和国中央军事委员会主席,国家监察委员会主任,最高人民法院院长,最高人民检察院检察长,进行等额选举。

四、第十四届全国人民代表大会常务委员会组成人员的名额为 175 名。

委员长、副委员长、秘书长共提名 16 名,进行等额选举。

委员应选名额为 159 名,按照不少于 8%的差额比例,提名 172 名,进行差额选举,差额数为 13 名。

第十四届全国人民代表大会常务委员会委员候选人按姓名笔划排列。

五、本次会议进行选举和决定任命,采用无记名投票方式。选举或者决定的人选获得的赞成票数超过全体代表的半数,始得当选或者通过。

六、本次会议选举和决定任命,印制 8 张选举票、3 张表决票。

8 张选举票是:中华人民共和国主席选举票;中华人民共和国副主席选举票;中华人民共和国中央军事委员会主席选

举票；全国人民代表大会常务委员会委员长、副委员长、秘书长选举票；全国人民代表大会常务委员会委员选举票；国家监察委员会主任选举票；最高人民法院院长选举票；最高人民检察院检察长选举票。

3 张表决票是：国务院总理人选的表决票；国务院副总理、国务委员、各部部长、各委员会主任、中国人民银行行长、审计长、秘书长人选的表决票；中华人民共和国中央军事委员会副主席、委员人选的表决票。

七、本次会议选举和决定任命，分别在以下三次全体会议上进行：

3 月 10 日举行的第三次全体会议：选举中华人民共和国主席；选举中华人民共和国中央军事委员会主席；选举全国人民代表大会常务委员会委员长、副委员长、秘书长；选举中华人民共和国副主席。

3 月 11 日举行的第四次全体会议：决定国务院总理的人选；决定中华人民共和国中央军事委员会副主席、委员的人选；选举国家监察委员会主任；选举最高人民法院院长；选举最高人民检察院检察长；选举全国人民代表大会常务委员会委员。

3 月 12 日举行的第五次全体会议：决定国务院副总理、国务委员、各部部长、各委员会主任、中国人民银行行长、审计长、秘书长的人选。

八、在选举和决定任命时，收回的选举票或者表决票等于或者少于发出的选举票或者表决票，选举或者表决有效；多于发出的选举票或者表决票，选举或者表决无效，应重新进行选举或者表决。

九、对选举票上的候选人，代表可以表示赞成，可以表示反对，也可以表示弃权。表示反对的，可以另选他人；表示弃权的，不能另选他人。另选他人姓名模糊不清的，由总监票人进行复核确认后，不计入另选他人票。

对表决票上的人选，代表可以表示赞成，可以表示反对，也可以表示弃权，不能另提人选。

十、在等额选举时，每提 1 名另选人，必须相应反对 1 名候选人。另选人数少于或者等于反对的候选人人数的，该选举票有效；否则，该选举票为无效票。

十一、在差额选举全国人民代表大会常务委员会委员时，反对和弃权的候选人总数不得少于差额数 13 名，否则，该选举票为无效票。如另提人选，则每提 1 名另选人，必须在反对和弃权 13 名候选人的基础上，至少再反对 1 名候选人，否则，该选举票为无效票。

十二、在选举全国人民代表大会常务委员会委员时，如获得全体代表过半数赞成票的候选人超过应选名额时，以获得赞成票多的当选。如获得全体代表过半数赞成票的当选人数少于应选名额时，不足的名额留待第十四届全国人民代表大会第一次会议以后的会议另行选举。

如遇票数相等不能确定当选人时，应当就票数相等的候选人再次投票，以获得赞成票多的当选。再次投票在 3 月 12 日举行的第五次全体会议上进行。

十三、本次会议选举和决定任命采用电子选举系统计票。在投票过程中，如电子选举系统出现故障，投票继续进行，投票结束后，在总监票人、监票人监督下，启用备用电子选举系统。

电子选举系统认定为无效票的，由总监票人进行复核确认。

十四、选举票和表决票使用国家通用文字和蒙古、藏、维吾尔、哈萨克、朝鲜、彝、壮等 7 种少数民族文字印制。全国人民代表大会常务委员会委员长、副委员长、秘书长的选举票，全国人民代表大会常务委员会委员的选举票，国务院副总理、国务委员、各部部长、各委员会主任、中国人民银行行长、审计长、秘书长人选的表决票，因票面限制，只印汉语文字，另印少数民族语言文字对照表，与选举票或者表决票同时发给少数民族代表，以便对照写票。

十五、大会全体会议进行选举或者决定任命时，会场设秘密写票处。

十六、大会设监票人 35 名，由各代表团在不是候选人或被决定任命的人选的代表中推选。各省、自治区、直辖市代表团，香港、澳门特别行政区代表团，解放军和武警部队代表团，各推选 1 名。大会设总监票人 2 名，由主席团在监票人中指定。总监票人、监票人名单由主席团提交大会全体会议决定。总监票人和监票人在主席团领导下，对发票、投票、计票工作进行监督。

计票工作人员由大会秘书处指定。

十七、会场设票箱 28 个，不设流动票箱；代表须到指定的票箱投票，不得委托他人投票。

十八、投票时，总监票人、监票人先投票，然后其他代表依次投票。

十九、投票结束后，由总监票人报告投票结果，由大会执行主席宣布选举或者表决是否有效。

二十、计票结束后，由总监票人向大会执行主席报告选举或者表决的计票结果，由大会执行主席向大会宣布选举或者表决的结果。

二十一、本办法经第十四届全国人民代表大会第一次会议全体会议通过后施行。

第十四届全国人民代表大会第一次会议关于设立第十四届全国人民代表大会专门委员会的决定

（2023年3月5日第十四届全国人民代表大会第一次会议通过）

根据《中华人民共和国宪法》和有关法律的规定，第十四届全国人民代表大会第一次会议决定：第十四届全国人民代表大会设立民族委员会、宪法和法律委员会、监察和司法委员会、财政经济委员会、教育科学文化卫生委员会、外事委员会、华侨委员会、环境与资源保护委员会、农业与农村委员会、社会建设委员会。

第十四届全国人民代表大会第一次会议关于第十四届全国人民代表大会专门委员会主任委员、副主任委员、委员人选的表决办法

（2023年3月5日第十四届全国人民代表大会第一次会议通过）

根据《中华人民共和国宪法》和有关法律的规定，制定第十四届全国人民代表大会第一次会议关于第十四届全国人民代表大会专门委员会主任委员、副主任委员、委员人选的表决办法。

一、第十四届全国人民代表大会专门委员会由主任委员、副主任委员若干人、委员若干人组成。其组成人员的人选，由主席团在代表中提名，经各代表团酝酿后，提请全体会议表决。

二、全体会议对专门委员会主任委员、副主任委员、委员的人选名单依次合并表决，采用无记名按表决器方式进行。表决时，代表可以表示赞成，可以表示反对，也可以表示弃权。如表决器系统在使用中发生故障，改用举手方式表决。

专门委员会主任委员、副主任委员、委员的人选名单获得

全体代表过半数赞成票,始得通过。

表决结束后,由大会执行主席宣布表决结果。

三、表决分别在两次全体会议上进行:

3 月 5 日举行的第一次全体会议:表决第十四届全国人民代表大会宪法和法律委员会、财政经济委员会主任委员、副主任委员、委员的人选。

3 月 12 日举行的第五次全体会议:表决第十四届全国人民代表大会民族委员会、监察和司法委员会、教育科学文化卫生委员会、外事委员会、华侨委员会、环境与资源保护委员会、农业与农村委员会、社会建设委员会主任委员、副主任委员、委员的人选。

四、本办法经第十四届全国人民代表大会第一次会议全体会议通过后施行。

第十四届全国人民代表大会第一次会议主席团关于宪法宣誓的组织办法

（2023年3月9日第十四届全国人民代表大会第一次会议主席团第四次会议通过）

根据《中华人民共和国宪法》和有关法律的规定，为做好由全国人民代表大会会议主席团负责组织的国家工作人员的宪法宣誓工作，结合工作实际，制定本办法。

一、全国人民代表大会选举或者决定任命的中华人民共和国主席、副主席，全国人民代表大会常务委员会委员长、副委员长、秘书长、委员，国务院总理、副总理、国务委员、各部部长、各委员会主任、中国人民银行行长、审计长、秘书长，中华人民共和国中央军事委员会主席、副主席、委员，国家监察委员会主任，最高人民法院院长，最高人民检察院检察长，全国人民代表大会专门委员会主任委员、副主任委员、委员等，在依照法定程序产生后，由全国人民代表大会会议主席团组织进行宪法宣誓。

二、宣誓誓词如下：

我宣誓：忠于中华人民共和国宪法，维护宪法权威，履行法定职责，忠于祖国、忠于人民，恪尽职守、廉洁奉公，接受人民监督，为建设富强民主文明和谐美丽的社会主义现代化强国努力奋斗！

三、举行宣誓仪式时，应当奏唱中华人民共和国国歌。宣誓场所应当庄重、严肃，悬挂中华人民共和国国徽。

四、中华人民共和国主席、中华人民共和国中央军事委员会主席依照法定程序产生后，即在当次全体会议上进行单独宣誓。

五、全国人民代表大会常务委员会委员长、副委员长、秘书长依照法定程序产生后，即在当次全体会议上进行宣誓。委员长进行单独宣誓；副委员长、秘书长进行集体宣誓，由排序在前的副委员长领誓。

六、国务院总理依照法定程序产生后，即在当次全体会议上进行单独宣誓。国务院副总理、国务委员、秘书长依照法定程序产生后，即在当次全体会议上进行集体宣誓，由排序在前的副总理领誓。

七、中华人民共和国副主席、国家监察委员会主任、最高人民法院院长、最高人民检察院检察长依照法定程序产生后，即在当次全体会议上分别进行单独宣誓。

八、中华人民共和国中央军事委员会副主席、委员依照法定程序产生后，即在当次全体会议上进行集体宣誓，由排序在前的中央军事委员会副主席领誓。

九、全国人民代表大会常务委员会委员依照法定程序产生后，于当次全体会议后在人民大会堂二楼东大厅进行集体宣誓，领誓人由全国人民代表大会会议主席团常务主席在宣誓人中指定。

全国人民代表大会专门委员会主任委员、副主任委员、委员依照法定程序产生后，于当次全体会议后在人民大会堂二楼东大厅进行集体宣誓，领誓人由全国人民代表大会会议主席团常务主席在宣誓人中指定。

国务院各部部长、各委员会主任、中国人民银行行长、审计长依照法定程序产生后，于当次全体会议后在人民大会堂二楼东大厅进行集体宣誓，领誓人由全国人民代表大会会议主席团常务主席在宣誓人中指定。

第十四届全国人民代表大会第一次会议秘书处关于代表提出议案处理意见的报告

（2023 年 3 月 9 日第十四届全国人民代表大会
第一次会议主席团第四次会议通过）

十四届全国人大一次会议主席团：

本次会议上，全国人大代表坚持以习近平新时代中国特色社会主义思想为指导，全面贯彻落实党的二十大和二十届一中、二中全会精神，深刻领悟“两个确立”的决定性意义，增强“四个意识”、坚定“四个自信”、做到“两个维护”，发展全过程人民民主，坚持党的领导、人民当家作主、依法治国有机统一，依法向大会提出属于全国人民代表大会职权范围内的议案。根据大会主席团第一次会议决定的代表提出议案的截止时间，到 3 月 7 日 12 时，大会秘书处共收到代表提出的议案 271 件，其中，代表团提出的 19 件，30 名以上的代表联名提出的 252 件。在这些议案中，有关立法方面的 268 件，包括 265 件法律案、3 件有关决定事项；有关监督方面的 3 件。

代表依照法定程序提出议案，是代表执行代表职务的重要形式,是吸纳民意、汇集民智的重要渠道。会前,代表们积极参加初任学习、集中视察,深入开展调查研究,密切联系人民群众,为提出议案做好准备。会议期间,代表们认真酝酿讨论,修改完善议案,代表团加强指导,共同把好议案政治关、质量关。今年的代表议案,绝大多数为法律案。其中涉及制定法律的 147 件,修改法律的 112 件,解释法律的 1 件,编纂法典的 5 件。按照法律部门划分,涉及宪法相关法类 16 件、民法商法类 21 件、行政法类 89 件、经济法类 51 件、社会法类 45 件、刑法类 10 件、诉讼与非诉讼程序法类 33 件。内容主要集中在以下几方面:一是围绕构建高水平社会主义市场经济体制,推动高质量发展,提出修改中小企业促进法、合伙企业法、证券投资基金法、城乡规划法、反不正当竞争法、企业破产法、保险法、消费者权益保护法等,制定农村集体经济组织法、金融稳定法、增值税法以及市场准入、民营经济、普惠金融、数字经济、人才发展、社会信用、住房租赁、营商环境、现代物流等方面的法律。二是围绕发展全过程人民民主,保障人民当家作主,提出修改各级人民代表大会常务委员会监督法、城市居民委员会组织法、村民委员会组织法等,制定立法听证、备案审查、决定重大事项等方面的法律。三是围绕保障和改善民生,提高人民生活品质,提出修改慈善法、劳动合同法、社会保险法、未成年人保护法、老年人权益保障法、义务教育法、中医药法、传染病防治法等,制定学前教育法、突发公共卫生事件应对法、医疗保障法、无障碍环境建设法以及养老服务、儿童福利、生育保险、家政服务等方面的法律。四是围绕推动绿色发展,促进人与自然和谐共生,提出修改节约能源法、可再生能源法、环境保护法、大气污染防治法、矿产资源法、森林法、水法、土地管理法等，制定青藏高原生态保护法、耕地保护法、自然保护地法、国家公园法以及应对气候变化、农村生态环境保护、资源综合利用等方面的法律。五是围绕增强文化自信，建设社会主义文化强国，提出修改文物保护法、非物质文化遗产法、国家通用语言文字法，制定文化产业促进、各类文化遗产保护、全民阅读等方面的法律。六是围绕完善社会治理体系，维护国家安全和社会稳定，提出修改突发事件应对法、治安管理处罚法、行政强制法、人民调解法、刑法、刑事诉讼法、民事诉讼法、行政诉讼法等，制定能源法、民事强制执行法以及金融安全、检察公益诉讼、法治宣传教育等方面的法律。七是适时启动条件成熟立法领域法典编纂工作，提出编纂劳动法典、环境法典、民事诉讼法典等。

按照全国人大组织法和全国人大议事规则的规定，大会秘书处对代表提出的议案逐件认真分析研究，认为没有需要列入本次会议审议的议案。大会秘书处建议，将代表提出的议案分别交由全国人大有关专门委员会审议。其中，交由民族委员会审议 2 件，宪法和法律委员会审议 56 件，监察和司法委员会审议 37 件，财政经济委员会审议 51 件，教育科学文化卫生委员会审议 44 件，华侨委员会审议 4 件，环境与资源保护委员会审议 21 件，农业与农村委员会审议 16 件，社会建设委员会审议 40 件。有关专门委员会对上述议案进行审议后，向全国人大常委会提出审议结果报告，经全国人大常委会审议通过后，印发十四届全国人大二次会议。

审议大会主席团交付的代表提出的议案，是全国人大各专门委员会的法定职责和重要工作。大会秘书处就代表议案审议和相关工作提出如下建议：

一、深入学习贯彻习近平法治思想和习近平总书记关于坚持和完善人民代表大会制度的重要思想，围绕建设中国特色社会主义法治体系、建设社会主义法治国家总目标，加强重点领域、新兴领域、涉外领域立法，统筹推进国内法治和涉外法治，完善以宪法为核心的中国特色社会主义法律体系，更好发挥法治固根本、稳预期、利长远的保障作用，在法治轨道上全面建设社会主义现代化国家。

二、坚持党中央对立法工作的集中统一领导，发挥人大在立法工作中的主导作用，结合研究编制十四届全国人大常委会立法规划，对议案所提立法项目确属必要、立法条件较为成熟的，研究提出列入立法规划或年度立法工作计划的建议，做好重要法律案的牵头起草工作，对有关部门负责起草的法律草案提前介入、加强协调，发挥审议环节把关作用，增强立法系统性、整体性、协同性、时效性。

三、坚持和发展全过程人民民主，深入推进科学立法、民主立法、依法立法，完善专门委员会联系代表工作机制和代表参与立法工作机制，用好基层立法联系点和全国人大代表工作信息化平台，加强与提出议案代表的联系沟通，积极邀请代表参与立法调研、论证、起草、审议、评估和执法检查、专题调研等活动，认真听取、充分吸纳代表的意见建议，及时向代表反馈议案交付审议情况和意见建议采纳情况，更好发挥代表在立法工作中的重要作用。

以上报告,请审议。

第十四届全国人民代表大会
第 一 次 会 议 秘 书 处
2023 年 3 月 9 日

附件

交有关专门委员会审议的议案

（共 271 件）

一、交民族委员会审议的 2 件：

1. 青海代表团：关于制定铸牢中华民族共同体意识法的议案（第 198 号）；

2. **孟楠**等 30 名代表：关于将铸牢中华民族共同体意识载入民族区域自治法的议案（第 138 号）。

二、交宪法和法律委员会审议的 56 件：

3. **金力**等 30 名代表：关于修改各级人民代表大会常务委员会监督法的议案（第 1 号）；

4. **莫小峰**等 30 名代表：关于修改各级人民代表大会常务委员会监督法的议案（第 225 号）；

5. **江帆**等 31 名代表：关于修改人民防空法的议案（第 42 号）；

6. **佘才高**等 30 名代表：关于修改人民防空法的议案（第 191 号）；

7. **魏建平**等 30 名代表：关于修改突发事件应对法的议案（第 65 号）；

8. **蒋立**等 31 名代表：关于修改行政强制法的议案（第 171 号）；

9. **郑功成**等 31 名代表：关于修改慈善法的议案（第 84 号）；

10. **则悟**等 32 名代表：关于修改慈善法的议案（第 192 号）；

11. **徐艳茹**等 31 名代表：关于修改慈善法的议案（第 227 号）；

12. **刘正**等 30 名代表：关于修改慈善法的议案（第 244 号）；

13. **江帆**等 31 名代表：关于修改刑法的议案（第 5 号）；

14. **买世蕊**等 30 名代表：关于修改刑法的议案（第 41 号）；

15. **齐秀敏**等 31 名代表：关于修改刑法的议案（第 44 号）；

16. **杨再滔**等 30 名代表：关于修改刑法的议案（第 71 号）；

17. **魏建平**等 30 名代表：关于修改刑法的议案（第 73 号）；

18. 海南代表团：关于修改刑法的议案（第 79 号）；

19. 海南代表团：关于修改刑法的议案（第 81 号）；

20. 海南代表团：关于修改刑法的议案（第 82 号）；

21. **冯帆**等 31 名代表：关于修改刑法的议案（第 173 号）；

22. **张淑琴**等 31 名代表：关于修改刑法的议案（第 234

号）;

23. **茆荣华**等 31 名代表:关于修改民事诉讼法的议案（第 34 号）;

24. **买世蕊**等 30 名代表:关于修改民事诉讼法的议案（第 38 号）;

25. **江帆**等 30 名代表:关于修改刑事诉讼法的议案（第 40 号）;

26. **齐秀敏**等 31 名代表:关于修改刑事诉讼法的议案（第 43 号）;

27. **杨再滔**等 30 名代表:关于修改刑事诉讼法的议案（第 64 号）;

28. **朱山**等 31 名代表:关于修改刑事诉讼法的议案（第 72 号）;

29. **权衡**等 30 名代表:关于修改刑事诉讼法的议案（第 85 号）;

30. **齐秀敏**等 31 名代表:关于修改仲裁法的议案（第 92 号）;

31. **王翠凤**等 31 名代表:关于修改仲裁法的议案（第 243 号）;

32. **王中明**等 33 名代表:关于修改行政诉讼法的议案（第 172 号）;

33. **买世蕊**等 30 名代表:关于制定听证法的议案（第 37 号）;

34. **买世蕊**等 30 名代表:关于制定立法听证法的议案（第 70 号）;

35. **吉炳伟**等31名代表:关于制定各级人民代表大会代表议案办理法的议案(第66号);

36. **方燕**等31名代表:关于制定对外关系法的议案(第88号);

37. **杨瑞硕**等31名代表:关于制定各级人民代表大会常务委员会法规规范性文件备案审查法的议案(第91号);

38. **买买提明·卡德**等30名代表:关于制定各级人民代表大会决定重大事项法的议案(第146号);

39. **方燕**等31名代表:关于制定农村集体经济组织法的议案(第89号);

40. **孙宪忠**等30名代表:关于制定农村集体经济组织法的议案(第235号);

41. **买世蕊**等30名代表:关于制定不动产征收法的议案(第26号);

42. **买世蕊**等30名代表:关于制定行政程序法的议案(第36号);

43. **李世亮**等30名代表:关于制定行政协议法的议案(第229号);

44. **方兰**等30名代表:关于制定青藏高原生态保护法的议案(第242号);

45. **方燕**等32名代表:关于制定金融稳定法的议案(第90号);

46. **赵冬苓**等31名代表:关于制定增值税法的议案(第147号);

47. **方燕**等31名代表:关于制定无障碍环境建设法的议

案(第 87 号);

48. **秦和**等 31 名代表:关于制定无障碍环境建设法的议案(第 228 号);

49. **买世蕊**等 30 名代表:关于制定民事强制执行法的议案(第 35 号);

50. **王中明**等 35 名代表:关于制定在线诉讼法的议案(第 149 号);

51. **高鑫**等 31 名代表:关于制定公益诉讼法的议案(第 226 号);

52. **周桐宇**等 30 名代表:关于对网络安全法第三十七条作出法律解释的议案(第 46 号);

53. **孔菲菲**等 30 名代表:关于编纂环境法典的议案(第 86 号);

54. **吕忠梅**等 30 名代表:关于编纂环境法典的议案(第 148 号);

55. **崔荣华**等 30 名代表:关于编纂劳动法典的议案(第 45 号);

56. **郑功成**等 34 名代表:关于编纂劳动法典的议案(第 83 号);

57. **汤维建**等 30 名代表:关于编纂民事诉讼法典的议案(第 193 号);

58. **龙翔**等 31 名代表:关于修改关于实行宪法宣誓制度的决定的议案(第 224 号)。

三、交监察和司法委员会审议的 37 件:

59. **赵明翠**等 31 名代表:关于修改人民调解法的议案

（第 196 号）；

60. **茆荣华**等 30 名代表：关于修改人民陪审员法的议案（第 50 号）；

61. **方燕**等 31 名代表：关于修改公证法的议案（第 135 号）；

62. 宁夏代表团：关于修改治安管理处罚法的议案（第 97 号）；

63. 海南代表团：关于修改治安管理处罚法的议案（第 103 号）；

64. **覃鸿**等 31 名代表：关于修改监察法的议案（第 216 号）；

65. **陈莉娜**等 30 名代表：关于修改监狱法的议案（第 98 号）；

66. **黄超**等 31 名代表：关于修改监狱法的议案（第 217 号）；

67. **邓辉**等 30 名代表：关于修改监狱法的议案（第 264 号）；

68. **吕卉**等 30 名代表：关于修改禁毒法的议案（第 164 号）；

69. **钱三雄**等 32 名代表：关于修改道路交通安全法的议案（第 165 号）；

70. **黄花春**等 31 名代表：关于修改道路交通安全法的议案（第 214 号）；

71. **武艺**等 30 名代表：关于修改道路交通安全法的议案（第 261 号）；

72. **邓辉**等 30 名代表:关于修改道路交通安全法的议案(第 263 号);

73. **杨震生**等 30 名代表:关于制定公共法律服务法的议案(第 195 号);

74. **方燕**等 32 名代表:关于制定司法鉴定法的议案(第 100 号);

75. **张强**等 30 名代表:关于制定司法鉴定法的议案(第 194 号);

76. **陈保华**等 30 名代表:关于制定司法鉴定管理法的议案(第 49 号);

77. **段文龙**等 31 名代表:关于制定检察公益诉讼法的议案(第 6 号);

78. **谢坚钢**等 30 名代表:关于制定检察公益诉讼法的议案(第 47 号);

79. **买世蕊**等 30 名代表:关于制定检察公益诉讼法的议案(第 48 号);

80. **史玉东**等 30 名代表:关于制定检察公益诉讼法的议案(第 101 号);

81. **印萍**等 31 名代表:关于制定检察公益诉讼法的议案(第 120 号);

82. **高继明**等 30 名代表:关于制定检察公益诉讼法的议案(第 133 号);

83. 云南代表团:关于制定检察公益诉讼法的议案(第 134 号);

84. 湖北代表团:关于制定检察公益诉讼法的议案(第

137 号）；

85. **里赞**等 31 名代表：关于制定检察公益诉讼法的议案（第 139 号）；

86. **沈涧**等 35 名代表：关于制定检察公益诉讼法的议案（第 166 号）；

87. **吕世明**等 31 名代表：关于制定检察公益诉讼法的议案（第 183 号）；

88. **黄超**等 31 名代表：关于制定检察公益诉讼法的议案（第 215 号）；

89. **石时态**等 31 名代表：关于制定检察公益诉讼法的议案（第 218 号）；

90. **古清月**等 35 名代表：关于制定检察公益诉讼法的议案（第 259 号）；

91. **陈武**等 58 名代表：关于制定检察公益诉讼法的议案（第 260 号）；

92. **刘蕾**等 30 名代表：关于制定检察公益诉讼法的议案（第 262 号）；

93. **杨小天**等 31 名代表：关于制定检察公益诉讼法的议案（第 265 号）；

94. **聂鹏举**等 31 名代表：关于制定法律咨询服务机构监督管理法的议案（第 102 号）；

95. **齐秀敏**等 31 名代表：关于制定法治宣传教育法的议案（第 99 号）。

四、交财政经济委员会审议的 51 件：

96. **付喜国**等 31 名代表：关于修改中国人民银行法的议

案（第 221 号）；

97. **方燕**等 31 名代表：关于修改中小企业促进法的议案（第 108 号）；

98. **贾宇**等 30 名代表：关于修改企业破产法的议案（第 8 号）；

99. **朱山**等 31 名代表：关于修改企业破产法的议案（第 112 号）；

100. 海南代表团：关于修改企业破产法的议案（第 115 号）；

101. **冯帆**等 30 名代表：关于修改企业破产法的议案（第 184 号）；

102. **莫小峰**等 31 名代表：关于修改会计法的议案（第 222 号）；

103. **齐秀敏**等 31 名代表：关于修改保险法的议案（第 104 号）；

104. **谢子龙**等 30 名代表：关于修改反不正当竞争法的议案（第 18 号）；

105. 上海代表团：关于修改合伙企业法的议案（第 107 号）；

106. **亢德芝**等 30 名代表：关于修改城乡规划法的议案（第 122 号）；

107. **权衡**等 30 名代表：关于修改对外贸易法的议案（第 110 号）；

108. **于安玲**等 34 名代表：关于修改消费者权益保护法的议案（第 136 号）；

109. **齐秀敏**等 31 名代表:关于修改票据法的议案(第 21 号);

110. **陈勇彪**等 30 名代表:关于修改票据法的议案(第 23 号);

111. 云南代表团:关于修改节约能源法的议案(第 114 号);

112. **沙雁**等 37 名代表:关于修改证券投资基金法的议案(第 186 号);

113. **买世蕊**等 30 名代表:关于制定业主委员会选举法的议案(第 31 号);

114. **陈静**等 30 名代表:关于制定优化营商环境法的议案(第 106 号);

115. **周长友**等 30 名代表:关于制定传统村落保护法的议案(第 117 号);

116. **买世蕊**等 30 名代表:关于制定住房租赁法的议案(第 24 号);

117. **田国立**等 30 名代表:关于制定住房租赁法的议案(第 219 号);

118. **买世蕊**等 30 名代表:关于制定公益广告法的议案(第 25 号);

119. **汤亮**等 30 名代表:关于制定商业秘密保护法的议案(第 3 号);

120. **买世蕊**等 30 名代表:关于制定国债法的议案(第 39 号);

121. **樊芸**等 30 名代表:关于制定城镇房屋养老金管理法

的议案(第 32 号);

122. **石佳**等 30 名代表:关于制定大数据法的议案(第 22 号);

123. **顾雪**等 30 名代表:关于制定家政服务法的议案(第 67 号);

124. **于莉**等 30 名代表:关于制定家政服务法的议案(第 118 号);

125. **李兰**等 30 名代表:关于制定家政服务法的议案(第 119 号);

126. **权衡**等 30 名代表:关于制定市场准入法的议案(第 29 号);

127. **陆晓琳**等 30 名代表:关于制定征信管理法的议案(第 246 号);

128. **张天任**等 30 名代表:关于制定数字经济促进法的议案(第 20 号);

129. **陈静**等 30 名代表:关于制定数字经济促进法的议案(第 105 号);

130. **朱小坤**等 30 名代表:关于制定数字经济促进法的议案(第 160 号);

131. **翟志海**等 30 名代表:关于制定数字经济促进法的议案(第 162 号);

132. **徐诺金**等 30 名代表:关于制定普惠金融促进法的议案(第 30 号);

133. **陆晓琳**等 30 名代表:关于制定普惠金融促进法的议案(第 247 号);

134. **张荣华**等 34 名代表:关于制定民营经济发展促进法的议案(第 241 号);

135. **黄西勤**等 45 名代表:关于制定民营经济高质量发展促进法的议案(第 185 号);

136. 云南代表团:关于制定物业管理法的议案(第 113 号);

137. **高华瑞**等 31 名代表:关于制定物业管理法的议案(第 223 号);

138. **李建卫**等 31 名代表:关于制定现代物流促进法的议案(第 111 号);

139. 云南代表团:关于制定电信法的议案(第 116 号);

140. **魏建平**等 30 名代表:关于制定社会信用法的议案(第 27 号);

141. **曹仁贤**等 31 名代表:关于制定能源法的议案(第 161 号);

142. **向巧**等 34 名代表:关于制定航空工业促进法的议案(第 240 号);

143. **姚忠良**等 30 名代表:关于制定行业协会管理法的议案(第 245 号);

144. **朱丽平**等 30 名代表:关于制定金融安全法的议案(第 109 号);

145. **金鹏辉**等 30 名代表:关于制定金融消费者权益保护法的议案(第 28 号);

146. **付喜国**等 31 名代表:关于制定金融消费者权益保护法的议案(第 220 号)。

五、交教育科学文化卫生委员会审议的44件：

147. **陈玮**等32名代表:关于修改中医药法的议案(第51号);

148. **买世蕊**等30名代表:关于修改义务教育法的议案(第58号);

149. **陈德民**等30名代表:关于修改义务教育法的议案(第266号);

150. **丛斌**等30名代表:关于修改义务教育法的议案(第267号);

151. **魏建平**等30名代表:关于修改传染病防治法的议案(第2号);

152. 海南代表团:关于修改传染病防治法的议案(第132号);

153. **闫傲霜**等34名代表:关于修改传染病防治法的议案(第156号);

154. **库尔班·尼亚孜**等30名代表:关于修改国家通用语言文字法的议案(第175号);

155. **孙燕**等31名代表:关于修改基本医疗卫生与健康促进法的议案(第203号);

156. **裴红霞**等32名代表:关于修改教师法的议案(第176号);

157. **丁建宁**等31名代表:关于修改教师法的议案(第177号);

158. **马玉红**等30名代表:关于修改教师法的议案(第178号);

159. **程萍**等30名代表:关于修改教师法的议案(第268号);

160. **刘希娅**等30名代表:关于修改教师法的议案(第269号);

161. **刘忠**等31名代表:关于修改文物保护法的议案(第143号);

162. 云南代表团:关于修改文物保护法的议案(第145号);

163. **陈树波**等31名代表:关于修改文物保护法的议案(第180号);

164. **杭侃**等30名代表:关于修改文物保护法的议案(第270号);

165. **崔荣华**等30名代表:关于修改献血法的议案(第52号);

166. **魏建平**等30名代表:关于修改献血法的议案(第55号);

167. **陆銮眉**等31名代表:关于修改献血法的议案(第201号);

168. **刘江东**等31名代表:关于修改精神卫生法的议案(第154号);

169. **胡春莲**等30名代表:关于修改职业病防治法的议案(第54号);

170. **崔荣华**等30名代表:关于修改非物质文化遗产法的议案(第61号);

171. **方兰**等30名代表:关于制定人工智能法的议案(第

271号）；

172. **顾雪**等31名代表：关于制定人才发展促进法的议案（第182号）；

173. **买世蕊**等30名代表：关于制定全民阅读促进法的议案（第62号）；

174. **买世蕊**等30名代表：关于制定公共场所禁烟法的议案（第57号）；

175. **梁英华**等31名代表：关于制定大运河文化遗产保护法的议案（第144号）；

176. **顾雪**等31名代表：关于制定学前教育与托育服务法的议案（第59号）；

177. **刘晓青**等30名代表：关于制定康复治疗师法的议案（第189号）；

178. **买世蕊**等30名代表：关于制定执业护士法的议案（第56号）；

179. **胡春莲**等30名代表：关于制定护士法的议案（第53号）；

180. **阿吉艾克拜尔·艾萨**等30名代表：关于制定护士法的议案（第131号）；

181. **于洋**等31名代表：关于制定护士法的议案（第254号）；

182. **魏建平**等30名代表：关于制定文化产业促进法的议案（第63号）；

183. **陈静**等30名代表：关于制定突发公共卫生事件应对法的议案（第130号）；

184. **陈树波**等 31 名代表:关于制定突发公共卫生事件应对法的议案(第 155 号);

185. **买世蕊**等 30 名代表:关于制定终身教育法的议案(第 60 号);

186. **王威东**等 30 名代表:关于制定罕见病诊疗及管理法的议案(第 202 号);

187. **谢子龙**等 30 名代表:关于制定药师法的议案(第 7 号);

188. **孙喜玲**等 32 名代表:关于制定长城保护法的议案(第 93 号);

189. **韩再芬**等 31 名代表:关于制定革命文物保护法的议案(第 181 号);

190. **王雅丽**等 30 名代表:关于开展传染病防治法执法检查的议案(第 255 号)。

六、交华侨委员会审议的 4 件:

191. **于集华**等 30 名代表:关于修改归侨侨眷权益保护法的议案(第 80 号);

192. **陈洁英**等 30 名代表:关于修改归侨侨眷权益保护法的议案(第 200 号);

193. **王麒**等 31 名代表:关于制定华侨权益保护法的议案(第 151 号);

194. **武志永**等 30 名代表:关于制定华侨权益保护法的议案(第 190 号)。

七、交环境与资源保护委员会审议的 21 件:

195. **张玉珍**等 31 名代表:关于修改可再生能源法的议案

（第 188 号）；

196. **李文辉**等 31 名代表：关于修改可再生能源法的议案（第 208 号）；

197. **亢德芝**等 47 名代表：关于修改土地管理法的议案（第 157 号）；

198. **陈玮**等 32 名代表：关于修改大气污染防治法的议案（第 19 号）；

199. **张天任**等 30 名代表：关于修改环境保护法的议案（第 10 号）；

200. **邓辉**等 30 名代表：关于修改环境保护法的议案（第 248 号）；

201. 云南代表团：关于修改矿产资源法的议案（第 95 号）；

202. **倪海琼**等 31 名代表：关于制定促进绿色建筑发展法的议案（第 78 号）；

203. **杨小天**等 31 名代表：关于制定南极活动与环境保护法的议案（第 211 号）；

204. **咸顺女**等 31 名代表：关于制定国家公园法的议案（第 212 号）；

205. **李智慧**等 30 名代表：关于制定塑料污染治理法的议案（第 68 号）；

206. **张天任**等 30 名代表：关于制定应对气候变化法的议案（第 11 号）；

207. **白玉晶**等 31 名代表：关于制定核损害赔偿法的议案（第 206 号）；

208. **黄久生**等 120 名代表：关于制定淮河保护法的议案

（第 152 号）；

209. **杨苗苗**等 30 名代表：关于制定淮河保护法的议案（第 158 号）；

210. **秦和**等 31 名代表：关于制定环境教育法的议案（第 213 号）；

211. **徐延彬**等 30 名代表：关于制定碳中和促进法的议案（第 77 号）；

212. **叶尔夏提·吐尔逊拜**等 30 名代表：关于制定自然保护地法的议案（第 76 号）；

213. 青海代表团：关于制定自然保护地法的议案（第 153 号）；

214. **张淑芬**等 31 名代表：关于制定节约用水法的议案（第 159 号）；

215. **杨小天**等 31 名代表：关于制定资源综合利用法的议案（第 210 号）。

八、交农业与农村委员会审议的 16 件：

216. **王永金**等 31 名代表：关于修改森林法的议案（第 69 号）；

217. **吕忠梅**等 30 名代表：关于修改水法的议案（第 150 号）；

218. **方兰**等 30 名代表：关于修改水法的议案（第 257 号）；

219. **王廷双**等 31 名代表：关于制定人参产业发展法的议案（第 199 号）；

220. **鹿新弟**等 30 名代表：关于制定伴侣动物保护和管理

法的议案（第236号）；

221. **游弋**等30名代表：关于制定农产品批发市场法的议案（第33号）；

222. **孙菊生**等30名代表：关于制定农村宅基地管理法的议案（第256号）；

223. **张天任**等30名代表：关于制定农村生态环境保护法的议案（第12号）；

224. **程萍**等30名代表：关于制定动物保护法的议案（第232号）；

225. **魏建平**等30名代表：关于制定反虐待动物法的议案（第74号）；

226. **程萍**等31名代表：关于制定反虐待动物法的议案（第233号）；

227. **张莉**等30名代表：关于制定植物保护法的议案（第163号）；

228. **王永金**等31名代表：关于制定耕地保护法的议案（第75号）；

229. **方兰**等30名代表：关于制定耕地保护法的议案（第258号）；

230. **马豹子**等30名代表：关于制定返乡入乡创业促进法的议案（第94号）；

231. **魏建平**等30名代表：关于设立"乡村振兴纪念日"的议案（第9号）。

九、交社会建设委员会审议的40件：

232. **齐秀敏**等31名代表：关于修改劳动争议调解仲裁法

的议案(第16号);

233. **陈保华**等30名代表:关于修改劳动合同法的议案(第15号);

234. **聂鹏举**等31名代表:关于修改劳动合同法的议案(第17号);

235. **潘保春**等30名代表:关于修改劳动合同法的议案(第169号);

236. **陈海仪**等36名代表:关于修改劳动法的议案(第179号);

237. **买世蕊**等30名代表:关于修改城市居民委员会组织法的议案(第14号);

238. **李丹丹**等32名代表:关于修改城市居民委员会组织法的议案(第170号);

239. **张晓伟**等31名代表:关于修改城市居民委员会组织法的议案(第207号);

240. **李燕**等55名代表:关于修改未成年人保护法的议案(第204号);

241. **金东浩**等30名代表:关于修改村民委员会组织法的议案(第251号);

242. **齐秀敏**等31名代表:关于修改社会保险法的议案(第4号);

243. **郑功成**等31名代表:关于修改社会保险法的议案(第125号);

244. **崔荣华**等30名代表:关于修改老年人权益保障法的议案(第13号);

245. **方燕**等 32 名代表:关于修改老年人权益保障法的议案(第 187 号);

246. **谭天星**等 31 名代表:关于制定产业工人队伍建设改革促进法的议案(第 231 号);

247. **郑功成**等 33 名代表:关于制定儿童福利法的议案(第 126 号);

248. **米娜瓦尔·艾比布拉**等 30 名代表:关于制定养老服务促进法的议案(第 141 号);

249. 上海代表团:关于制定养老服务法的议案(第 121 号);

250. **郑功成**等 33 名代表:关于制定养老服务法的议案(第 128 号);

251. **刘玉杰**等 30 名代表:关于制定养老服务法的议案(第 167 号);

252. **陈树波**等 31 名代表:关于制定养老服务法的议案(第 168 号);

253. **郑功成**等 36 名代表:关于制定医疗保障法的议案(第 127 号);

254. 云南代表团:关于制定医疗保障法的议案(第 129 号);

255. **潘越**等 32 名代表:关于制定医疗保障法的议案(第 197 号);

256. **吴家兵**等 34 名代表:关于制定医疗保障法的议案(第 249 号);

257. **杨蓉**等 30 名代表:关于制定城乡社区治理促进法的

议案(第 250 号);

258. **佟秀莲**等 30 名代表:关于制定城乡社区治理促进法的议案(第 252 号);

259. **里赞**等 31 名代表:关于制定失能人员长期照护保障法的议案(第 140 号);

260. **方燕**等 31 名代表:关于制定志愿服务法的议案(第 174 号);

261. **吕世明**等 32 名代表:关于制定志愿服务法的议案(第 230 号);

262. **李莉**等 30 名代表:关于制定志愿服务法的议案(第 237 号);

263. **地力下提·帕尔哈提**等 30 名代表:关于制定未成年人网络保护法的议案(第 142 号);

264. **郑功成**等 31 名代表:关于制定殡葬法的议案(第 123 号);

265. **孙燕**等 31 名代表:关于制定生育保险法的议案(第 205 号);

266. **尹艳镇**等 31 名代表:关于制定社会治理促进法的议案(第 209 号);

267. **郑功成**等 31 名代表:关于制定社会组织法的议案(第 124 号);

268. **陈雨佳**等 30 名代表:关于制定青年创业法的议案(第 253 号);

269. **石佳**等 30 名代表:关于作出关于开展严厉打击猥亵、强奸未成年人违法犯罪工作的决定的议案(第 96 号);

270. **艾玎**等 34 名代表:关于开展妇女权益保障法执法检查的议案(第 239 号);

271. **顾天翊**等 33 名代表:关于开展老年人权益保障法执法检查的议案(第 238 号)。

第十四届全国人民代表大会第一次会议主席团和秘书长名单

（2023 年 3 月 4 日第十四届全国
人民代表大会第一次会议预备会议通过）

主席团（192 名，按姓名笔划为序排列）

丁仲礼　丁薛祥　于伟国　于　洋（女）　万立骏
习近平　马兴瑞　马逢国　王小洪　王东明　王　宁
王　刚　王志民　王希勤　王沪宁　王君正　王　炯
王莉霞（女，蒙古族）　王晓晖　王蒙徽　王　毅
王　巍　水庆霞（女）　尹　力　尹　弘
巴音朝鲁（蒙古族）
艾尔肯·吐尼亚孜（维吾尔族）　石泰峰
布小林（女，蒙古族）　布和图木尔（蒙古族）
龙　荣（女，苗族）　史耀斌　丛　斌　吕世明
吕　建　向　巧（女，苗族）　刘艺良　刘　宁
刘　奇　刘国中　刘金国　刘俊臣　刘　洋（女）
刘振立　刘振芳　江金权　汤越强（侗族）　安立佳
许为钢　许达哲　许　勤　孙其信　孙绍骋　孙菊生
杜小光（白族）　杜家毫　李干杰　李书磊

李玉妹（女）　　李纪恒　李秀领　李　希
李　灵（女）　　李尚福　李校堃（满族）　　李钺锋
李鸿忠　李　强　李锦斌　李静海　李慧琼（女）
杨关林（锡伯族）杨宝玲（女）　　杨振武　杨晓超
杨　蓉（女）　　束　为　肖开提·依明（维吾尔族）
肖　捷　吴政隆　邱学强　何卫东　何立峰
何严萍（女，傣族）　　何　维　谷振春　应　勇
沙尔合提·阿汗（哈萨克族）　　沈春耀
沈艳芬（女，土家族）　　沈晓明　宋秀岩（女）
张又侠　张太范（朝鲜族）张升民　张庆伟　张　军
张　轩（女）　　张伯礼　张雨浦（回族）　　张国清
张继新　张雪松（回族）　张　赫（满族）
阿石拉比（彝族）陈文清　陈吉宁　陈　刚　陈雨露
陈莉娜（女）　　陈敏尔　陈紫萱（女）　　武维华
苗　华　苻彩香（女，黎族）林　武　林　锐　易炼红
罗　萍（女，哈尼族）　　罗　琦　金红光（朝鲜族）
周祖翼　郑军里（瑶族）　郑建邦　郑建闽　郑栅洁
郑雁雄　郑新聪　赵一德　赵乐际　郝　平　郝明金
郝　鹏　胡昌升　钟　山　钟志华　段春华　信长星
信春鹰（女）　　侯长岭　侯建国　娄勤俭
洛桑江村（藏族）祖木热提·吾布力（女，维吾尔族）
骆惠宁　秦　刚　袁　伟　袁家军　袁曙宏
铁　凝（女）　　倪岳峰　徐永军　徐　晓　徐　辉
徐　麟　高开贤　高　文　高　松　郭树清　黄久生
黄兴文（布依族）黄志贤　黄坤明　黄　明　黄楚平

曹鸿鸣　曹　琛（女）
雪克来提·扎克尔（维吾尔族）　鄂竟平　鹿心社
梁言顺　谌贻琴（女，白族）　彭金辉（彝族）
彭清华　董云虎　蒋卓庆　蒋超良　韩　正　景俊海
喻云林　傅自应　谢　坚　蓝天立（壮族）　蓝佛安
楼阳生　嘉木样·洛桑久美·图丹却吉尼玛（藏族）
蔡达峰　蔡　奇　雒树刚　谭天星　谭成旭　魏后凯

秘书长

李鸿忠

第十四届全国人民代表大会第一次会议主席团常务主席名单

（2023 年 3 月 4 日第十四届全国人民代表大会
第一次会议主席团第一次会议推选）

赵乐际　李干杰　李鸿忠　王东明　肖　捷　郑建邦
丁仲礼　郝明金　蔡达峰　何　维　武维华

第十四届全国人民代表大会第一次会议副秘书长名单

（2023年3月4日第十四届全国人民代表大会
第一次会议主席团第一次会议决定）

刘俊臣　孟祥锋　姜信治　刘建波　王　超

第十四届全国人民代表大会第一次会议议程

（2023年3月4日第十四届全国人民
代表大会第一次会议预备会议通过）

一、审议政府工作报告

二、审查2022年国民经济和社会发展计划执行情况与2023年国民经济和社会发展计划草案的报告、2023年国民经济和社会发展计划草案

三、审查2022年中央和地方预算执行情况与2023年中央和地方预算草案的报告、2023年中央和地方预算草案

四、审议全国人民代表大会常务委员会关于提请审议《中华人民共和国立法法（修正草案）》的议案

五、审议全国人民代表大会常务委员会工作报告

六、审议最高人民法院工作报告

七、审议最高人民检察院工作报告

八、审议国务院机构改革方案

九、选举和决定任命国家机构组成人员